Escritos negros
crítica e jornalismo literário

TOM FARIAS

Escritos negros
crítica e jornalismo literário

Todos os direitos desta edição reservados à Malê
Editora e Produtora Cultural Ltda.

DIREÇÃO | Vagner Amaro & Francisco Jorge
EDIÇÃO | Vagner Amaro
REVISÃO | Gleisiane Alves
PROJETO GRÁFICO E CAPA | Cintia Belloc

Texto revisado segundo o novo Acordo Ortográfico da Língua Portuguesa.
Proibida a reprodução, no todo, ou em parte, através de quaisquer meios.

DADOS INTERNACIONAIS DE CATALOGAÇÃO NA PUBLICAÇÃO (CIP)
Vagner Amaro – Bibliotecário – CRB-7/5224

T655e   FARIAS, Tom.
                Escritos negros: crítica e jornalismo literário. / Tom Farias – Rio de Janeiro: Malê, 2020.

  382 p.; 23 cm

  ISBN 978-65-87746-26-5

  1. História e crítica literária brasileira I. Título.

                                                                                    CDD – B869.9

Índice para catálogo sistemático:
I. História e crítica literária brasileira

Impresso em novembro de 2020.

EDITORA MALÊ
Rua do Acre, 83 – Sala 202 – Centro, Rio de Janeiro, RJ
contato@editoramale.com.br
www.editoramale.com.br

Sumário

Uma obra que se explica por si só • *9*

PARTE I

Universo poético de Anamaria Pitangueira • *17*

Histórias de amor como monumento de vida e salvação • *21*

Narrador misterioso revela os "desejos inconfessáveis" da sociedade escravista colonial • *25*

Quem tem medo da literatura negra? • *29*

Rapsódia urbana do imaginário popular • *33*

Luzes sobre Firmina • *37*

A voz potente da poesia que também ecoa na ficção • *41*

Vozes anticoloniais • *43*

A espetacular história do rei de Gaza e suas sete mulheres • *47*

A saga de uma jovem em uma cidade não tão maravilhosa • *51*

Toda a força da palavra na voz do poeta engajado • *53*

As vozes das mulheres negras brasileiras • *57*

Panorama condensado dos heróis negros • *61*

Salgado, carpinteiro da palavra • *65*

Entre a história e a leveza do folhetim • *67*

A literatura de Martinho da Vila • *69*

Lirismo combativo de poetas da negritude • *71*

Temas caros e relevantes • *75*

O fio da memória de Conceição Evaristo • *77*

Do *Quarto de despejo* para o mundo • *81*

O pai do primeiro romance brasileiro • *85*

Encontro inusitado • *89*

Versos de erotismo e rebeldia • *91*

A militância política de Cruz e Sousa • *93*

Matriz africana em vários tempos • *99*

Uma aventura rebelde • *103*

A negra flor da pele • *105*

Saga sobre a infância perdida • *109*

Sedução e mistério na Pedra do Sal • *111*

Revendo preconceitos • *115*

Faceta desconhecida e ignorada de Alencar • *119*

Benjamim de Oliveira ou como a evolução do circo transformou o teatro • *123*

As muitas mandingas de um velho candongueiro • *127*

A intimidade de Lima Barreto • *131*

Herança de sangue no horizonte devastado • *135*

As guerreiras que chegaram de longe • *139*

Facetas do caramujo abolicionista • *143*

Paradoxos raciais • *147*

Por uma nova consciência da cor • *151*

A arte como elemento de transformação • *155*

A inesquecível *belle époque* carioca • *157*

O escritor Josué Montello • *161*

O intelectual do samba • *165*

Crime e castigo • *167*

Folia de amor e imaginação • *171*

João do Rio • *175*

O partido de Nei • *177*

O testemunho de um sistema perverso • *181*

Estrelas negras do Brasil • *185*

Carolina Maria de Jesus • *189*

Retrato sentimental • *191*

A lição do 13 e das cotas • *193*

Cotas e pânico • *197*

Era uma vez na Favela da Maré • *199*

Um agente secreto nas ruas de Angola • *201*

Abdias, 90 • *203*

Viventes da lama • *205*

O sortilégio do negro no Brasil • *207*

Em defesa da verdadeira democracia racial • *211*

A morte de dois cidadãos • *215*

Menores • *217*

PARTE II

A experiência teatral do poeta Cruz e Sousa • *221*

Nhá Chica • *225*

Duas mulheres, dois destinos • *231*

História intrigante • *235*

João da Cruz e Sousa, o poeta negro • *237*

Zózimo Bulbul: um cineasta de ação • *243*

Cruz e Sousa – o poeta do Desterro • *247*

A origem de Cruz e Sousa • *249*

Os noventa anos de *Faróis* • *251*

Cruz e Sousa e a negritude • *255*

Otelo, o grande • *259*

Uma África notável • *263*

Narrativa com discurso feminino • *267*

Maria Firmina dos Reis – I • *271*

Memorial que homenageia o poeta Cruz e Sousa vira caso de justiça e está abandonado por causa da burocracia • *279*

PARTE III

Cruz e Sousa, poeta simbolista e as suas raízes africanas • *287*

Referências bibliográficas • *321*

Verbetes biográficos • *323*

Uma obra que se explica por si só

Este livro é um desafio e, ao mesmo tempo, uma provocação na trajetória de minha vida intelectual. Lima Barreto escreveu, no *Cemitério dos vivos*, sobre o seu ofício de escritor: "Ah! A Literatura ou me mata ou me dá o que eu peço dela"[1]. Como me calam fundo essas duras palavras do romancista carioca, mais pela dúvida que me provocam do que pelas razões em que se fundamentam. Quero dizer com isso que não sei se consegui pedir tudo da dona literatura. Mas se me aprofundar nesses preceitos, posso cair em outros dilemas, que talvez não venham ao caso aqui e agora, e ainda mais porque eu não saberia pôr em termos explicativos em tão breve espaço de apresentação. O certo a dizer é que a literatura não me matou, ainda, pelo menos.

Estas elucubrações são apenas para dizer que *Escritos negros: crítica e jornalismo literário* é parte integrante da minha vida cotidiana e profissional. Jamais imaginei chegar até aqui. Mas cheguei. Fui menino precoce em praticamente tudo. Cria da zona oeste do Rio de Janeiro, entre os bairros suburbanos de Padre Miguel, onde nasci, e de Realengo, onde me criei, a minha juventude foi passada entre a leitura dos livros enciclopédicos, comprados pelo meu pai, sempre à porta de casa, e as escritas que fiz - intensas e profícuas. Graças às insônias crônicas, sofridas desde menino, as quais me deram uma única escolha e alternativa, à cargo da sobrevivência, pude conhecer um mundo mágico, atravessei o portal do tempo, e me joguei de cabeça no ler e escrever, pois nada mais me interessava.

---

1. BARRETO, Lima. *O cemitério dos vivos*. São Paulo: Editora Brasiliense, 1956, p. 35.

Assim escrevi minhas primeiras poesias e rascunhei alguns cadernos de diários, que duraram até o ano de 1985. No dia 23 de janeiro desse ano, um parágrafo dizia: "O ano de 1984 marcou uma performance em minha vida. Foi, retratadamente, um ano conturbado, cuja psicologia, ou perspectiva, traz-me a uma análise muita apurada, transformadora da realidade brasileira".

Muitos anos antes, porém, como aluno de escola técnica, editei, no sistema de mimeógrafo, coadjuvado por diletos amigos, também secundaristas, um jornalzinho escolar, impresso na sala dos professores – *Boca livre*, meu verdadeiro primeiro manifesto político juvenil, que me deu fumos de esquerdista, iniciado com livros e escritores "malvistos", a exemplo de *A mãe*, de Máximo Gorki, ou do *Manifesto comunista*, de Karl Marx e Friedrich Engels, mas embebido em Augusto dos Anjos, Manuel Antônio de Almeida, Gonçalves Dias, Castro Alves, Olavo Bilac, Machado de Assis, José de Alencar, Aluísio Azevedo, Raul Pompeia, e os modernos, Jorge Amado, José Mauro de Vasconcelos, José Lins do Rego, Monteiro Lobato, Mário Palmério, Mário de Andrade, e Lima Barreto, cuja coleção das obras completas, com capa dura de cor marrom, lançada em 1956, ainda guardo alguns volumes.

Mas foi através dos cadernos diaristas, rabiscos de um jovem sonhador da literatura, e do jornalismo, relidos em meados do ano passado, em 2019, que fui descobrir que meu primeiro artigo, intitulado Consciência, foi publicado aos 14 anos de idade, em um jornal impresso industrial. O nome do jornal, não anotado na redação do diário, mas do bairro de Campo Grande, vai ficar perdido no tempo, como muitos escritos meus dessa época.

Portanto, a ideia de publicar agora esta coleção de artigos que escrevi e publiquei por três décadas, na chamada grande imprensa, é uma forma de pensar e refletir sobre temas caros da história do pensamento negro brasileiro: a literatura de autoria negra e os temas da escravidão no Brasil. Muitos desses temas não faziam parte (raramente fazem ainda hoje) do interesse dentro das redações de jornais, que funcionam, em tese, como corporações, em grupos consanguíneos ou maritais. Sem contar as alas fortificadas por algo visto hoje como ódio racial, que não veem de forma agradável essas temáticas - com raríssimas exceções, seja dito – e que lançavam, à época, um olhar de estranheza, de desconfiança, sobre mim, algo como se estivessem vendo um ser exótico, de outro planeta.

Mesmo assim, consegui dar voz a muitos autores e autoras que não tinham acesso a essa tal grande imprensa. Lutei contra forças descomunais para impor cada parágrafo dos meus textos. E digo: esta coletânea reflete apenas um apanhado do que escrevi durante todos esses anos, em jornais como *O Dia, O Globo, Jornal do Brasil, Diário Catarinense, O Estado de Minas*, entre outros, e revistas, como *Raça Brasil, Ô Catarina!* etc. Muitos textos foram perdidos (ou não sei onde os coloquei, mas saídos em veículos como *Jornal do Comércio, Tribuna da Imprensa, Gazeta de Notícias, Última Hora, Jornal de Santa Catarina, O Liberal*, e jornais de bairros, de sindicatos ou do Movimento Negro, como é o caso do *Maioria Falante*, do qual cheguei a ser editor, ou não convém serem publicados. Também é certo que escrevi sobre tudo e sobre todos. E muita coisa que escrevi já saiu de contexto, ou foram coisas circunstanciais, inerentes ao ofício do dia a dia, próprios para alimentar páginas brancas de jornais diários.

Quem aqui se aventurar vai ter uma ideia do que estou falando. São revividos aqui temas como pan-africanismo, negritude, escravidão, racismo, e histórias de autoras e autores negros, do passado e do presente, tal qual Teixeira e Sousa, nosso primeiro romancista brasileiro, Maria Firmina dos Reis, a primeira romancista, ou José do Patrocínio e Cruz e Sousa. Mas também falo de Carolina Maria de Jesus, Nhá Chica, nossa beata, Joel Rufino dos Santos, Abdias Nascimento, Zózimo Bulbul, Nei Lopes, Conceição Evaristo, Éle Semog, Salgado Maranhão, e trato de autores pouco conhecidos: a exemplo de Nina Silva e Délcio Teobaldo, e de outros mais que, hoje, despontam na literatura negra brasileira: como Eliana Alves Cruz e Jeferson Tenório.

O painel de opções é bem amplo e variado: discussões de ideias, especialmente sobre a implantação das cotas, e novidades, como o aparecimento de livros como o romance *Ponciá Vicêncio*. Salvo engano, talvez tenha sido o primeiro artigo escrito sobre o livro de estreia da nossa grande escritora mineira.

Por falar em textos de estreia, abre este livro um artigo, o primeiro que encontrei como crítico literário, publicado em *Nosso Jornal*, da cidade de Estância, de Sergipe, em outubro de 1987.

São estes pressupostos que fazem com que eu traga este livro para a presença de todos e de todas. De fato, ele resume a jornada de trabalho de um ser humano e a trajetória de luta de um profissional em um país onde a indústria jornalística está integralmente sob o domínio de uma elite não negra, masculinizada e branca. Ter passado pela grande imprensa, como foi o meu caso, não exime de culpa os donos de jornais e editores, sobretudo quando se põe em pauta o cruel racismo estrutural existente nas redações, e nos RHs dessas empresas.

Para se ter uma ideia, no século 19, um em cada três dos jornais mais importantes em circulação estava nas mãos de empresários e jornalistas negros.

Hoje essa discussão do racismo tem entrado firme nas redações, já com alguns tímidos saldos positivos: as grandes corporações jornalísticas têm admitido profissionais negros e negras, e não só como simples repórteres, mas – em alguns casos – como redatores, colunistas ou chefes de reportagens. Há casos de ocupação de lugares estratégicos, como o de ombudsman – o(a) profissional que media conflitos entre o público e o órgão de imprensa.

O livro se divide em três partes. Criei esta metodologia com um aparato didático ou pedagógico à sua leitura. A primeira parte compõe-se de textos saídos nos grandes veículos de comunicação; a segunda, enfeixa textos que, em parte, não foram publicados, salvo exceções, por razões adversas, mas que resistiram até hoje por trazerem pautas ainda importantes sobre o debate racial em nossa literatura. A última parte, eu reproduzo o único texto acadêmico, divulgado em algumas publicações universitárias, mas que teve pouco alcance fora dos muros acadêmicos e que achei que valia a pena compor e fechar estes volumes de textos.

Estes são os passos, e os caminhos que percorri até a presente data.

Com esperança torço ainda ver e viver novos avanços. Os profissionais de hoje, mais jovens do que eu, estão tendo um papel importante nesse processo de pressão e enfrentamento, e conquistando espaços, impondo projetos, diante da nova realidade da comunicação social. Irmanados de ideias inovadoras e ancorados em tecnologias de ponta, atualmente sabem que é possível fazer o bom jornalismo sem depender diretamente de jornais ou de seus respectivos donos. As plataformas digitais estão aí para revolucionar e paginar uma nova história da comunicação brasileira. Esta é uma lição que nos mantém esperançosos e confiantes de que todo o esforço empreendido para divulgar e promover autores e autoras durante boa parte de uma vida profissional, como a minha, ou pautar assuntos envolvendo a população negra possa ser engrandecido e alcançado de forma menos espinhosa e dolorida.

PARTE I

Universo poético de Anamaria Pitangueira[2]

O enfoque que o texto lírico apresenta, tomando-se por base os poemas de *Labirinto*, livro de Anamaria Pitangueira, demonstra mesmo que a proposição assumida pelo contexto poético, no presente caso, vem estabelecer uma condição de paralelo entre a causa individual pela qual se submete o autor no momento em que conduz a sua inspiração, e a universalização de uma situação que se dá pelo comunicado textual, inerente ao texto composto, dada a condição lírica do mesmo, quando repassada de forte e dominante sentimento.

O sentimento repassado ao texto poético é o fator que vem determinando o seu universalismo. Conduzido pela fiadura lírica, o sentimento encontra a sua maior liberdade com a poesia, e por intermédio dela exterioriza-se sobremaneira enquanto proposta humanitária, de ressonante comunicado social. A poesia lírica talvez seja, contudo, a forma engendradora da liberalização interior do modus-vivendi do fazer poético, que tem experimentado, sem limite algum imposto, total liberdade de realizar, de sonhar, de fantasiar ou mesmo de transcender-se.

Drummond, por exemplo, era lírico porque era universal, ao passo que Anamaria Pitangueira é lírica porque é pura, de uma poesia traduzida de um sentimento de qualidade nitidamente natural, espiritualizante. Este paralelo só toma forma e função quando se sabe que, em Carlos Drummond de Andrade, era implícito o sentimento que gera a verdade poética, ligada

---

2. UNIVERSO poético de Anamaria Pitangueira. *Nosso Jornal*, Estância, SE, nº 136, p. 6, 28 set./3 out. 1987.

ao texto lírico, neste caso universal, enquanto, na autora de *Labirinto*, este sentimento atinge um clímax que mais se adequa e se opera apenas para estabelecer a verdade da expressividade poética.

Em *Sentimento do mundo* reclamava o poeta Drummond: "Tenho apenas duas mãos e o sentimento do mundo", estabelecendo, desta forma, um quadro de verdadeira agonia estética da problemática de realização do verso ante a citada "verdade poética". Pitangueira já nos diz o inverso de tudo isso: "Eu queria ser poeta, extravasar emoções..."; ou: "Eu queria ser poeta, sentir na existência mais vida...".

Tanto em um como em outro vê-se a impossibilidade de realização plena da poesia. Enquanto um considera-se (Drummond), grosso modo, poeta impraticável diante de suas realizações; a outra (Pitangueira) quer ser poeta, quer poetar, para se tornar cônscia das realizações que se predispõe.

O texto lírico, que é universal, dimensiona-se através de uma postura romantizadora da poesia. A romantização, que se supõe, em todo caso fortalece o individualismo autoral, quando tocado de sentimento, repassado da dor do ser, dístico de toda a coletividade.

Drummond e Pitangueira, entretanto, não devem ser tomados como caso único dentro de um contexto poético tão complexo como o nosso. A poesia contemporânea, sobretudo a que se realiza pela veia poética da nova geração, assumiu fóruns totalmente diversos daqueles preconizados por movimentos anteriores, conforme o caso do Concretismo. Ao contrário da geração dos anos 50, o Concretismo, que decretou a "morte do verso", radicalizando uma posição estético-linguística, a dos anos 80 sobe nos andaimes montados da liberdade de dizer sem medo de cair ou ser jogada deles. Caminha por vielas escuras, com tarja nos olhos, encorajada da emboscada iminente. Talvez por esse assomo de vibratilidade, esteja nos novos o saber filosófico – "performático" de perceber e viver o mundo poético.

Anamaria Pitangueira, que é a consciência natural relacionada com a poesia produzida na esfera destes grandes textos, síntese de expressivos poemas, é não só autora de um modo próprio de compor, de versejar ou, se quiserem, ainda, de poetar, mas também de uma sentimentalidade fortemente afeita à humanidade, com enorme carga emotiva universal. Dada a aparente simplicidade que os seus feitos poéticos supõem armazenar, o atingimento de sua obra, em termos de comunicação social, alcança importante força penetrativa dentro da massa de leitores que forma o seu público atual. Como em um Manuel Bandeira, que é um poeta "fácil", no grosso modo de dizer, em Anamaria Pitangueira confunde-se também a forma pelo fundo. Ambos, no entanto, têm a mesma característica, como na primeira leitura dos seus versos, de encantar o leitor, fazê-lo excitar-se, o que já não ocorre no momento em que pensa em aprofundar a análise da obra.

Deste modo, passamos a saber, a partir de então, que o universo poético de Anamaria Pitangueira, a exemplo de outros tantos, é grandioso.

Paralelamente à análise da obra, o trabalho de Pitangueira ressalta interessante curiosidade. A exemplo de outros autores do verso, sua expressão ainda rebusca o sentimento puro, de característica universal, emocional e combatente como em um Castro Alves. É característica nela também a preocupação humanitária, o tal discreto "sentimento do mundo", inerente aos poetas potencialíssimos.

Nesse quadro geral, vemo-la ao lado de uma Leila Miccolis, Suzana Vargas, Hilma Ranauro, Leila Tavares, entre outras, e Waly Salomão, Chacal, Paulo Leminski, para citar poucos – porém, todos eles poetas de primeira hora desta nova geração, que contam ainda com a força desbravadora de um Affonso Romano de Sant'Anna, apoiando e incentivando.

Contudo, o apanhado geral e a tomada de posição a favor dessa poetisa "menor" serão dados mais nitidamente quando verdadeiramente tomarmos o seu trabalho poético em leitura atenciosa. Está nela o voo dinâmico das realizações do sonho, da fuga libertária contra os poderes cruciantes que arrolam os povos. Consciente de sua participação no esquema da atividade geral, Pitangueira coloca à disposição de todas as suas próprias armas: os seus versos. Estes refletem a realidade atual, através de um sentimentalismo que procura retomar os padrões legítimos da coletividade, por intermédio de temas que preconizam a paz, o amor, a sabedoria, a ordem social e o progresso consciente dos homens.

Em versos soltos ou brancos, ela procura falar do amor, mas de maneira bonita, e da vida, de forma pura. Não macula, nem xinga. Não subverte as normas verbais e nem impõe seus versos a proselitismos baratos. Pitangueira é poetisa que não deixa dúvida quanto ao seu compromisso: consagra seu amor à poesia e sua poesia ao amor.

Histórias de amor como monumento de vida e salvação[3]

Por que nos apaixonamos? O que sabemos sobre o amor? Como abordar estas questões em plena pandemia do coronavírus? Estas e outras indagações podem ser respondidas pelo filósofo Renato Noguera em seu novo livro, apropriadamente intitulado *Por que amamos?*. A escritora e ativista Djamila Ribeiro, autora do prefácio da obra, classifica-a como um "monumental estudo sobre o amor".

Composto de ensaios precisamente estruturados, o livro do professor da UFRRJ trabalha o imaginário da escrita pelas mais diversas noções do amor que a humanidade já viu e experimentou. Não é um manual de autoajuda, como pode se supor. Longe disso. Renato Noguera não faz um perfilamento de orientações e ensinamentos, mas recepciona experiências amorosas dos mais diversos grupos humanos, abordando conceitos com base em explicações científicas, nos aspectos culturais, míticos e filosóficos.

É nesse campo que fala da concepção e do projeto de relacionamento, sob a ótica do ciclo da vida, de acordo com a expectativa de cada um, expondo modelos de amor e de amar, mostrando como até hoje se lidou com sentimentos como o ciúme e a raiva - porque algumas maneiras de amar podem ser melhores do que outras. Em outras palavras, trata do amor romântico ao poliamor, da monogamia à policonjugalidade.

---

3. HISTÓRIAS de amor como monumento de vida e salvação. *O Globo*, Rio de Janeiro, RJ, 5 set. 2020, p. 3. Segundo Caderno.

Para Renato Noguera, se há uma ética para o amor, ela é tida como a investigação sobre a moral, já que é preciso ter sempre em conta quais princípios uma pessoa traz da vida para os relacionamentos amorosos. Se o conceito de ética se estabelece desta forma, o filósofo corrobora a premissa aristotélica de que amar é um ato político, dado que ele incorpora, como é natural, dilemas de uma vida "político-afetiva" – o fenômeno que é a combinação de todos os fatores, pelos quais se direciona. Ou seja, o amor envolve a gestão da admiração, do desejo e das inseguranças que rondam os afetos que compõem a arte dos relacionamentos, como em Romeu e Julieta ou nas histórias de Oxum, filha de Orunmilá.

Amar é hospedar o outro

Tomando como base experiências do passado, sejam ocidentais ou do mundo africano, Noguera traz para a performance amorosa o que ele chama de "mapa de propósitos". Com isso estabelece o conceito da hospitalidade, como o da recepção, na lógica de que o outro é um estrangeiro, um desconhecido, e como tal precisa ser bem recebido, bem recepcionado, no seu ambiente, mas sem afetar o seu modo de ser ou sua carga emocional.

O conjunto de regras que vai fazer com que o "hóspede" se mantenha satisfeito durante o seu período de acolhimento é o mesmo de quando dizemos que o amor é um percurso onde os propósitos se alimentam, os dons florescem e as dádivas são recebidas com gratidão. Neste caso, os propósitos devem estar bem definidos ou juntos, com destaque para o papel da comunidade, sobretudo no contexto africano, já que o amor tem a ver com a capacidade de sobrevivência do indivíduo.

Outro ponto bastante interessante em *Por que amamos?* está na concepção das relações como projeto narrativo: a história de cada um formulada como uma pedagogia da vida. Renato Noguera nos diz que é fundamental que se desenhe o relacionamento. Nesta perspectiva é que fala da paixão, como uma chave de leitura dos afetos, que se relaciona com a ideia de que a falta do amor desumaniza o outro.

Noguera cita a pensadora africana Sobonfu Somé, que reflete, em *O espírito da intimidade*, sobre a sabedoria dos povos Dagara, e a "roda cosmológica", identificada nos elementos da natureza: água, terra, ar e fogo. O filósofo percorre o mesmo dilema unidimensional, centrado na ideia de que o amor não é um produto de venda ou negócio, muito menos propõe ideias inovadoras para consertar casamentos em decomposição sentimental, pois para ele a busca da felicidade conjugal é "um caminhar em conjunto", e uma tarefa constante de buscar "o bem-estar com alguém". Nesse entendimento, se o amor é tirado do contexto espiritual, a tendência é que fique exposto a perigos, internos e externos, e sua eficácia fatalmente se comprometerá.

Se para Sobonfu Somé "toda pessoa é um *espírito* com *propósito*", para Renato Noguera a estética, ou "gramática do amor", como ele diz, está nas dimensões que levam uma pessoa à vida plena. Neste ponto se refere à escalada da montanha, quando fala que a paixão é uma potência que leva duas pessoas até o seu topo. Este percurso faz com que haja um acúmulo de conhecimentos, algo que tem a ver com a construção de uma nova narrativa, numa noção de que, para o amor, precisamos de outra pessoa para percorrer os caminhos da vida, escutar e conhecer suas histórias.

As histórias em si, como a de Sherazade, em *As mil e uma noites*, ou a *Biografia do Língua*, romance do cabo-verdiano Mário Lúcio Sousa, é que alimentam o seu imaginário e trazem algum sentido para a relação, respeitando-se seus formatos, modelos e projetos existenciais.

Ou seja, para Renato Noguera, o encontro amoroso tem maior chance de sobrevivência, de longevidade, quando o casal ou as partes envolvidas o identificam como uma história que precisa ser contada em conjunto. O sentido de tudo isso é saber que a vida é que impõe a vontade de amar, e "amar é contar histórias", segundo o autor. Por isso que cabe a cada um de nós, em particular, encontrar a forma de melhor narrar para o outro uma boa história para manter acesa essa aventura.

Narrador misterioso revela os "desejos inconfessáveis" da sociedade escravista colonial[4]

Que tal a ideia de um narrador misterioso e sem nome, mas altamente bem informado? Este é um dos caminhos, e dos mais instigantes, do novo romance da escritora carioca Eliana Alves Cruz, *Nada digo de ti, que em ti não veja*, que acaba de ser publicado pela editora Pallas. Dedicada a narrativas históricas, com precisão de detalhes, na trilha de sucessos que já lhe renderam prêmios e uma iniciada consagração na carreira literária, a autora volta agora à cena com mais uma história bem urdida e intrigada, potencializada pela temática da escravidão e de personagens fortes e enigmáticos. Com este novo livro, Eliana se coloca entre as grandes ficcionistas brasileiras da atualidade, em que se destacam a veterana Conceição Evaristo e festejada Ana Maria Gonçalves.

São dela ainda o premiado *Água de barrela*, onde reconstitui a centenária saga da ancestralidade de sua família africana, a partir do Recôncavo Baiano, e *O crime do cais do Valongo*, sobre o misterioso assassinato de um poderoso homem público e de negócios, bem no coração da região hoje conhecida como a Pequena África.

Nada digo de ti, que em ti não veja, ao contrário dos seus dois romances anteriores, se passa entre a Minas Gerais da rica exploração aurífera pela Coroa portuguesa, e a portentosa cidade do Rio de Janeiro do final do século 18. Aí a

---

4. ELIANA Alves Cruz narra a história de um Brasil preso às injustiças: narrador misterioso revela os "desejos inconfessáveis" da sociedade escravista colonial". *O Globo*, 26 jun. 2020. Segundo Caderno.

ganância pelo comércio da escravidão e pelo cobiçado "caminho do ouro" compõe o cenário desse enredo que, no entanto, vai relevar a podridão, os privilégios, as injustiças, e as crueldades de uma sociedade imersa de corpo e alma nas milionárias negociatas do período do Brasil-colônia. Destacam-se nesse contexto as figuras de alguns personagens centrais, dentre outros também relevantes: a do moço Felipe, da estirpe poderosa dos Gama; o Frei Alexandre Saldanha Sardinha, alto servidor do Santo Ofício; o escravizado Zé Savalú; e a negra Vitória, na verdade, uma *jimbanda*, dona de "vasta cabeleira crespa", mas outrora nascido menino no Congo, como Kiluanji Ngonga. Entre as mulheres: a noiva virtuosa Sianinha, na sua comovente transfiguração, de sinhá cheia de modos e chiliques, para a "mendiga nubente"; Branca Muniz, espécie de matrona, das mais frias e cruéis; e a mucama Quitéria, que também cumpre papel preponderante no desenrolar da narrativa.

Meticuloso contexto narrativo

Não é a primeira vez que Eliana Alves Cruz nos brinda com uma narrativa tão envolvente e pujante. Como nos seus outros livros, a descrição das imagens e o enquadramento das cenas nos levam a crer no meticuloso desenho para compor na ficção o perfil de personagens talvez reais, de carne e osso, e que foram destacadas figuras da história do país. Porém, em *Nada digo de ti, que em ti não veja* não é diferente disso. Balthazar Gama seria, por exemplo, aleatoriamente, o Borba Gato (1649-1718), o famoso genocida e bandeirante? O Frei Alexandre Saldanha Sardinha da trama não lembraria levemente a caricatura de ninguém menos do que o Bispo Sardinha (1496-1556), o que foi devorado pelos índios Caetés? É algo a se saber.

Com base em cuidadosa pesquisa, o ambiente colonial é descrito com precisão pela romancista, com os seus casarios imponentes, as vestimentas coloridas, a cheirosa culinária, o jeito e trejeito do falar arrastado do escravizado e da nobreza. O misterioso narrador, tido e havido como confesso "bisbilhoteiro" ou "fofoqueiro dos mais terríveis", nos ajuda a "ver" os casarões por dentro, os costumes e as intimidades de sua gente, bem como a farta riqueza da vida burguesa construída à base do sangue do negro e da negra escravizados e pelo escambo do usufruto precioso arrancado da profundeza das minas.

Mas isto não é tudo. O melhor tempero da trama vai estar nas revelações dos chamados "instintos secretos e desejos inconfessáveis" de Vitória, sedenta sodomita, a Geni da época, que redime e ao mesmo tempo é execrada pela sociedade, a qual teme nela o seu olhar e a sua língua, além das mandingas que pratica. Neste ponto, Vitória chama mais atenção do que todos os outros pela reveladora "inversão dos papéis", dada as suas muitas vidas, e por "ser diferente". O seu envolvimento e paixão pelo "filho-de-algo", o sinhozim imaturo, a sedução dos seus cabelos volumosos, como a "copa de figueira", ou pelo perfume da dama-da-noite, o preferido, impõem a este livro um toque de ousadia, e de ótimo mistério, e mesmo de requinte narrativo, salvo engano, talvez descrito pela primeira vez numa obra literária de autoria negra. O final, todavia, é surpreendente.

Se há algo que cada vez mais prende e fascina nos textos de Eliana, é este olhar delicado e dedicado aos excluídos, sobretudo aos escravizados e às mulheres pretas, dando-lhes poder e voz, seja na alegria ou na dor, ponte, certamente, que une algo ligado à sua origem ou ancestralidade. Aliado a tudo isso, é preciso destacar o belo texto, cada vez mais conciso e refinado, cirurgicamente envolvente, como nas descrições de tipos e de fachadas de prédios, ou de um quilombo na mata. Com esta mão certeira a autora tem moldado a sua trajetória nas letras, e pavimentado, brilhantemente, as suas escritas-caminhos.

Quem tem medo da literatura negra?[5]

Na esteira de protestos, manifestações e debates sobre a onda de ódio racial que assola o país e boa parte do mundo, com potentes reflexos nos Estados Unidos, especialmente após a morte de George Floyd, um tema foi pouco lembrado e carece de mais reflexões: a literatura negra brasileira.

Que medo é este de colocar o assunto na mira das atuais discussões? Sob o aspecto estético racial, sendo a literatura o corpus cultural de um povo, sobretudo quando este povo é nitidamente africanizado, pensar no asfixiamento de nossas narrativas, pelo ponto de vista literário, é o mesmo que supor que esta literatura, como 56% da nação, precisa ser ignorada, apagada, eliminada dos catálogos e dos livros didáticos.

Este apagamento sempre teve um cunho ideológico, diga-se de passagem, pois constitui-se em uma espécie de política de Estado, manifestada desde a Colônia e o Império, mas notoriamente adotada na República, desde o seu nascedouro, como instrumento próprio para silenciar e invisibilizar, de um lado, autoras e autores negros, o seu legado, e de outro, suas raízes africanas e produções intelectuais.

Com este propósito, muitos de nossos autores foram ignorados ou embranquecidos pelo sistema, pela história oficial ou pela academia, incluindo a Academia Brasileira de Letras (ABL), de onde esperava-se encontrar o apoio necessário à expansão das ideias e ideais daqueles que também ajudaram a construir verdadeiramente a identidade da nação.

---

5. Racismo na literatura brasileira é profundo e criminoso. Folha de S. Paulo, 24, jul, 2020.

Da mesma forma que não se estranhou a foto que revelou a face de um Machado de Assis negro, não se construiu dentro da ABL a base de votos da candidatura de Conceição Evaristo para ocupar, pela primeira vez, enquanto escritora negra, uma das 40 cadeiras da casa.

Tratam-se de situações pontuais e presentes, é verdade, mas se fizermos uma digressão no tempo, perceberemos que o racismo, na literatura negra brasileira, é muito mais profundo e criminoso do que se parece.

O caso mais notório de apagamento das raízes negras no país é o de Machado de Assis, maior escritor da literatura brasileira, festejado recentemente nos Estados Unidos após nova tradução em inglês de *Memórias Póstumas de Brás Cubas,* edição esgotada em apenas um dia.

Numa viagem pelas letras ao longo da história, podemos constatar a exclusão ou embranquecimento de autores como Henrique Dias, o primeiro negro letrado do país, no século 17; padre Antônio Viera (1608-1697), o brilhante escritor e orador, nascido em Portugal, trazido ao Brasil ainda menino, descendente de uma escravizada africana.

Há ainda o surpreendente caso de Rosa Maria Egipcíaca (1719-1778), da Costa do Marfim, que chegou ao Brasil após ser capturada pelo tráfico negreiro. Autodidata, escreveu *Sagrada Teologia do Amor Divino das Almas Peregrinas,* o mais antigo livro escrito por uma mulher negra no Brasil. Tido como herético pela igreja, o livro acabou destruído pela Inquisição portuguesa.

O fim de Rosa Maria Egipcíaca permanece um mistério. Levada para Portugal, foi presa pelo Tribunal do Santo Ofício, sob acusação de se autoproclamar santa e alegar ter dons espirituais - segundo relatos, ela misturava ritos católicos e africanos, reunindo dezenas de fiéis. Não há registros de sua morte.

Temos ainda Domingos Caldas Barbosa (1740-1800), carioca, filho de português com uma negra angolana, poeta que popularizou o lundu, e pertenceu à arcádia de Lisboa; Silva Alvarenga (1749-1814), um "filho de negro músico de profissão", conforme sua biografia. Alvarenga estudou em Coimbra, escreveu "Glaura" (1799), poema considerado erótico.

Depois veio Paula Brito (1809-1861), contista, poeta, tradutor e editor que publicou os primeiros textos de Machado e o primeiro romance brasileiro, *O Filho do Pescador* (1843), escrito por outro negro genial e esquecido, Teixeira e Sousa (1812-1861).

Seguem-se Gonçalves Dias (1823-1864), autor de "Canção do Exílio", nome forte do Romantismo que dispensa apresentações, mas que todos precisam saber que era negro; Maria Firmina dos Reis (1822-1917), primeira romancista negra do Brasil, autora de *Úrsula* (1859).

Nascida no Maranhão, era prima, por parte de mãe (uma ex-escravizada), de Francisco Sotero dos Reis (1800-1871), poeta, professor, gramático e autor de *Curso de Literatura Portuguesa e Brasileira* (1866-1873), fruto da sua experiência docente.

E não paramos por aí. Chegamos, então, a Luís Gama (1830-1882), poeta, tribuno e advogado, filho da lendária Luísa Mahin, da Revolta dos Malês, na Bahia; Cruz e Sousa (1861-1898), pai da escola Simbolista e atuante abolicionista, mas injustamente referenciado como "poeta branco".

Auta de Souza (1876-1901), poeta espiritualista aclamada por Olavo Bilac (1865-1918), tinha sangue negro por parte de mãe e morreu do vírus da gripe espanhola, assim como o presidente negro Rodrigues Alves (1848-1919).

Também com ligações com o mundo político, podemos destacar José do Patrocínio (1853-1905), poeta, romancista, jornalista e ativista, modernizador da imprensa no Brasil e membro fundador da Academia Brasileira de Letras; e Domício da Gama (1862-1925), contista e crítico literário, fundador da ABL ao lado de Patrocínio, embaixador em Washington e ministro das Relações Exteriores. O escritor português Eça de Queiroz (1845-1900) o tratava, preconceituosamente, de "o mulato cor de rosa".

Nesta lista, não podemos deixar de citar o grande Lima Barreto (1881-1922), e pela memória do autor de *Clara dos Anjos* chegamos a Mário de Andrade (1893-1945), um dos principais expoentes da literatura moderna; Solano Trindade (1908-1974), alcunhado o poeta do povo; e Ruth Guimarães (1920-2014), tradutora, jornalista e, acima de tudo, romancista de *Água Funda*

(1946), e que chegou a pertencer à Academia Paulista de Letras, a mesma que nunca aceitou nos seus quadros Carolina Maria de Jesus (1914-1977), a festejada escritora de *Quarto de Despejo: Diário de uma Favelada* (1960), livro traduzido para 16 idiomas e que circulou em 46 países.

Nessa galeria mais que ilustre, constatamos outros autores de vital importância que caíram no esquecimento, como o romancista e poeta Jorge de Lima (1893-1953), o dramaturgo e romancista Romeu Crusoé e a mineira Anajá Caetano, que publicou *Negra Efigênia: Paixão do Senhor Branco* (1966). De Crusoé e Caetano quase nada se sabe, como data de nascimento e morte.

São tantos os nomes desprezados e apagados de nossa literatura negra que chegamos a imaginar um atentado contra esses autores e suas obras de denúncia racial ou voltadas às raízes africanas.

E nem mencionamos nossos contemporâneos, a começar por Conceição, nossa já veterana, com destaques como Ana Maria Gonçalves, Paulo Lins, Joel Rufino dos Santos, Nei Lopes, Domínio Proença Filho, Martinho da Vila e nomes da nova geração, como Jeferson Tenório, Eliana Alves Cruz, Itamar Viera Júnior, Giovani Martins, Jarid Arraes, entre muitos outros.

Não é concebível, com tudo isso, que se continue a ignorar tantos talentos, tanta produção festejada e premiada, muitas delas recordistas de vendas, traduzidas para uma série de idiomas e países.

Como destaquei no começo deste artigo, que medo é este que a indústria do livro tem de autoras e autores negros brasileiros? Não podemos mais admitir que continuemos a ser asfixiados até a morte, ou atirados dos altos andares de prédios, como anjos sem asas. A literatura negra brasileira precisa respirar urgentemente.

Rapsódia urbana do imaginário popular[6]

Mais de vinte anos depois do retumbante sucesso de seu primeiro livro, o romance *Cidade de Deus*, Paulo Lins continua um inovador. O seu trabalho mais recente, *Dois amores*, no entanto, não é propriamente um romance, nem muito menos pode ser enquadrado como conto, mas pode-se dizer que é um Paulo Lins em sua essência. Ou até mais do que isso. As histórias de Lulu e Dudu, protagonistas da trama, que são irmãos, e moradores de Queimados, na Baixada Fluminense, assemelham-se a uma rapsódia urbana, pela sua cadência e seu ritmo, ou pelo uso de uma linguagem poética que tem muita proximidade com a poesia falada e cantada nos *slams*.

Mestre em lidar com histórias entre o eixo policial e a malandragem, com fulcro na violência e no tráfico de drogas, Paulo Lins transforma as vidas de dois moleques pobres numa grande aventura. Mas ela é bem real, como em uma cena cinematográfica. Sem muito esforço, nos faz lembrar a dupla Acerola e Laranjinha, do seriado *Cidade dos Homens*, da rede Globo, que foram magistralmente interpretados pelos atores Douglas Silva e Darlan Cunha, na pele de dois garotos que enfrentam a bandidagem e a falta de dinheiro, e que teve em Lins um dos seus principais roteiristas. No caso dos moleques da Baixada, a situação é muito parecida. Para tentar impressionar as namoradas, Lulu e Dudu vão à luta para comprar dois pares de tênis coloridos de uma marca famosa. Para alcançar este objetivo, vão dar um "duro" e ganhar uma "dura" de rapas de trens, policiais suspeitos, bandidos e milicianos. Os dois

---

6. RAPSÓDIA urbana do imaginário popular. *O Globo*, Rio de Janeiro, RJ, p. 5, 8 set. 2019. Segundo Caderno.

vivem uma realidade muito próxima do que diariamente presenciamos pelas ruas dos grandes centros, como o do Rio de Janeiro da atualidade.

"Griot" do subúrbio

Presos a uma realidade de penúria, oriundos de famílias pretas e periféricas, os moleques resolvem "ganhar a vida", para descolar "um qualquer" em busca de realizar o sonho do tênis novo colorido e com isso conquistar as garotas que tanto desejam. Na onda de alcançar seus objetivos a qualquer custo, Lulu e Dudu se metem em situações bem complicadas, e arriscadas, por sinal, que vão desde vender balas nos sinais de trânsito ou nos vagões dos trens da Central do Brasil a serem abordados por policiais suspeitos de fazerem tratos com a milícia.

Numa linguagem simples e direta, Lins transporta para o papel situações, gírias e costumes malandros já consagrados no seu livro de estreia, hoje muito famoso e conhecido mundo afora. A história de *Dois Amores* é curta, mas sutilmente deliciosa. E o final é ainda mais alentador e surpreendente, não só para os meninos como também para quem a vai ler, com certeza.

Paulo Lins é, na atualidade, o mestre da narrativa urbana. Seu jeito de contar histórias, espécie de "griot" do subúrbio, dialoga com uma dimensão do imaginário popular, que ele conhece como ninguém. Nessa experiência de *Dois amores*, não há dúvida, o que está em jogo é a perspectiva de vidas conflagradas no redemoinho social que confronta com a marginalidade e o abandono, aliado à falta de políticas públicas do Estado que atinjam as famílias pobres. Com isso, é possível observar, na trajetória desses dois moleques, o quadro de uma realidade que, antes de mais nada, confina e aprisiona, não dando alternativa a cada um de gerir suas existências sob sua conta e risco.

É disso que fala este pequeno livro. Com estas historinhas, Lins proporciona a oportunidade de refletir e pensar no semelhante, sobretudo quando este semelhante se encontra na situação de fragilidade, debaixo das marquises, ou em cenas diárias pelas ruas da cidade, vendendo de tudo, na louca ânsia de descolar um alimento, ajudar na subsistência da família ou simplesmente se divertir, que ninguém é de ferro. Vidas relegadas, na flor da idade, esse é o doloroso lema e a dura mensagem transmitida. E Paulo Lins diz tudo isso em poucas páginas e concisão de diálogos. Como mestre que é, ele sabe lidar com as palavras. Mas no íntimo, fica o amargo gosto de um enredo que só não é mais cômico porque é, antes de tudo, muito trágico.

Luzes sobre Firmina[7]

Maria Firmina dos Reis nasceu em 1822, morreu em 1917 – e renasceu 100 anos depois. Desde 2017, seu clássico *Úrsula* (1859) ganhou 13 novas edições, assegurando a reputação da maranhense como primeira romancista do Brasil e, provavelmente, primeira mulher negra a publicar um romance na América Latina.

Úrsula é reconhecida como uma das primeiras narrativas de temática feminista e antiescravista da literatura brasileira, escrita por uma mulher negra em pleno período da escravidão. Para se ter uma ideia, até o conservador Monteiro Lobato (1882-1948), ao ler o livro, escreveu que Firmina lhe despertou "as horas de mais intenso gozo espiritual".

Mas sua obra não se resume a este clássico. Agora, dois novos lançamentos jogam mais luz sobre a autora. *Memorial de Maria Firmina dos Reis* (Uirapuru), segundo volume de suas obras completas, nos revela uma poeta e cronista incomum, capaz de transitar entre diversos gêneros. Já *Maria Firmina dos Reis: faces de uma precursora* (Malê) recupera uma mulher à frente do seu tempo, tanto no enfrentamento do patriarcado quanto na militância e negritude de sua literatura.

Confusões biográficas

Mas ainda há muitas lacunas a serem preenchidas na vida da escritora. Não há, por exemplo, um único retrato de Firmina, embora ela tenha vivido

---

7. LUZES sobre Firmina. *O Globo*, Rio de Janeiro, RJ, 1º ago. 2019, p. 2. Segundo Caderno.

quase 100 anos, todos eles no lugarejo maranhense de Vila de Guimarães, onde morreu cega e pobre. Por isso a importância do livro da Malê, que traz uma série de estudos reunidos pelas professoras Constança Lima Duarte, Luana Tolentino, Maria Lúcia Barbosa e Maria do Socorro Vieira Coelho.

A escassez de fontes torna difícil a reconstituição da trajetória da escritora, afirma a pesquisadora Delercy Aragão Adler em *Maria Firmina dos Reis: faces de uma precursora*. Responsável por descobrir a data exata do nascimento de Firmina, Adler esclarece algumas confusões biográficas que costumam acompanhá-la. A mais gritante talvez diga respeito à sua imagem: até hoje, há trabalhos que veiculam o retrato da escritora gaúcha Maria Benedita Câmara Bormann como sendo o de Firmina.

Outra pesquisadora da coletânea, Fernanda Rodrigues de Miranda observa que, embora tenha dialogado de forma consciente e ativa com o seu próprio presente, a escritora maranhense está profundamente conectada com a atualidade. Firmina trouxe uma nova perspectiva: "o negro enquanto sujeito de uma experiência histórica anterior à escravidão, com vínculos afetivos, pertencimentos territoriais e ética de existência coletiva", escreve Fernanda. Com isso, abriu caminho para escritoras como Conceição Evaristo e Ana Maria Gonçalves.

Firmina, que chegou a lecionar para meninas e meninos na mesma sala de aula, numa inovação em pleno século 19, dizia que a mente não podia ser escravizada. Não se casou nem teve filhos naturais – somente adotivos. Bastarda, escreveu sobre as mazelas do mundo – a mendicância, a dor, a proscrição, o patriarcado, sobre cismas e queixas. Apesar das limitações, experimentou diversas formas de expressão, da poesia à música popular. Compôs letra e música à tradição do bumba-meu-boi e um hino à libertação dos escravos, para comemorar o Maio de 1888.

Um olhar arrojado

Essa Firmina múltipla está visível em *Memorial Maria Firmina dos Reis*, saído em dois volumes (2017 e 2019) pela editora Uirapuru. Se a primeira parte trazia dois textos desconhecidos (o romance *Gupeva* e o conto "Elvira"), o recém-lançado segundo volume divulga as crônicas, charadas, composições musicais, um "álbum íntimo" e o volume desconhecido de poesias *Cantos à beira-mar*, publicado originalmente em 1871.

Nos textos em prosa, no entanto, a grande revelação está na Firmina cronista. O giro pelo ambiente em que vivia, o olhar pela sociedade, as suas meditações do cotidiano. Pensar nisso em pleno século 19, através de uma mulher negra, era algo de muito arrojo. O que torna Firmina única, na categoria das primeiras – desbravadora de um campo que seria dominado única e exclusivamente por homens.

A crônica "Meditações" (1861) é um desses exemplos em que a autora fala de um certo bucolismo: "O presente pesa-me como um fardo enorme – o futuro envolve-se-me em denso véu de escuridão; por que desdenharei do meu passado? Mas ele é a minha vida".

Em "Página íntima", é a saudade que lhe traz "acentos de dulcíssimas harmonias". Já os textos do seu "Álbum íntimo" trazem preciosidades sobre o dia a dia, como as anotações resignadas sobre a perda de pessoas próximas em "Uma lágrima sobre um túmulo".

Seus poemas reunidos dão uma amostra do lirismo daquela que é, salvo engano, também a primeira poeta negra brasileira. De tom bucólico, seus versos trazem a voga do romancismo, de culto à beleza e de exaltação à natureza, aos costumes e às coisas da terra.

Sem dúvida, Maria Firmina é um fenômeno raro, que, ao ser descoberto pelo mundo da indústria do livro e por inúmeros novos leitores, tem muito a nos dizer em termos de prática e processo de escrita, sobretudo com o sotaque feminino, com o tom forte da fala da mulher preta.

A voz potente da poesia que também ecoa na ficção[8]

Se a poeta é uma grande fingidora, para usurpar a ideia do verso primoroso de Fernando Pessoa, imagina a escritora Elisa Lucinda, ou melhor, a romancista Elisa Lucinda. Amante da poesia do bardo português, em homenagem a quem escreveu, em 2014, um belíssimo romance, a capixaba radicada carioca volta à carga agora com uma nova ficção – o recém-lançado e já badalado *Livro do avesso: o pensamento de Edite*. Trata-se, em grande façanha, de uma história contada em pequenas doses narrativas, algumas de até duas linhas, em que não só o pensamento de Edite vem à tona, mas o da própria autora, na forma sempre direta e irônica, muitas vezes debochada, de dizer tudo.

Em determinadas passagens do texto, chegamos a formular a tese de que o pensamento de Edite é exatamente o que Lucinda vem pensando desde os tempos do excelente *A lua que menstrua* (1992): Edite funcionaria como alter ego da própria Elisa Lucinda – o que é recorrente lembrar, de passagem, os múltiplos heterônimos do próprio poeta português que ela tão bem ficcionou em *Fernando Pessoa – o cavaleiro de nada*, em que mistura, mais uma vez com maestria, a história real do extraordinário poeta com a inventada, a imaginada por ela.

Não que o *Livro do avesso* seja exatamente uma mistura de ficção com fatos reais, embora alguns episódios bem marcantes da vida da personagem

---

8. A VOZ potente da poesia que também ecoa na ficção. *O Globo*, Rio de Janeiro, RJ, p. 5, 1º jun. 2019. Segundo Caderno.

se confundam com a própria trajetória da escritora, mas sem a pretensão da verossimilhança. Em dado momento, Edite, ou também Dite e Ditinha, que tem uma língua afiada para palavrões e queixas sexuais (não é mesmo Elisa Lucinda? – olha eu aqui fazendo o papel da Voz), trata de coisas muito sérias, algumas até republicanas, ao falar de violência, de racismo, de gênero, de educação, de política. Em uma dessas passagens, ela aborda a morte de Nelson Mandela, o Mandiba e, aí, vemos que há o pensamento de Elisa Lucinda para reavivar a memória do país e do mundo, numa transmissão de mensagem em que ela atua bem, e não só através de suas poesias, as escritas ou faladas nos cursos da Casa-Poema. E de Mandela, o tão "imprescindível homem", a autora se transporta para a cabeça de Edite – ou de "Afro Dite", grafada aqui nesse trocadilho tão substancialmente necessário para marcar a referência racial da personagem e de sua criadora.

Elisa Lucinda é voz com grande potência na poesia brasileira, com forte lirismo que evoca para a si e atualiza as questões de gênero e os discursos de combate à desigualdade de raça e classe. Na prosa, ela não descura de dar a esses temas/assuntos o peso narrativo que merecem. Antes disso, provoca seus leitores, os faz rir e pensar, chorar e refletir, como marca da sua teatralidade falada. Ou seja, seu papel enquanto ficcionista, em especial neste segundo romance – total dos 17 livros até agora publicados –, é o de guardiã de uma memória que está escrita/inscrita no dia a dia das pessoas, nos gestos e rostos das gentes do povo. Visceral nas emoções, ela é um temperamento que corrobora de forma diametral com o seu tempo ido e vivido. Pela sutileza e pelo coloquialismo verbal que interpõe, o *Livro do avesso: o pensamento de Edite* traz muito da sua autora/narradora e marca com chave de ouro a volta de Elisa Lucinda ao universo da ficção.

Mérito de alguém que trabalha com dureza, labuta com suor e lágrimas pelo ideal da poesia e da escrita que tenha como missão e compromisso o realismo dos tempos contemporâneos. Especialmente por estes motivos, a sua leitura é urgente e altamente necessária.

Vozes anticoloniais[9]

No Brasil, a escritora moçambicana Paulina Chiziane tem sido destacada por um seleto fã clube formado especialmente pelas mulheres negras, apreciadoras da sua grande literatura, entre as quais merece menção a escritora mineira Conceição Evaristo.

É emblemático termos um círculo tão pequeno de seus admiradores, embora significativos, para uma escritora que, em seu país de origem, é considerada umas das maiores narradoras, e, acima de tudo, a primeira mulher prosadora a escrever uma narrativa/romance em sua terra africana.

É certo que, quando falamos da literatura moçambicana, o nome que nos vem à mente é de um homem, o do escritor Mia Couto, que, aliás, é branco. Mesmo o de Ungulani Ba Ka Khosa, fantástico escritor negro, que esteve recentemente no Brasil lançando o seu novo livro *Gungunhana: Ualalapi e as mulheres do imperador* (editora Kapulana), é lembrado. Os méritos de Mia Couto já não são mais postos em dúvida, dada a mensurada qualidade de seu trabalho literário, amplamente divulgado e difundido no Brasil.

No caso específico da escritora Paulina Chiziane, pesa bastante uma injustiça que certamente tem a ver com o fato de ela ser mulher e ser negra, salvo outro juízo de valor, argumentado em contrário, mas com base fundamentada, prezando pela lógica e a coerência.

Começo dizendo isto após ler, com imensa alegria, o seu mais recente livro divulgado aqui entre nós – *O alegre canto da perdiz* (Editorial Caminho,

---

9. VOZES anticoloniais. *Estado de Minas*, Minas Gerais, MG, p. 1, 11 jan. 2019. Caderno Pensar.

Portugal, 2018). A leveza desse livro nos faz lembrar uma afirmação que a própria Paulina, em conversa numa tarde comigo em São Paulo, durante a FlinkSampa, gostava de (re)afirmar: "Gosto mais de dizer que sou uma contadora de estórias. Isto de dizer que sou romancista, gosto, mas não gosto muito".

Paulina Chiziane é considerada, com toda a razão, após a publicação de *Balada de amor ao vento*, de 1990, a primeira romancista (ou contadora de estórias) da África moçambicana. E este título, embora ela minimize o rótulo, como é da sua modéstia, à altura da mesma simplicidade com que sorri e fala de sua literatura e do seu país, tem projetado seu nome mundo afora, como representante não só das mulheres negras da África negra, mas das mulheres negras de todo o planeta.

No caso de *O canto alegre da perdiz*, chama a atenção em Paulina um dado importante na forma de narrar e de contar a tal "estória": a descrição das cenas em si e a apresentação dos personagens. A escritora africana apresenta, de forma leve e original, os tipos da cena que quer descrever, em que cada parágrafo do texto serve de passo e de guia, levando o leitor, logo no início das primeiras páginas, a ter um envolvimento íntimo e pessoal com os seus personagens, criando desde já um vínculo, uma empatia, uma espécie de relação de amor e cumplicidade.

A história gira em torno também de duas mulheres: Delfina e Maria das Dores. O percurso dessas duas personagens vai mostrar que Paulina tem como propósito determinar o espaço de fala das mulheres africanas, impressa nas dores dos seus corpos, na cartografia do seu espaço de ação, elevando a ideia do matriarcado. Na verdade, ela procura denunciar (ou desconstruir) o projeto colonial de poder, na figura branca do invasor do país e de todo o continente.

Ao colocar o discurso feminino do anticolonialismo nas vozes de mulheres negras, Paulina Chiziane potencializa a sua própria escrita anticolonialista. O sentido de dor e de perda, inerente às suas personagens mulheres, vem carregado de uma carga dura e forte de preconceito e de violência contra a mulher africana e, por tabela, contra o homem africano também. Ler Paulina Chiziane, por este prisma, nos faz entender por que ela vem sendo tanto lida e ouvida mais no exterior do que em Moçambique.

Nesse sentido, *O alegre canto da perdiz*, ao demarcar um ponto alto da literatura de Chiziane, cumpre bem o seu papel de instrumento de fabulação, de contação de histórias, de denúncia contra o arbítrio desumano que foi a escravidão e suas sequelas.

Ao cumprir com este objetivo, o de fabular e denunciar, ao expor sorrisos e feridas, a escritora moçambicana "traz a boa-nova escrita do avesso", nas palavras de sua personagem. E esse seu livro é, seguramente, a narrativa que mais se aproxima de uma "literatura de missão" – entretém o leitor e, ao mesmo tempo, o mantém em alerta sobre a potencialidade de uma África ainda muito viva e pulsante.

A África, na concepção de Paulina Chiziane, tem a ver com esse corolário de cores e vozes distintas e exasperadas na forma de emoção e múltiplos sentidos. A dor contida de suas personagens é reverberada na representação escrita da autora moçambicana, pondo em destaque o conceito de memória, exposto nas falas das mulheres da narrativa, e o estigma do tempo, referendado no "corpus" escrito e na ancestralidade, que carregam em si a trajetória de vidas que se nutrem do próprio sangue que derramam e do sofrimento sentido.

Paulina Chiziane, com essa lógica da insensatez, diga-se de passagem, é extremamente assertiva e subverte o sentimento narrativo, elevando-o à melhor condição de uma história contada do ponto de vista de quem volve a terra e se expressa pelos olhos das mulheres africanas.

Escrita necessária

A nova edição do romance *O alegre canto da perdiz*, de Paulina Chiziane, é o ponto alto de sua literatura após a estreia com *Balada de amor ao vento*, em 1990. Uma das vozes femininas mais importantes hoje da literatura africana, com livros traduzidos para os mais conceituados mercados livreiros do mundo, como o Brasil, a Europa e os Estados Unidos, Paulina Chiziane, no entanto, ainda não é uma escritora popular, pelo valor literário dos seus livros e pela força documental dos seus romances.

No Brasil, onde a conhecemos muito pouco, devido às edições acanhadas de suas obras, ela tem um pequeno círculo de admiradores, entre o público em geral, escritores e acadêmicos. Por esta razão, Paulina Chiziane sobrevive por aqui e é cultuada por uma plêiade pequena, mas considerável: Conceição Evaristo, Ana Maria Gonçalves, Paulo Lins, Martinho da Vila, Oswaldo de Camargo, Luiz Cuti, Cristiane Sobral, Eduardo de Assis Duarte e Laura Padilha, entre poucos outros.

Com a força narrativa que tem, e o ímpeto de contar a história que faz ao mesmo tempo uma rica historiografia da África pré e pós-colonial, Paulina Chiziane é, sem qualquer dúvida, digna merecedora da atenção e dos louvores que, pelo menos, vem recebendo por aqui.

A condição de mulher negra e africana, sobretudo esta última, traz uma carga de tensão emocional bastante significativa para a obra de Paulina Chiziane, principalmente quando ela trata das relações amorosas, mormente marcadas pelos conflitos geracionais, que têm muito a ver com a cultura dos povos tradicionais de forte tradição protestante, da qual ela é oriunda.

O teor feminista do seu discurso se alinha às denúncias contra o status quo atual da política em favor da mulher em Moçambique. Por estas razões, sua escrita é tão atual e necessária.

A espetacular história do rei de Gaza e suas sete mulheres[10]

O escritor moçambicano Ungulani Ba Ka Khosa ainda é pouco conhecido no Brasil, ao contrário do seu conterrâneo Mia Couto. Sua última passagem pelo país, durante a Flup, em novembro, marcou uma série de falas do autor africano sobre o seu mais novo romance *Gungunhana*, publicado pelo selo Vozes da África.

São, na verdade, duas histórias com íntima relação entre si: a já clássica narrativa *Ualalapi*, publicada originalmente em seu país, em 1987, e considerada, à época, um dos 100 melhores romances africanos do século 20, e *As mulheres do imperador*, obra mais recente, que complementa a primeira narrativa por dar continuidade à saga do último grande rei negro de Gaza, destronado pelo poderio português, no final do século 19.

A queda de Gungunhana determinou a instauração do colonialismo no país africano. O rei, destronado e humilhado, é levado preso para Portugal, onde morre na cidade de Angra do Heroísmo, sem qualquer pompa e circunstância real.

A história do seu reinado se confunde com a própria história da Gaza-Moçambique atual, e que Ba Ka Khosa soube muito bem transportar, num misto de ficção e realidade, para as páginas do livro. Essa confluência deixa claro as limitadas fronteiras da narração imposta pelo autor para trazer à tona

---

10. A ESPETACULAR história do rei de Gaza e suas sete mulheres. *O Globo*, Rio de Janeiro, RJ, p. 5, 15 dez. 2018. Segundo Caderno.

fatos centrais de um período de suma importância, como marco determinante de demarcação de uma nova era.

Sem tronos

Já *As mulheres do imperador*, a segunda parte do livro de Ba Ka Khosa, é uma narrativa nas vozes das mulheres de Gungunhana, esposas e viúvas, na volta para sua terra natal. Não é mais o império de Gaza, é verdade, de onde saíram em 1896, ainda como soberanas e rainhas, mas uma estranha Moçambique, para onde regressam 17 anos depois, sem qualquer ostentação de soberania e realeza. São rainhas sem rei e sem tronos.

Ungulani Ba Ka Khosa traz, com base na história real, atinente aos fatos acontecidos, um texto limpo, fácil de ser lido e evolutivamente acompanhado, envolvente. É um narrador exímio e econômico. Não descura das tradições da cultura nguni, a sua língua, dos mais arraigados costumes, com descrições pormenorizadas de hábitos e vestimentas, cortes de cabelos, bem como do dia a dia dos negros no estado colonial, com mesuras sobre descrições da famigerada "Rua do Pecado".

As duas histórias transportam consigo todo o ambiente dos feitos dos principais personagens, desde a opulência do grande império, anterior à ascensão de Gungunhana, o triste enredo da derrocada do imperador até a separação e exílio de suas mulheres. Saga cheia de tristeza, mas que, ao mesmo tempo, também muito emociona, e chega a funcionar para tocar e fazer o leitor refletir.

Numa significativa nota aposta ao fim do livro, a grande Carmen Lucia Tindó Secco, professora titular e especialista em Literatura Africana de Língua Portuguesa, da UFRJ, nos chama a atenção para o "percurso narrativo" de Ba Ka Khosa. Atenta para uma "reescrita de Moçambique pelo jogo entre história e ficção, entre tradição e modernidade, entre narrativas imaginadas e episódios históricos ocorridos, entre versões da oralidade e da história oficial". Ela acerta no alvo.

É exatamente o que nos impõe a leitura de *Gungunhana-Ualalapi: e as mulheres do imperador*. Mas a(s) narrativa(s) de Ungulani Ba Ka Khosa também atende(m) por um chamado urgente, ao contrário do despotismo do antigo rei de Gaza, e seu todo-poderoso exército que se julgava invencível, e dos portugueses, ávidos pela política expansionista, sem medir os altos custos e as baixas de vidas. São um grito consistente e (certamente) uníssono de que a África está ainda a pulsar cheia de vida, apesar das prepotências.

A saga de uma jovem em uma cidade não tão maravilhosa[11]

Uma personagem à procura de si mesma. A Estela, a narradora do romance de Jeferson Tenório, é uma adolescente em conflito com o corpo e com a alma. Acha-se feia. Não acredita em Deus e nos homens. As vicissitudes da vida, sem dúvida, a tornam uma garota descrente e amarga. Daí, certamente, o emprego do título da obra, que nos direciona a uma busca incessante pela razão do ser ou não ser, no escopo de uma narrativa marcada pela potencialidade de ações, dos diálogos muitas vezes ferinos entre o entrechoque de realidades prementes e cortantes.

O autor - um carioca radicado no Rio Grande do Sul, onde é professor –, premiado no primeiro romance, *Beijo na parede* (Livro do Ano de 2013, pela Associação Gaúcha dos Escritores), transborda talento ao narrar a experiência de uma adolescente em busca de sua identidade, nos altos e baixos de uma vida em que o mais certo é dar tudo errado, na exata verdade dos termos. Pobre e filha de pai ausente, Estela tem diante de si o espectro de uma dura realidade que permeia o núcleo familiar no qual está inserida.

Sente-se diferente de tudo e de todos. Vê a vida com os olhos de quem tem pouca esperança e espera muito pouca coisa de tudo e de todos. Nessa contingência, deixa a Porto Alegre dos anos 80 e aporta na cidade do Rio de Janeiro, onde sua experiência existencial vai ser transformada da noite para o

---

11. A SAGA de uma jovem em uma cidade não tão maravilhosa. *O Globo*, Rio de Janeiro, RJ, p. 2, 10 set. 2018. Segundo Caderno.

dia, e logo se dá conta do impacto social de uma cidade não tão maravilhosa assim, pois habita no subúrbio e vive rodeada por uma horda de religiosos fanáticos que tudo creem a partir da volta do criador.

Estela é o retrato da adolescente de qualquer tempo e lugar. Jeferson Tenório corresponde, nesse segundo romance, à expectativa de autor proeminente ao transpor para o papel o drama vivido por uma jovem de baixo extrato social e cultural, sob o imaginário que se assemelha ao conjunto de vidas presas nesse redemoinho de grandes violações que assolam o país e vai construindo um alicerce sem base para edificações sólidas e confiáveis.

Viço criativo

Como narradora da sua própria trajetória, Estela se assemelha a qualquer menina de qualquer tempo, em busca de sonhos e incertezas. É por essa ótica que Jeferson Tenório tece o paralelo da sua saga, podemos dizer assim, tornando a história mais plural, sem os vícios regionais que tanto contaminam autores de cunho estreante. O seu viço criativo, como jovem artista que é, pode ser comparado, com certa distância, ao de Geovani Martins, de *Sol na cabeça*, pelas tessituras de histórias comuns de deserdados e deserdantes. Ambos são espécimes de autores fora de tempo e lugar.

No caso de Jeferson Tenório, a sua narrativa não tem aquele surrado sotaque sulista, tampouco se contagia com o linguajar deslumbrante dos centros das grandes cidades. Como um cirurgião, é preciso: opera na dimensão do fabulário e do novelesco, mapeia o corpo narrativo, projeta a protagonista para além de sua simples história, sem banalizá-la ou expô-la ao ridículo, tão próprio dos artistas de mãos inexperientes.

É o condutor de um movimento sedutor, que se atém à linguagem para narrar e entreter. Com isso, faz o resgate de um modo leve e solto de contar histórias, que, antes de tudo, nos acorrenta à sua leitura, não o contrário. Estela ousa, e não teme ousar dizer quem é.

Toda a força da palavra na voz do poeta engajado[12]

Salgado Maranhão não é um poeta fácil. Fácil no sentido de uma poesia que, a cada livro novo, atinge uma profundidade verbal e uma construção de frases e palavras que, na verdade, é parte consistente do caldo de cultura que enveredou pela sua corrente sanguínea desde a infância, em Canabrava das Moças, num Maranhão inóspito e desigual para todas aquelas famílias, como a desse extraordinário poeta, que são uma espécie do "soldo da escravidão". A expressão não é minha, também não é nova, faz parte do linguajar de outra poeta perdida no tempo e no espaço da memória: Carolina Maria de Jesus (1914-1977).

Em seu novo livro, *Sagração dos lobos*, Salgado Maranhão uiva pelos quatro cantos das sílabas a sua indignação pelo mundo e o seu amor pela poesia. Cada vez mais comedido e consistente, constrói painéis precisos, rematando sóis que povoam os agrestes, aqueles que tostam casas de sapês ou de sopapos, racham os chãos gretados pela falta de água e de vida, e encobrem, na sua plenitude, florestas de galhos e troncos secos.

É sobre este prisma que tem se desdobrado a poesia salgadiana e tem feito do seu autor, à vista dos pares contemporâneos, o mais premiado e hoje traduzido para cerca de oito idiomas.

---

12. TODA a força da palavra na voz do poeta engajado. *O Globo*, Rio de Janeiro, RJ, p. 7, 14 abr. 2018. Segundo Caderno.

Orbitando sobre sua poesia, que incluem os hoje já clássicos pelos quais já conquistou prêmios como Jabuti, Pen Club do Brasil e Academia Brasileira de Letras, Salgado timbra com a modernidade da poesia brasileira, incursa na tradição que deu poetas como Ferreira Gullar, alguma coisa de Drummond e mesmo de João Cabral de Melo Neto, pelo requinte da linguagem, que faz eclodir aquilo que ele mesmo chama de "[a] cor da carne/ - sem ossos". Imagens que arrebatam nossos sentidos, reinventam "nossos afetos" e nos põe "no lugar da fera".

É dessa mesma linhagem poética, que evolui dentro de si e transborda em versos cantantes e para ser cantados (seus versos estão na voz de artistas como Alcione, Ney Matogrosso e Dominguinhos), que ele tem edificado o firme alicerce que o tornou festejado: "SM alcança patamares importantes da expressão poética", diz Jorge Wanderley"; "(...) linguagem extraordinariamente rica, imagética e original", aborda o acadêmico Antônio Cícero"; ou "(...) ampla dimensão[...] domínio do discurso poético e a sua condição de um dos poetas altamente representativos da poesia brasileira contemporânea", afirma Domínio Proença Filho.

Em *Sagração dos lobos*, ele não parece se sentir poeta se não exigir tudo o que a poesia possa lhe dar. "Não fico satisfeito apenas com a primeira forma escrita, quero tirar tudo que ela, a poesia, tem de essência e de encantamento", disse certa vez, para justificar o seu processo criativo e sua obsessão pela linguagem corporal do verso, medido por cada lance de palavras, burilando-as e reinventando-as, como se as fizesse "sangrar" no papel, sem quaisquer afetividades aparentes. Para ele, o verso só é sangrado "com a sorte escrita a foice(...)/com as asas expandidas aos astros".

Dividido em quatro partes ("Sagração dos lobos"; "Lavas da fratura"; "A deusa bárbara"; e "Como um rio"), empregando metodologias variadas, e recheado por textos do crítico literário norte-americano Jack A. Draper e pela professora Iracy Souza, especialista na produção salgadiana, "A sagração" demonstra, com rara precisão, o engajamento de um poeta que assume, por esforço e merecimento, o topo da poesia brasileira.

Sua voz indignada grita por muitos, sobretudo pelos deserdados da própria sorte, nessa civilização que atende pelo nome de desigualdade social. Em "Ordem da horda 2", esta voz se faz latente, como o som de uma navalha cortando a carne: "Quando ela colheu seu olhar/ ambivalente – e a faca! -,/ na viela escura,/ onde as dálias/ não pediram para nascer,/ houve um sismo/ de cristal partido". Ou em "Como um rio 5": "os *griots* da minha terra/ são pastores de enigmas", remetendo-nos a imagens da sua ancestralidade quilombola. E passamos a ter ainda mais a certeza, longe de qualquer sombra de dúvida, de que temos verdadeiramente um poeta, e dos melhores da última geração.

As vozes das mulheres negras brasileiras[13]

A ideia de reunir em livro textos de autores diversos e de padrão narrativo diferente nem sempre ofereceu bons resultados conceituais, ainda mais quando os escritores trazem consigo grande cabedal de experiências, e essas, no geral, se refletem em suas produções. Em *Olhos de Azeviche*, no entanto, nos deparamos com o oposto dessa trajetória. A bela coletânea reúne dez das melhores prosadoras negras brasileiras, que contextualizam situações de vida que vão desde dramas existenciais, do racismo ao sexismo, passando pelas questões de gênero, de raça e credo. Os 20 contos e crônicas curtos, escritos por mãos literalmente calejadas, caso da experiente escritora mineira Conceição Evaristo, como também por aquelas que ainda estão praticamente se iniciando no competitivo universo da literatura, a exemplo da jovem blogueira Taís Espírito Santo, não competem entre si.

Nos casos mencionados, embora o caminho "da escrita" percorrido por elas conte e muito, notamos um referencial nessas autoras que marca de forma preponderante as suas narrativas: a quebra de paradigma como pretexto para revelar o empoderamento da mulher negra no campo da atividade literária, como no passado ocorreu com Carolina Maria de Jesus.

Em se tratando dos tempos atuais, a contextualização projetada em *Olhos de Azeviche* vem dizer para a sociedade o quanto rica é a história narrada pelo prisma de vozes ocultadas ou relegadas do ponto de vista da luta de

---

13. AS VOZES das mulheres negras brasileiras. *O Globo*, Rio de Janeiro, RJ, p. 7, 15 jul. 2017. Prosa e Verso.

classes ou do edificante padrão social da beleza imposto por um país que parece se envergonhar de ser negro e misturado.

Assim, leituras como as das crônicas "Sobre os que juntam vinténs na microeconomia do carnaval", de Cidinha da Silva, ou "A Pretinha e o Pretinho", da própria Taís Espírito Santo, nos deixam a impressão da gritante existência de um choque de saberes e de dizeres, fosso que dita regras de comportamento, ao mesmo tempo em que inibe o pensar e bloqueia a pluralidade das ideias, principal arcabouço que sedimenta a inteireza de uma nação como o Brasil.

Nas vinte narrativas dessa nova antologia, uma coisa se constata logo à primeira leitura: a qualidade dos textos publicados, especialmente dos contos. Em "Guarde segredos", por exemplo, a paulista Esmeralda Ribeiro faz o percurso do diálogo epistolar para falar, de modo bem saboroso, do romancista Lima Barreto. O mesmo pode-se dizer de "Arlinda", de Fátima Trinchão ("Muitas foram as lutas, não poucas as batalhas, mas, era uma filha de Iansã, guerreira, altiva e por tão pouco não se deixava abater."), e de "Primeiras lembranças", da excelente Geni Guimarães ("Minha mãe sentava-se numa cadeira, tirava o avental e eu ia, colocava-me entre suas pernas, enfiava as mãos no decote do seu vestido, arrancava dele os seios e mamava de pé."), além de nos defrontarmos, assim, com belas passagens em textos escritos também por Lia Vieira, Ana Paula Lisboa, Miriam Alves ou Cristiane Sobral ("Uma profecia de sua avó, benzedeira, pouco antes da morte, revelou que ela seria herdeira do seu dom de cura.").

Mesmo reproduzindo textos já divulgados na consagrada obra *Olhos d'água* (2015), Conceição Evaristo consegue manter a unidade do livro com os contos "Di Lixão" e "Os amores de Kimbá". Sempre carregada de fortes reminiscências pessoais em suas histórias, a releitura desses textos, para uns, ou o primeiro contato com eles, para outros, não desfaz o sentimento de surpresa e prazer que ambos provocam, pelo contrário, (re)alimentam o desejo de se aprofundar em suas tramas, num movimento intrínseco de intimidade, aproximando o leitor da sua autora.

Só isto já nos direciona para o acerto da edição de *Olhos de Azeviche*, cujo alvo, pelo visto, foi criar mecanismos de desbloqueio da invisibilidade para as narrativas femininas de autorias negras. No contexto geral, sob a ótica de apresentar o conjunto dessas produções, os objetivos foram plenamente atingidos, demonstrando que, mesmo em um mercado tão disputado, seleto e competitivo como o do livro brasileiro, a inclusão e a diversidade são sempre bem-vindas e salutares.

Panorama condensado dos heróis negros[14]

São inúmeras as tentativas de se contar a história da presença do negro no Brasil. Cito duas delas, de muito êxito, que marcaram um momento importante para conhecimento do passado brasileiro: nos anos de 1980, Emanuel Araújo trouxe sua experiência com a edição de *A mão afro-brasileira*, marco desse processo, seguido por Schuma Schumaher, com seu brilhante *Mulheres negras do Brasil*. Nesse contexto, acrescento a grande contribuição de Nei Lopes, na monumental *Enciclopédia Brasileira da Diáspora Africana* e, ilustrativamente, George Ermakoff quando faz resgate importantíssimo com o esplêndido *O negro na fotografia brasileira do século XIX*.

Todas essas obras procuram contar a história da presença africana entre nós, do ponto de vista não apenas da escravidão, mas também da arte, da religião, dos feitos, bem-sucedidos ou não, de cidadãos negros e negras. Em *Pepitas brasileiras*, Jean-Yves Loude nos empresta a visão "de fora", de estrangeiro, sem ser brasilianista, sobre a história da herança deixada por africanos ou seus descendentes, os "afro-brasileiros", neste grande solo brasileiro.

Com a precisa fidelidade de etnólogo francês, Loude percorreu cinco mil quilômetros, entre o Maranhão e o Rio de Janeiro, atrás das chamadas "pepitas brasileiras". É interessante observar que no curso da leitura do seu texto, que se apresenta amena, escorreita, e orientada na forma de diálogo com o leitor, Loude vai construindo uma narrativa que se baseia em fatos narrados por terceiros, pesquisadores ou estudiosos, o que diferencia,

---

14. PANORAMA condensado dos heróis negros. *O Globo*, Rio de Janeiro, RJ, p. 7, 4 fev. 2017. Prosa e Verso.

frontalmente, *Pepitas brasileiras* das obras de Araújo, Lopes, Schumaher e Ermakoff, embora a comparação seja desnecessária.

O brasileiro mais comum, com acesso à universidade, em especial a pública, sobretudo os chamados de "cotistas", tem consciência sobre o passado escravista brasileiro, bem como das atrocidades que foi a escravidão, a invisibilidade, a exclusão e o genocídio oficializado da população negra, entrementes a mais jovem.

Portanto, esse é um tema bastante polêmico e controverso, e Loude sabe disso. Sua obra, pelo seu tom didático, serve como uma espécie de "passaporte" para os iniciados, e não só os negros, é claro, pois para cumprir sua função universal, o livro deve ser dirigido para todas as classes e gostos.

Histórias não contadas

No caso de *Pepitas brasileiras*, o autor, ao narrar as histórias das regiões por onde passa, e falar dos personagens e personalidades que vai conhecendo pelo longo caminho que percorre, capta não só as experiências vividas por cada um, no presente e no passado, mas carrega nas tintas as suas próprias experiências – que nos remetem a pensar na problemática tanto da diversidade, quanto da desigualdade do Brasil.

Mas em dado momento, ler sobre o "Tambor de Crioulas Catarina Mina", no torrão maranhense, sobre o "Cais do Valongo" ou o "Cemitério dos Pretos Novos", na cidade carioca, ou, ainda, sobre ilustres figuras como o fotógrafo Januário Garcia, a primeira romancista negra Maria Firmina dos Reis, os líderes Chico Rei, Negro Cosme e Luiza Mahin, mãe guerreira do poeta e abolicionista Luiz Gama, é um ótimo e atrativo lenitivo.

Pepitas brasileiras é um belo panorama condensado sobre a história "dos heróis negros do país" no modelo de uma narrativa leve, beirando ao romance histórico. Tirando, em alguns casos, o excesso de descrição, sobretudo as pessoais, bem como informações não condizentes com a atualidade histórica, tudo flui. Mas dizer ainda hoje que o poeta catarinense Cruz e Sousa (1861-1898), filho de escravizados, virou estudante e dá mostras de uma capacidade intelectual fora do comum, graças à "ajuda do proprietário dos seus senhores", é subestimar as petições escritas a rogo pelo pai do poeta ou os mais recentes biógrafos do maior representante brasileiro do Simbolismo mundial.

Sem falar que algumas biografias, como a do próprio Cruz e Sousa, estão descritas de forma resumida e incompleta, enquanto outras, contemporâneas, e de controvertida importância, recebem um apuro maior, o que deixa a entender que as chamadas "pepitas" precisam ser melhor trabalhadas. E o livro também perde a oportunidade de resgatar, por onde passou o autor, histórias de personalidades como André Rebouças, Gonçalves Dias, Donga, Cartola, Lima Barreto, entre tantos outros.

Mas, como já disse, tirando esses senões, a obra é uma excelente oportunidade de rever histórias que há muito não são contadas, nem em livros ou programas de televisão. E ainda se transformar em uma referência, não só para os brasileiros.

Salgado, carpinteiro da palavra[15]

Salgado Maranhão vem materializando um "modus" de poetizar a realidade em que vive sem fugir do maior pressuposto do poeta: a profundidade temática e compostura poética. Com mais de uma dezena de livros publicados, todos de poesia, e um bom número de prêmios – entre Jabuti, Academia Brasileira de Letras e Pen Club do Brasil -, sua veia lírica tem demonstrado uma versatilidade: o engajamento político, a natureza, a filosofia, a religião e, sobretudo, a fé no ser humano.

Seus últimos trabalhos, *Avessos avulsos* e *Ópera de nãos*, só referendam a trajetória de um autor cada vez mais prestigiado pela crítica e adorado pelo público. O maranhense Ferreira Gullar, recentemente falecido, tratava Salgado como uma espécie de poeta da palavra. Para Gullar, a poesia salgadiana "não hesita em ir além da lógica do discurso".

Líder de uma geração de grandes autores, sob a benção de Torquato Neto (1944-1972), seu padrinho espiritual, mas cujo ancestral é Solano Trindade (1908-1974), e que nos deixou seguidores como Éle Semog, Conceição Evaristo, Nei Lopes e Joel Rufino dos Santos, a saga do menino de Canabrava das Moças, no Maranhão, onde nasceu, define bem esta mistura de "casa grande com senzala", de que ele tanto fala e parece se orgulhar.

Sua carreira literária, iniciada com fervor em *Ebulição da escrivatura – 13 poetas impossíveis* (1978), tangenciou seu caminho poético, o mesmo que o levaria à música, ao teatro e ao cinema, sincronizando-o com a construção

---

15. SALGADO, carpinteiro da palavra. *O Globo*, Rio de Janeiro, RJ, p. 7., 31 dez. 2016. Prosa e Verso.

de uma "lírica de caráter universal", como bem escreveu Heloísa Buarque de Hollanda.

O tempero e o molho empregados no seu fazer poético, muito dominante em sua criação, desde *Mural de ventos*, têm a ver com a sua criatividade inata, com o atavismo da memória do antepassado fecundado sob os acordes dos cantadores de violas e repentistas, ao tempo da lavoura pobre do país – ele, comerciante e agricultor branco, ela, negra, herança da escravidão, e camponesa de feições simples, mas de atitude altiva e guerreira.

No caso particular de *Avessos avulsos* e *Ópera de nãos*, percebe-se que Salgado mantém o estilo que o vem consagrando, mas com a diferença de que ele se supera e se refina a cada nova obra.

Na abertura de *Avessos avulsos*, por exemplo, o poeta se apresenta belamente com o soneto "Um outro um", já demonstrando a que veio: "Se me desperto acordo em alvoroço/ aquela voz que sinto nos meus ossos/ uma pavana feita de alarido". Na sequência, enfileira 53 poemetos sob o único título de "Cena verbal", com pérolas que dizem: "O amor é bárbaro feito um vampiro./ Ou uma cidade de lobos insurgentes". Ou: "Do barro que a palavra acendeu teu nome/ debuta esse veneno de cerejas".

Já em *Ópera de nãos*, vemos um poeta ainda mais bem definido na sua carpintaria: é como se seus "lacres" são rompidos e o que se desvenda é o seu "chão de mitos". Em "Ilhéu", bem ao seu feitio, ele escreve: "Ouço o mar afoitando palavra; / a palavra que é pedra que voa".

Em Salgado Maranhão a sintaxe das palavras vai além da subordinação e da ordem estabelecida. Certamente aí está a genialidade de textos como "Viajor" ou "Uivo" ("Em teu uivo há uma agonia/ de bicho rasgando a placenta").

É uma poesia que cada vez mais se elava pela lírica do sublime.

Entre a história e a leveza do folhetim[16]

Francisca da Silva de Oliveira – ou simplesmente Chica da Silva – foi uma brasileira que viveu no Arraial do Tijuco, atual Diamantina, interior de Minas Gerais, em meados do século 18. Sua fama como uma espécie de "rainha negra" do seu tempo começou a ganhar força quando Joaquim Felício dos Santos editou, em 1868, sua obra *Memórias do Distrito Diamantino*, a qual ajudou a enriquecer a lenda da ex-escrava que mandava e tinha regalias de mulher branca, além de poder e fortuna.

Em seu livro de estreia, *Chica da Silva – Romance de uma vida*, a jornalista Joyce Ribeiro conta a vida da mulher que viveu com um dos homens mais importantes de sua época – o rico contratador de diamantes João Fernandes de Oliveira. A partir desse amor, que permeia toda a narrativa histórica, Joyce traça um painel de costumes que tem como cenário o período colonial, as navegações oceânicas, o tráfico de negros dos impérios africanos e as relações de poder estabelecidas, com grande fervor, pelas famílias brasileiras, sob o olhar atento do regime do Marquês de Pombal.

Nascida da relação de um homem branco com uma escrava adolescente africana da Costa da Mina – hoje Benim -, conhecida como Maria da Costa, Chica da Silva teve uma vida acertada pelo destino: ainda jovem, amancebou-se com o médico português Manuel Pires Sardinha (parente talvez daquele famoso bispo comido pelos caetés), com quem teve o filho Simão Pires Sardinha, alforriado pelo pai.

---

16. ENTRE a história e a leveza do folhetim. *O Globo*, Rio de Janeiro, RJ, p. 7, 19 nov. 2016. Prosa e Verso.

Pouco tempo depois, chega ao Arraial do Tijuco o imponente João Fernandes, que se encanta pela jovem e a compra, tirando-a do jugo do amante e senhor e passando-a para o seu. Já no próprio ano da compra, 1754, em documentos oficiais, Chica é denominada "parda forra", quando inicia a longa relação amorosa com o contratador, com quem, até 1770, vai ter 13 filhos – todos devidamente reconhecidos com o nome paterno, fato incomum à época.

Além disso, João Fernandes cuida da educação dos filhos, inserindo-os em seu testamento, antes de partir para Portugal, onde morre, deixando no Tijuco a "esposa" negra, apenas com as filhas do casal, no belo palacete da família – com vista para a Igreja do Carmo, construída por ela para que os escravos tivessem onde rezar as missas.

Ao publicar um romance de face histórica, Joyce acerta na escolha do enredo (gênero, escravidão, colonialismo) e na ferramenta narrativa (descrição e riqueza de detalhes). O seu romance é leve e traz, neste conjunto, aquele tom envolvente dos folhetins que há 20 anos marcou a telenovela na pele de uma provocativa Taís Araújo e há 40 na presença estonteante de Zezé Motta no cinema. Aliás, quando o assunto é Chica da Silva, a primeira imagem é a da atriz veterana encarnando a toda-poderosa ex-escrava, com vistoso turbante na cabeça e roupas exuberantes, de seda, esbanjando sensualidade e desejos inconfessáveis.

De Portugal a Minas Gerais

No livro, a autora faz um passeio pela história do Brasil e incursões ricas por Portugal, com citações à era pombalina e ao trágico terremoto de Lisboa (1755). Refere-se a uma Minas Gerais escravista – base da extração de diamantes -, ao período político e às moças casadoiras, sob o jugo de dotes e casamentos arranjados.

Segura da sua missão, Joyce Ribeiro narra uma história de amor improvável e difícil de imaginar, mesmo nos tempos atuais. O livro revela a dicotomia entre as flores e os espinhos do passado. No foco, a história da ex-escrava que, embora iletrada, foi a condutora do seu destino.

A literatura de Martinho da Vila[17]

Em um de seus livros, Martinho da Vila disse que começou a escrever quando compôs um samba-enredo sobre Machado de Assis para a escola Aprendizes da Boca do Mato, no Carnaval de 1959. "Acredito piamente que o enredo sobre Machado de Assis foi o responsável por eu me interessar pela literatura. Até ali não me lembro de ter lido livro algum, pelo prazer de ler", afirmou.

Agora, depois de 14 livros publicados, Martinho ambienta seu novo romance, *Barras, vilas & amores* (Sesi-SP Editora), em sua terra natal, a cidade fluminense de Duas Barras. Como na maioria de suas obras, a memória perpassa a narrativa. Nela se mesclam passagens de sua vida de bibarrense e histórias do mundo do samba. Ele fala de Noel Rosa, da escola de samba Unidos de Vila Isabel, das ruas do bairro, de amigos e família e da situação política e cultural do estado e do país.

A história central de *Barras, vilas & amores* é a origem do nome Ferreira. Martinho da Vila (nome artístico de Martinho José Ferreira) nasceu e viveu até os quatro anos na fazenda Cedro Grande, em Duas Barras, hoje transformada em centro cultural que preserva o acervo do sambista.

Martinho costura uma história de amor proibido, entre o professor Adib, mais velho, e Helena, jovem sonhadora. É uma paixão avassaladora, que acaba na gravidez da menina sem que Adib saiba. Helena se recusa a contar para a família o nome do pai, e tenta fazer com que a gravidez não chame a atenção dos vizinhos.

---

17. A LITERATURA de Martinho da Vila. *O Globo*, Rio de Janeiro, RJ, p. 7, 16 abr. 2016. Prosa e Verso.

A carpintaria literária de Martinho surpreende pelo desenvolvimento narrativo e pela ação. A linguagem é densa, mas apresenta uma familiaridade coloquial, sem rebuscamentos. Ela não se prende à história central. Busca explicações sobre o nome de sua família, herdado dos antigos Herrera, do reino de Castela. Faz ainda um passeio pela História do Brasil, relembrando personagens como Rui Barbosa, Chico da Matilde (Francisco Nascimento, o Dragão do Mar), Zumbi dos Palmares, Abdias Nascimento, ou o Bando dos Tangarás, o Morro dos Macacos, São Carlos, Mangueira e personagens como Cartola.

Dentre os livros publicados por Martinho – infantis, juvenis, biografias e ensaios -, são nos romances, como *Joana e Joanes* e *Os lusófonos*, que ele se supera. Exemplo acabado disso está neste *Barras, vilas & amores*.

Lirismo combativo de poetas da negritude[18]

A leitura de *Guarda pra mim*, do experiente poeta Éle Semog, e de *Sarapuí (Sorver-te)*, do historiador J. Jorge Siqueira, nos dão a certeza de que a poesia faz parte das inquietações do Homem, o resume e o define nos rincões indefinidos da Terra, como uma espécie de bússola que guia os seus passos para os caminhos do amor e do protesto.

Digo isto para afirmar que ambos os poetas são fabuladores da melhor poesia moderna, pela autenticidade e, sobretudo, honestidade com que se apresentam ao leitor de seus versos e poemas, embora, cada um, seja diverso e múltiplo na voz poética e no instrumental linguístico, liricamente falando. Éle Semog carrega, ainda, a indefectível veia criativa de antigas manifestações de protestos – herança dos velhos tempos de militância no movimento social negro, quando escrevia poesias aguerridas, panfletárias mesmo, sensuais e provocativas. Marca indelével da época de fundação do combatente grupo poético Negrícia, na esteira de publicações como *Atabaques* (parceria baiana com José Carlos Limeira), ou de *A cor da demanda*, marco da sua carreira solo.

Semog é traduzido e festejado como poeta original (nunca marginal, seja dito), pela escrita social, às vezes, virulenta. Com *Guarda pra mim*, apresenta-se com a mesma poderosa verve, mas com um tom, embora empolgante, menos contundente – mas não porque tenha deixado de lado suas ideologias e seu modo de ver o mundo. No poema "Você e seus perdidos", diz: "Pode voltar para carregar,/ a sua cesta de espinhos,/ não deixe nada

---

18. LIRISMO combativo de poetas da negritude. *O Globo*, Rio de Janeiro, RJ, p. 5, 5 set. 2015. Prosa & Verso.

pelo caminho,/ tem gente que quer passar". Já em "Domínio ponto com.com você", o seu olhar é certeiro e breve: "Quando olho o mundo/ pelos rascunhos e alfarrábios,/ vejo mais tudo que passou/ e tudo que está à mostra em mim". Ou em "Destempero": "Minha voz me devora/ e vomita silêncio.../ e com tantas perdas no corpo/ não posso ir nadar/ nos esgotos do mundo".

Autores em busca de espaço

Seu lado de agitador cultural ou de militante, à semelhança de um Solano Trindade (1908-1974), continua bem latente, naquilo que Semog tem chamado de suas "outras funduras": "Saí do meu umbigo/ para dar uma olhadinha no mundo./ Caraca!/ Lá fora tá foda pra preto,/ mas tenho que encarar/ de qualquer jeito". Aí está o arco de passagem da bela poesia semoguiana para sua fase atual, sempre sob a premissa do seu olhar exigente, captador de emoções e orientador de sua força criadora e naturalmente crítica. Tal como ele se coloca em "Memórias": "Já fui tão romântico/ que pensava/ que toda dama de puteiro/ tinha um ursinho de pelúcia".

J. Jorge Siqueira, classificado por Nei Lopes como "um samburá da negritude com dentes afiados", é um caso surpreendente. Doutor em História, usou seu conhecimento para escrever poemas como "Negro sou": "Filho de Orixá/ De Tupã, do Senhor do Bonfim/ das cataratas do Nilo, ventre do Níger/ Mistura de barro e floresta amazônica/ Trago em minha senda o aparecimento do homem". Em outro, "Questão de fé", escreve: "Em matéria/ De religião/ Estou/ Como Nietzsche/.../ Só acredito num Deus que dance!". Mas talvez seja com "Vó Grande" que ele encontre a verdadeira tônica do seu caminhar poético: "África, África/ Minha vó África/ Única retinta de uma família de mulatos".

Sarapuí, a estreia de Siqueira na poesia, vai além de História e lirismo: é um livro que abre caminhos, que propõe uma vertente entre poesia-ação, poesia-movimento, poesia-história. Em "Sem poesia", martela: "Palavras a inebriar-me a visão/ Deslocando da retina seus sentidos originais/ Onde estará a veia que me levava ao delírio da poesia?". O poeta faz indagações e convoca a todos à reflexão, para estar em sintonia com os tempos que vivemos.

Como o percebemos também em "Natureza morta de Pancetti", "Aracnídeos", ou mesmo no belo "Varanda", em que ele diz, talvez para recordar o belo Maranhão dos seus tempos de professor, aquele de Gonçalves Dias: "Coisa mais linda desse mundo/ É ninho de sabiá/ Na própria varanda da gente/ Galhinho por galhinho, palha por palha, fio/ Por fio, enredo de amor e vida...".

Como escreve Madu Costa sobre o autor, Siqueira tem a sensibilidade de captar neste livro "a poesia das coisas simples". Mesmo nos versos mais engajados, como "Grupo Negrícia" ou "20 de novembro", existe nele essa mistura de "sina e louvor", onde se misturam os devaneios de sua memória de vida que permeiam toda a construção poética de *Sarapuí*.

Siqueira é desses poetas, como Éle Semog, que reclamam a atenção do grande público, sobretudo do leitor de poesia. Na verdade, ambos têm a mesma sintonia criativa, a mesma eclosão rebelde, desafiando os limites do tempo e da história. São autores que, cada qual a seu jeito, correm na frente em busca de seus próprios espaços.

Temas caros e relevantes[19]

Se há um termo para definir Nei Lopes, esse termo é "categoria", bem ao estilo baiano-carioca, como ouvi de um amigo baiano, Dino Coutinho, tio de Philippe – o da Seleção, do Liverpool etc. Pois bem. Nei Lopes é uma surpresa a cada ano. Força-nos a cuidar do coração e do espírito. De compositor de sucessos, como o antológico "Senhora Liberdade" (parceria com Wilson Moreira), transformou-se também num escritor surpreendente e versátil.

Quem já o conhecia, acharia que ele fosse estacionar no campo do ensino literário ou dos estudos acadêmicos, mas o advogado de Irajá se bandeou de vez para o lado da literatura e publicou o excelente *Bandos, malês e identidade negra* (1988). O escritor, entretanto, continuou a mergulhar cada vez mais fundo na história e cultura negras, do Brasil e de além Oceano. Com isto, nos deu os alentados *Novo Dicionário Banto do Brasil* e a *Enciclopédia Brasileira da Diáspora Africana*.

Escultor de personagens

Porém, como tomou gosto pela ficção, a cada ano aparece um rebanho, cheio de vigor e "causos" para tagarelar sobre o glorioso passado, em tom de testemunho, de relato, de quem tem, isto sim, rico conhecimento na veia. Nasceram, portanto, robustos romances: *Mandingas da mulata-velha na Cidade Nova, Esta árvore dourada que supomos* e *A lua triste descamba*, além

---

19. TEMAS caros e relevantes. *O Globo*, Rio de Janeiro, RJ, p. 3, 18 abr. 2015. Prosa e Verso.

dos esplêndidos *Vinte contos & uns trocados*. Nei Lopes escreveu ainda livros infantis e poesias, a destacar, nesta área, o mais recente *PoÉtnica*.

Agora ele nos brinda com *Rio Negro, 50*, romance ambientado em meados do século passado, e que carrega em si uma grande carga emocional do ponto de vista do lugar do negro na sociedade brasileira. Neste quesito, Lopes é mestre, ou melhor, doutor, como comprovam suas numerosas obras anteriores. Mas em *Rio Negro, 50*, além de destacar os afrodescendentes nas áreas da música e do conhecimento, o autor nos faz ter a perfeita noção, como ele mesmo diz, da "retomada, no Brasil, de um movimento de reconhecimento, o autor de um movimento de reconhecimento da contribuição do negro à vida cultural brasileira", ecoando, após a Era Vargas, em um período de libertação e grande efervescência. Figuras como a de Mercedes Baptista, Abdias Nascimento, Carmen Costa, Ângela Maria, Haroldo Costa, Grande Otelo, Léa Garcia, Ruth de Souza estavam em voga nesta época.

É também quando surgem as organizações políticas da chamada "gente de cor" (como se dizia), tristemente abafadas durante o Estado Novo. E outras, igualmente importantes, como o Teatro Experimental do Negro, o Renascença Clube, bem como a União dos Homens de Cor. É um período sumamente importante, crucial para a identidade da nação, que serve de *leitmotiv* para Nei Lopes. Ele "esculpe" personagens, dá visibilidade e postura existencial a uma era que se encontra hoje apenas no passado.

Ao transpor em narrativas, através do romance, temas caros e relevantes como esses, Lopes torna a leitura de sua obra fundamental para se pensar no país e na sua História. Ou seja, *Rio Negro, 50* é desses romances essenciais para ser lido por toda e qualquer geração: de hoje e da antiga, pois trata, com refinado humor e picardia, de temas cruciantes como racismo, preconceito racial, movimentos sociais que mudaram o eixo da política brasileira, cujo reflexo nos alcança até hoje.

É uma viagem imperdível, ainda mais com os decassílabos perfeitos do poeta Cruz e Sousa (1861-1898), que vão costurando cada capítulo do romance. Só mesmo Nei Lopes para fazer isso.

O fio da memória de Conceição Evaristo[20]

"A beleza enche os olhos d'água", disse certa vez a poeta Adélia Prado. Assim viajamos no tempo ou na correnteza cristalina de lágrimas que jorram desse manancial de emoções chamado Conceição Evaristo. Em seu novo livro de contos, *Olhos d'água* (Pallas /Seppir/FBN), a escritora, marcada pela mineirice e pelo engajamento do movimento de mulheres negras, reconta histórias da sua "escrevivência", motor de todo o universo narrativo que, ao longo dos últimos anos, a transformaram em uma autora bastante engajada e, sobretudo, estudada, nas academias dentro e fora do Brasil – em março, foi um dos nomes mais festejados da delegação brasileira no Salão do Livro de Paris.

Celebrada pelo percurso narrativo das suas histórias, ambientadas no jeito simples de mulheres e homens, Conceição Evaristo vem chamando a atenção pela construção de personagens e falas eivados de segredos e memórias. Mulher forjada na lida difícil do dia a dia, teve uma infância dura e pobre. Os estudos foram feitos aos trancos e barrancos: o trabalho de empregada doméstica desde os oito anos ou a lavagem e a entrega de trouxas de roupas para as patroas retardaram o seu destino. Mas, guerreira e determinada, tornou-se mestra pela PUC-Rio e doutorou-se em Literatura Comparada pela UFF.

Obra cada vez mais estudada

Nas letras, começou colaborando para os históricos "Cadernos Negros", publicação do Grupo Quilombhoje, de São Paulo, nos quais escreveu poesias

---

20. O FIO da memória de Conceição Evaristo. O Globo, Rio de Janeiro, RJ, p. 4, 4 abr. 2015. Prosa e Verso.

e contos. A memória, no entanto, é o fio condutor dos "causos" que conta: sejam nas relembranças da família, através da mãe ("A voz de minha mãe/ Ecoou baixinho/ No fundo das cozinhas alheias/ Debaixo das trouxas/ Roupagens sujas dos brancos"), como disse no poema "Vozes-Mulheres", ou nos textos em prosa, espécie de palimpsesto, que acompanha os seus passos como que escrito sobre sua pele negra.

A impressão que se tem é que surge daí o cerne da sua produção textual: em literatura, Conceição é a essência da mulher-fala, da mulher-gozo, da mulher-vida, da mulher-povo. Seu itinerário espiritual literário refaz o caminho da sua ancestralidade feminina, presa na senzala da mente e subscrita nas lágrimas que descem dos olhos das mulheres que enchem seus livros de dor e sensações.

Na prosa há também, e especialmente, a Conceição autora de romances. O mais conhecido deles, *Ponciá Vicêncio* (2003), já traduzido para o inglês e publicado nos Estados Unidos, é o marco de sua escrita, talvez urbano-realista. Famoso pelos inúmeros estudos que vem suscitando, *Ponciá Vicêncio* (que está sendo preparado para o cinema pelas mãos do diretor Luiz Antônio Pilar), na mesma linha de *Becos da memória* (2006), reedita o modelo da tradição das narrativas a partir do ponto de vista da crítica social, da visão de costume, mas sob o aspecto do triste legado deixado pela escravidão brasileira, com ênfase na violência e na miséria. Em *Becos da memória*, por exemplo, Conceição assume o papel da mãe-velha – a *griot* -, através dos corpos-textos embutidos nas falas das mulheres, como as muitas Marias Novas de suas histórias.

Conceição está muito próxima do contundente testemunho de *Quarto de despejo*, de Carolina Maria de Jesus (1914-1977), ou do grito das escritoras negras do seu tempo presente, que não se deixam silenciar nunca – sua escrita, rica de imagens e significados, serve para dinamitar metros cúbicos de túneis por onde ela cria atalhos para sua voz respirar.

E no volume de contos *Olhos d'água*, não é diferente. Neste livro ela pavimenta bem o seu caminho de escritora, o arcabouço linguístico de sua comunicação com o mundo (a exemplo da ousada escritora moçambicana Paulina Chiziane, que esteve no ano passado no Brasil, durante a FlinkSampa). Nos contos deste volume, são evidentes a tessitura, o sutil acabamento e a concisão de palavras no enfeixamento de histórias como "Olho d'água", "Luamanda", "Zaíta esqueceu de guardar os brinquedos", "A gente combinamos de não morrer", "Di lixão", "Ana Davenga, "Os amores de Kimbá", entre outras. São relatos recheados não só de lágrimas e de dor, na perspectiva de crianças, homens e mulheres, mas de sentimentos, violência e fé. Se em cada uma dessas histórias as lágrimas não param de rolar, de mistura com o vermelho do sangue, ao mesmo tempo, a voz da aurora também não se permite calar.

Personagens e enredos têm muitas razões de choros e angústias. Aliás, é um livro muito lacrimejante, pode-se dizer com certeza, em que praticamente todos choram por alguma razão, menos de alegria. Mas há quem chore "diante da novela", ou quem pareça ter "rios caudalosos" sobre a face, ou, ainda, "águas correntezas". O homem de Ana Davenga, neste caso, tinha um copioso "choro gozo", enquanto Luamanda, no gozo-dor, entre as pernas, "lacrimevaginava", Dorvi tinha um "rio-mar" que rolava pela face abaixo, e no conto "Quantos filhos Natalina teve?", a personagem chegava a chorar "silenciosamente", como devia ser choroso costurar a "vida com fios de ferro", como fazia a mãe de uma outra personagem.

Ora, são muitas as passagens marcantes de *Olhos d'água*, um livro revelador, impactante, forte, mas sem sentimentalismos, unindo poética à ficção, e vice-versa. Sem dúvida, Conceição Evaristo se revela uma importante escritora da nossa atualidade. Vale muito a pena a ler e conferir o que ela tem a dizer nas suas escritas.

Do *Quarto de despejo* para o mundo[21]

Para uma escritora que viveu rotulada como "mulher, negra e favelada", mãe solteira sem marido, que tinha nos lixões do entorno da favela do Canindé, em São Paulo, onde morava, os meios de sustentar a família e a base de sua produção literária (ela levava para o barraco livros e cadernos que encontrava no lixo), pode-se dizer que Carolina Maria de Jesus (1914-1977) teve uma trajetória excepcional. Sua vida de escritora, apesar das muitas contradições do seu temperamento, fez dela um fenômeno editorial e midiático, algo contrastante com sua atividade de catadora de papel das ruas de São Paulo. Incomodada por ser vista por todos como "mandiga e suja", dizia que, embora andasse suja, não era mendiga: "Mendigos pedem dinheiro; eu peço livros".

Desde que apareceu para o mundo das letras com seu livro *Quarto de despejo: diário de uma favelada*, no início da década de 1960 (precedido das reveladoras reportagens de Audálio Dantas), Carolina Maria de Jesus vem sendo alvo de diversos estudos no Brasil e no exterior. Esses estudos giram em torno da sua turbulenta vida de favelada e da sua extensa obra, que engloba autobiografia, memorialismo, poesias, contos, provérbios e romances. Publicou, ainda: *Casa de Alvenaria, Pedaços da fome* e *Provérbios*, e deixou para publicar suas memórias, *Journal de Bitita* (saiu na França, em 1982). Em 1996, saiu *Meu estranho diário*, organizado por José Carlos Sebe Bom Meihy e Robert M. Levine, que nos dá uma ideia dos muitos inéditos

---

21. DO QUARTO de despejo para o mundo. *O Globo*, Rio de Janeiro, RJ, p. 3, 6 set. 2014. Prosa e Verso.

deixados pela escritora, traduzida para dezenas de idiomas, como o romeno, russo, japonês, inglês, sueco e alemão.

Elogios de Clarice e Alberto Moravia

Sobre ela foram realizados alguns bons trabalhos, como o ensaio *Cinderela Negra* (1994), da dupla José Carlos Meihy e Robert Levine, e as biografias *Muito bem, Carolina*, de Eliana Moura de Castro e Marília Novais de Mata Machado, e *Uma escritora improvável* (2009), de Joel Rufino dos Santos. A melhor análise do fenômeno que foi essa escritora, cujo centenário de nascimento ocorre este ano, está em *A vida escrita de Carolina Maria de Jesus*, excelente estudo da pesquisadora Elzira Divina Perpétua, da Universidade Federal de Ouro Preto.

O trabalho de Perpétua é fruto de anos de dedicação à obra da escritora mineira, nascida em Sacramento, que se tornou conhecida a partir do primeiro livro, *Quarto de despejo*, seu diário com pormenores da vida numa favela brasileira. Falava de fome, miséria, abandono, violência, aguçando a curiosidade pública e o espanto geral da sociedade, numa época de grandes transformações – aqui com o advento da inauguração de Brasília, lá fora pelas radicais mudanças econômicas e geopolíticas.

Elzira Perpétua soube captar, em *A vida escrita...*, toda a efervescência desse contexto, situando a escritora favelada (ou a favelada escritora) no panorama da literatura brasileira, da política, da economia e da cultura do país. Ao mesmo tempo, trabalhou os textos dos diários, analisando o mundo em torno da autora, seus sonhos e aspirações, seus projetos pessoais. Revelou, com base no pensamento de Carolina sobre seus filhos e seu relacionamento com os vizinhos, pontos altos e baixos de alegria se mesclam com picos de tristeza e depressão, na manifestação suicida, na desesperança por se sentir impotente e derrotada.

Mas em *A vida escrita...*, é a primeira parte do estudo que aborda a produção e a recepção do livro *Quarto de despejo*, que chama a atenção, especialmente no capítulo em que Perpétua trata das traduções da obra no exterior. É curioso observar que nos países onde *Quarto de despejo* apareceu, o título da obra ganhou conotações estranhíssimas, como "Lixo", na Dinamarca; "Depósito", na França; "Favela", em Cuba; "Diário da miséria", na Alemanha; "Além da compaixão", no Reino Unido. No Japão, a obra foi batizada de *Karonina nikki* ou "O diário de Carolina". Já na edição americana, o livro da escritora brasileira foi denominado de "Filha da escuridão" ou *Child of the dark*.

Na Itália, Alberto Moravia, importante nome da literatura europeia, encontrou, na obra de Carolina, a palavra "de uma profundidade shakespeariana". E, entre nós, Clarice Lispector ansiosa (na lembrança de Nélida Piñon) disse para Carolina, quando a conheceu numa sessão de autógrafos de seu livro numa livraria carioca, que a escritora do Canindé escrevia de verdade ou escrevia a verdade, reforçando o poder de sua escrita.

O impacto de *Quarto de despejo* catapultou o sucesso de Carolina de Jesus para além das nossas fronteiras e dela mesma. Quando morreu, em 1977, morando em um sítio de sua propriedade, chegou a dizer que era melhor ter continuado a viver na favela. Em verdade, nunca lhe saíram da curtida pele os efeitos de sua pobre vida, como catadora de papel e intelectual da miséria.

O pai do primeiro romance brasileiro[22]

Depois de longa polêmica sobre a paternidade do romance brasileiro, gerada em torno de *O filho do pescador*, de 1843 (defendido, magistralmente, em belíssimo ensaio, por ninguém menos que Aurélio Buarque de Holanda Ferreira), Antônio Gonçalves Teixeira e Sousa (1812-1861) parece ter conseguido agora outro aliado de peso para defesa da sua glória: *Teixeira e Sousa entre seus contemporâneos – vida e obra,* da professora Hebe Cristina da Silva, obra lançada em 2012, ano comemorativo ao bicentenário de nascimento do autor fluminense, ocorrido em Cabo Frio.

Pesquisadores e especialistas na literatura da chamada primeira fase do Romantismo brasileiro, com trabalhos desenvolvidos sobre a produção de José de Alencar (1829-1877), Hebe Cristina da Silva, em seu livro, confirma a tese de que, antes mesmo de qualquer ficcionista, Teixeira e Sousa é, com *O filho do pescador*, o responsável pelo aparecimento do primeiro romance brasileiro, contrariando a assertiva de muitos estudiosos que chegaram a afirmar, com certa veemência, ser Joaquim Manuel de Macedo (1820-1882), com *A Moreninha*, ou Teresa Margarida da Silva e Orta (1711-1892), com *Máximas de virtude e formosura*, os possíveis autores dessa intrigada façanha.

Protagonista da cena literária oitocentista

Hebe Cristina da Silva, com toda a sua autoridade sobre o tema, não só desfaz muitos equívocos, como também coloca, em destaque, a produção

---

22. O PAI do primeiro romance brasileiro. O Globo, Rio de Janeiro, RJ, p. 5, 19 jan. 2013. Prosa e Verso.

romanesca de Teixeira e Sousa (que publicou pelo menos cinco romances, três livros de poesias, duas peças de teatro e dois livros de canções, sendo alguns lundus) entre os principais prosadores românticos da primeira fase desse movimento no Brasil. Uma produção que apareceu sob o foco do *frisson* e da modernidade, ou seja, no clímax de turbulência e de agito que coincidiram com a presença da Família Real portuguesa nos trópicos, e no Rio de Janeiro, logo após o grito da Independência.

Baseada nos relatos biográficos, ou em artigos críticos e jornalísticos de veículos bastante elogiosos na época, publicados no *Jornal do Commercio* e na revista *O Guanabara*, além de diversos outros estampados na *Marmota Fluminense* – periódico do editor negro Paula Brito, tido como o primeiro revelador e responsável pela estreia de Machado de Assis em letra de forma -, Hebe Cristina da Silva tece argumentos preciosos que corroboram o importante papel de Teixeira e Sousa como protagonista da cena literária daquela quadra oitocentista. Além de romancista, ele também é visto como homem de ideias, intelectual, jornalista, editor, tradutor e, sobretudo, agitador cultural.

Esse livro sobre Teixeira e Sousa, no entanto, salvo perdoáveis enganos, é o primeiro trabalho no gênero que trata o artista na totalidade da sua formação como escritor. Alvo de diversas críticas nos jornais da época, o romanista despertou também a reação pouco amistosa de Gonçalves Dias e de um jovem e inexperiente, mas altamente entusiasmado Machado de Assis, hoje dois nomes consagrados das letras nacionais. O primeiro, sem sombra de dúvida, já afamado poeta, divulgou texto anônimo fazendo severas ponderações à produção teixeiriana; o segundo, por sua vez, de natureza mais contida e amistosa, escreveu um belo poema em que chamava Teixeira e Sousa de "um gênio americano".

A farta documentação incluída no livro, com rica iconografia de jornais oitocentistas e capas das obras publicadas, traz um panorama de como foi intensa a atividade literária de Teixeira e Sousa nos seus 49 anos de existência. Sempre gozando de enorme sucesso desde sua estreia, experiência que se estendeu a outras narrativas suas, como *As fatalidades de dois amores*, *Maria ou a menina roubada*, ou ainda, *A providência*, sem contar os livros de poesias, como *Os três dias de noivado*, ou a história em versos camonianos *A Independência do Brasil*, de 1855, dedicada ao imperador Pedro II, que lhe rendeu um emprego público, oferecido pelo monarca, como era de praxe naqueles tempos.

Teixeira e Sousa entre os seus contemporâneos – Vida e Obra é oportuno também para se refletir sobre a evolução de nossa literatura, ou sua importância no campo da mentalidade brasileira. E, por fim, serve como resgate à memória e ao talento de um homem que, negro e pobre como Machado de Assis e o próprio Paula Brito, deixou um valioso legado literário às gerações futuras, na qualidade de militante e intelectual.

Defensor da igualdade entre os homens, o que significava uma dura crítica ao regime escravista e monárquico: desde *O filho do pescador*, suas obras trazem personagens negras, com posturas heroicas e atos nobres, em contraponto, muitas vezes, a personagens brancas, nem sempre de índole boa. Trata, ainda, nos textos que divulga nos jornais, da condição feminista, como na série "O coração da mulher".

Talvez por isso Teixeira e Sousa, esquecido do grande público pela falta de reedição de suas obras, seja visto como um autor com características altruístas, visionário em relação à edificação do ser humano, independentemente de ser negro, branco, mulher ou homem. O livro da pesquisadora Hebe Cristina da Silva pode servir de estímulo a editores para que, com coragem e atitude, devolvam às prateleiras alguma obra de Teixeira e Sousa, desbravador e pioneiro, abrindo campo para o resgate de um escritor tão importante na formação da literatura fluminense e brasileira.

Encontro inusitado[23]

Pensar um encontro entre Cruz e Sousa e Lima Barreto pode parecer uma aventura extremamente rocambolesca, sem cabimento, mas tratando-se do escritor Joel Rufino dos Santos, tudo é possível. De um autor que já dialogou com Napoleão Bonaparte e a Revolta dos Malês, em *Crônicas de indomáveis delírios*, e transpôs 50 anos de história para contar a saga do protagonista em *Bichos da terra tão pequenos*, ambos publicados pela Rocco, pode-se esperar muitas coisas.

Em seu mais novo livro, o primeiro a ser lançado pela editora Bertrand Brasil, *Claros sussurros de celestes ventos* (cujo título lembra vagamente uma ideia simbolista, mais uma invenção rufiniana), o autor de algumas obras bastante polêmicas – a exemplo de *Quem ama literatura não estuda literatura* (Rocco) ou *Como podem os intelectuais trabalhar para os pobres* (Global) – provoca não só esse inusitado encontro, mas também cria um ambiente relativamente cordial entre os dois grandes gênios de forma impensável na vida real.

Nesta obra, Joel Rufino deixa correr solta a pena da criatividade e, ao mesmo tempo, sua fértil e requintada imaginação: nas entrelinhas de seu romance, há códigos subscritos nos quais também aparecem, como personagens, os escritores Mário de Andrade e Raul Pompeia, e ainda as personagens Núbia, de *Evocações* (de Cruz e Sousa), e Olga, de *Triste fim de Policarpo Quaresma* (de Lima Barreto), intertextualidade perfeita de pura integração texto/contexto.

---

23. ENCONTRO inusitado. *O Globo*, Rio de Janeiro, RJ, p. 6, 1º dez. 2012. Prosa e Verso.

Claros sussurros de celestes ventos pode ser classificado quase na categoria de um "estudo de caso": nesta obra ele se supera, e muito, na imaginação e na fantasia, e logo surpreende o leitor com um relato envolvente e caprichado, no qual escritores e poetas do passado convivem e dialogam com personagens de um tempo presente.

Essa capacidade de fabular faz a sua indelével marca: Joel Rufino dos Santos ganhou, por algumas vezes, o prestigiado Prêmio Jabuti. Ele também é um celebrado autor de livros dedicados ao público infantojuvenil – entre 2002 e 2004, por exemplo, foi indicado ao prêmio Hans Christian Andersen, considerado uma espécie de Nobel da literatura para crianças e jovens.

Ficcionista conceituado, Joel Rufino dos Santos já estava fazendo falta no cenário das nossas narrativas e dos prosadores brasileiros de grande prestígio, pela inventividade que as suas histórias trazem em si, sempre recheadas por um enredo que mistura, muitas vezes, ficção e realidade, sem rodeiros, sem segredos, sem meios-termos.

Quem conhece minimamente a trajetória do escritor sabe de sua grande paixão pela história da literatura, não só como articulista, sabidamente bom, mas também no campo da cátedra, quando por décadas foi professor do Departamento de Letras da UFRJ. Provocador requintado e primoroso, Joel Rufino é um polemista que não impõe dificuldades para expor suas opiniões, sejam elas de que natureza forem.

Muitas vezes ferino, muitas vezes debochado, o escritor se mantém fiel às qualidades da sua verve, que o faz lembrado e requisitado pelos meios literários. Aos 70 anos, completados este ano e festejados durante a Festa Literária de Santa Teresa, celebração da qual foi patrono, ele é do tipo que não acredita nos livros imprescindíveis. *Claros sussurros de celestes ventos*, porém, tem tudo para ir na contramão dos seus propósitos. Uma obra rara, nem cronológica nem conceitual, mas que, no entanto, se estabelece como um convite à reflexão e à poesia.

Versos de erotismo e rebeldia[24]

As asas e os sonhos talvez tenham parentesco. Voar e sonhar são coisas de poetas, mesmo quando em seus versos gritam, protestam, vociferam. Nina Silva e Akins Kintê em *InCorPoros – nuances de libido*, e Cristiane Sobral, em *Não vou mais lavar os pratos*, voam e sonham, confessando desejos e professando realidades do cotidiano e da vida.

Nessas estreias, poetas e poesias se confluem no mesmo ímpeto da criação literária, mas com uma dosagem de rebeldia estética que é, ao mesmo tempo, grito libertador, dilaceração de dogma e quadra de paradigmas. Tais poetas traduzem a vontade do fazer poético, sob o prisma do autor na busca de refinamento, revestida de um processo de afirmação da linguagem autoral que pode ser entendida por língua solta, às vezes descabida, e se propõe, ainda que timidamente, a estabelecer um tipo de discurso, de falas sintonizadas em redes interativas, dentro de uma velocidade virtual e emotiva.

Por exemplo, no livro *InCorPoros*, Nina Silva e Akins Kintê, além de antecipadamente nos dizerem que a proposta erótica da obra é apenas uma "nuance de libido" (como sugerem no título), deixam transparecer a ideia de tornar o corpo instrumento/transporte do desejo e da sedução. Pelo menos é o que parece quando dizem: "É o suco que tu serve/ Que me serve/ Mas isso não tem sentido/ A libido". Ou nesta estrofe: "Então amor assanha/ Fantasia que nem sonho/ Novidade que proponho/ Posições arte-manha". No poema "Mapeamento corporal", escrevem: "Lambidos doces e sábios/ Em todos os lábios". E, ainda: "Indecente a língua siga/ Tua barriga".

---

24. VERSOS de erotismo e rebeldia. *O Globo*, Rio de Janeiro, RJ, p. 4, 28 abr. 2012. Prosa & Verso.

Escrito, propositalmente, ao que parece, a quatro mãos, o livro assume uma proposição nova, e arriscada, mas também instigante, e ousada, do ponto de vista conceitual. Uma mulher (Nina Silva) e um homem (Akins Kintê) integrados pelo tema da poesia e do erotismo, praticamente num só diapasão, com sabor único, de corpos expostos e mentes livres.

Cristiane Sobral, do ponto de vista da realização da sua poética, é o oposto de tudo isso. Com um texto bem mais condensado, *Não vou mais lavar os pratos* nos dá uma amostra de uma autora engajada e consciente de sua missão.

Na poesia que dá título ao livro, ela diz, em vivo protesto: "Não vou mais lavar os pratos/ Nem vou tirar a poeira dos móveis/ Sinto muito. Comecei a ler". Em outro, "Imprevisível": "Fico cansada de vez em quando, porque preciso [me] reinventar sempre…". Essa ânsia de viver e protestar é patente na literatura de Cristiane Sobral, como uma narrativa do presente, como no contundente "Esperança ancestral": "A minha mãe esperava o meu pai/ Esperava a cada nove meses um rosto/ Esperava o feijão cozinhar". Assim também em "O preço de uma escolha": Não me peça nenhuma receita do bem viver/ Tudo o que aprendi foi a praticar…/ Teorias e sucesso/ Ainda não pagam a conta do meu supermercado".

Sensualidade, erotismo e protestos percorrem as veias desses jovens autores, em seus trabalhos de estreia. Cada um com a sua experiência de vida e elaboradamente reinventada. Ao revelar o papel da mulher (e do homem), tanto *InCorPoros – nuances de libido*, quanto *Não vou mais lavar os pratos* dão um sabor diferente à poesia algumas vezes bastante original.

A militância política de Cruz e Sousa[25]

Nascido há 150 anos no porão de um velho sobrado pertencente a um militar que lutou na Guerra do Paraguai, na antiga ilha de Nossa Senhora do Desterro (atual Florianópolis), na província de Santa Catarina, João da Cruz e Sousa (24-11-1861/19-03-1898) é hoje, sem sombra de dúvida, a maior referência da chamada escola simbolista brasileira; mas não é só. O seu legado literário – seja como poeta, seja como jornalista – soma-se à sua militância política durante o processo abolicionista, sobretudo após a eclosão do movimento, que, em maio de 1888, teve nele um dos mais ardorosos próceres. Some-se a isso também a sua jornada existencial, em que uma falsa ideia de liberdade, igualdade e fraternidade – lema revolucionário, de origem francesa, difundido e defendido por ele – caiu totalmente por terra, sobretudo após o advento da República, de coloração positivista.

Cruz e Sousa, negro e filho de escravizados, criado sob o forte regime escravista, foi educado nos moldes do padrão europeu, no Ateneu Provincial Catarinense, sob a tutela dos padres e dos catedráticos, mas jamais de pensar e sentir como africano – ou agir, na esteira dos demais, como um dos seus descendentes. Na terra natal, mesmo na fase estudantil, tornou-se um caso raro entre os colegas do educandário, pela dedicação e pelo aproveitamento, apesar de ser aluno externo e filho de um "pobre jornaleiro, que tudo sacrifica pela educação dos filhos".

---

25. A MILITÂNCIA política de Cruz e Sousa. *O Globo*, Rio de Janeiro, RJ, p. 3, 5 nov. 2011. Prosa & Verso.
O soneto "Victor Hugo", ainda inédito na obra completa de Cruz e Sousa, foi publicado pela primeira vez no jornal *Cidade do Rio*, de José do Patrocínio, em 21 de junho de 1888, p. 3.

Era aluno aplicado, um dos melhores de sua turma, derrubando, com o seu exemplo, estereótipos racistas em grande voga na época, sobretudo por meio de Cesare Lombroso, defensor da tese do "criminoso nato", mas que no fundo atribuía erroneamente aos negros, especialmente, a pecha da incapacidade do aprendizado científico e da falta do desenvolvimento intelectual.

Sociedade local não admitia ver um "negro letrado"

A militância literária e política de Cruz e Sousa teve início durante a juventude. Começou a escrever para a imprensa local, publicando poesia e prosa, esta no formato de contos e crônicas. A prática jornalística o fez sonhar com o poder e a glória. Num arroubo de entusiasmo, diante do sucesso de suas conquistas, teria dito, num tom meio profético e desafiador, à noite desterrense: "Hei de morrer, mas hei de deixar nome!", ou "Ainda hei de governar Santa Catarina!".

Desenvolto e compenetrado, não percebia a sorrateira calda dos inimigos que o rondavam, prontos para aplicar o bote fatal: era visto como um negro moleque, pernóstico, folgado. Surgem daí as consequências: o irmão, Noberto, embora tenha tido, como ele, sólida formação educacional, precisou trabalhar como tanoeiro para sobreviver; a mãe, Carolina Eva da Conceição, passou a ser dispensada das casas das patroas, que não admitiam ver nos jornais os textos da empregada, passadeira e quituteira. O próprio jornal que editava, *O Moleque*, deixou de constar na lista de convidados da comunidade francesa, no aniversário da Bastilha, pela razão de ser seu editor um homem negro.

Em um dos seus famosos sonetos, escrito já no final da vida, dizia: "vê como a Dor te transcendentaliza!/ Mas do fundo da Dor crê nobremente./ Transfigura o teu ser na força crente/ Que tudo torna belo e diviniza". Desde cedo, provou das agruras e da reação preconceituosa que a sua luta provocava. Mas não estava só. Relacionava-se com a comunidade familiar negra da ilha, que o ouvia ao piano, ou interagia com os jovens artistas de sua geração, que queriam espanar da terra a poeira da imbecilidade e da pieguice. Sabia que pagaria alto preço por suas ousadias, traduzido no fechamento de portas de cargos públicos, censuras e deboches pelos jornais.

Era uma tarefa nem sempre prazerosa e fácil: a sociedade não admitia ver um negro elegante, falante e letrado, sem sotaques regionais, envolvido com a política e com as letras clássicas. Por que ele não enxergava, de fato, o seu lugar? Por que ele, afinal, não agia à luz dos seus irmãos de cor? Mas Cruz e Sousa, o negro provocador, sempre tocava na mesma tecla, em seus eloquentes discursos: "Não se liberta o escravo por pose, por chiquismo, para que pareça a gente brasileira elegante e graciosa ante as noções disciplinadas e cultas. Não se compreende, nem se adaptando ao meio humanista, a palavra escravo, não se compreende da mesma forma a palavra senhor". Não! Cruz e Sousa estava fadado a grandes voos. As provações da vida, que não lhe foram poucas, iriam persegui-lo até a hora da morte.

O fazer literário tornou-se para Cruz e Sousa um meio de vida e uma obsessão. Não que, ao transferir-se para o Rio de Janeiro, então capital da República, onde logo se casou com a preta Gavita, dispensasse o magro emprego de Arquivista da 5ª Divisão da Estrada de Ferro Central do Brasil. Mas gostava de fazer o que lhe dava mais prazer. Na repartição pública, a toda hora, precisava se livrar de um chefe mulato e racista. "É que eu lhe recordo a origem - dizia o poeta -, tenho talvez a mesma cor da mãe." A chatura do emprego, as dificuldades financeiras, a família numerosa e a ronda da miséria cada vez mais próxima faziam com que a roda literária e a boemia do centro da cidade lhe oferecessem melhor regalo e conforto de espírito. Mas não convivia, como podia se supor, com os grandes: Machado de Assis, Olavo Bilac, Araripe Júnior, Graça Aranha, Arthur Azevedo, José Veríssimo, Raimundo Correa ou José do Patrocínio. Ao contrário, sua roda de escritores era praticamente anônima e muitos, por incrível que pareça, nem obra publicada tinham: Oscar Rosas, Álvares de Azevedo Sobrinho, Pardal Mallet, Emiliano Perneta, Virgílio Várzea, Araújo Figueiredo, B. Lopes, Emílio de Menezes, entre outros.

A esta "plêiade" (para empregar um termo muito usado pelos parnasianos) é que Cruz e Sousa se liga no Rio de Janeiro para alçar o almejado voo literário e artístico. Dotado de grande talento imaginativo, consegue criar uma literatura de sugestão, de nuance, de plena sonoridade, de teor do vago, do indefinido e da espiritualidade, e que, no rastro da literatura portuguesa de Antero de Quental e Cesário Verde, ou francesa de Mallarmé e Baudelaire, absorveu o cromatismo dos nossos trópicos e se transformou, pela linguagem carregada dos vestígios bantos, na ancestralidade do seu sangre africano, numa poesia nova, sensualizada e sonora: "Vozes veladas, veludosas vozes,/ Volúpias dos violões, vozes veladas,/ Vagam nos velhos vórtices velozes/ Dos ventos vivas, vãs, vulcanizadas".

Lutando contra o meio adverso, estabeleceu uma guerrilha literária, à moda que empreendeu na província onde nasceu. Com isso, sofreu os reveses do aguerrido combate, ficando de fora do grupo de fundadores da Academia Brasileira de Letras, liderado por Machado de Assis e Lúcio de Mendonça, e que convidou para a Casa um Graça Aranha, escritor branco e poderoso, à época sem qualquer livro publicado, ao passo que Cruz e Sousa havia lançado, num único ano, o *Missal*, de prosa, e os *Broquéis*, de verso, ambos considerados inauguradores do Simbolismo no Brasil.

Isolamento no fim da vida não diminui combatividade

A glória de Cruz e Sousa veio mesmo depois da sua morte. Magoado e só, restava ao poeta negro apenas cuidar da família e escrever, escrever, sem dar trégua para a tuberculose que lhe minava o organismo, agravada após os seis meses de loucura da mulher. O vate não se cansava de protestar, de pedir justiça, de cobrar responsabilidade dos poderosos. Sentindo que todos os olhos estavam voltados contra si, e a imprensa amordaçada nas mãos do grupo rival, pouco lhe restava como alternativa à sua criação e à veiculação de sua profícua produção.

Já no final dos seus dias, alimenta ainda mais sua dor e seu ódio ("Ó meu ódio, meu ódio majestoso", cantava no soneto "Ódio sagrado"). A doença faz dele um homem amargo e soturno, visionário, tornando a sua poesia noturna e levemente trágica. É desse momento que se fecha, se enclausura, trancando-se na Torre de Marfim da sua criação e do seu isolamento. Vê-se ferido ("Alma ferida pelas negras lanças/ da desgraça, ferida do Destino,/ Alma a que as amarguras tecem o hino/ Sombrio das cruéis desesperanças") e emparedado dentro do seu sonho.

Victor Hugo

Quando ele entrou no século presente
Na vibração de eternos ideais,
Foi como um facho de petróleo ardente,
Num retinir de espadas e punhais.

Seu coração vulcânico e fremente,
Tinha esquisitas pulsações brutais,
Ora rugindo ameaçadoramente,
Ora cantando os flóreos madrigais.

Quando as cem liras dedilhou, as rimas
Iam céu fora – provocando os climas
Das serras altas, dos rochedos nus.

Mas, ó palavra racional das eras,
Ele há de entrar nas gerações austeras,
Como um trovão e não como uma luz!

Matriz africana em vários tempos[26]

Mantendo a linha das fortes narrativas baseadas na africanidade e seus temas correlatos, Nei Lopes reaparece na cena literária com um novo romance que volta a remexer no intricado universo de histórias de vidas repletas de conflitos e emoções, anseios e desejos, sob o foco das questões raciais, com base no tráfico transatlântico e na centenária escravidão brasileira e de além-mar.

Como em seus trabalhos anteriores – a exemplo de *Mandingas da mulata velha na Cidade Nova* (2009), sobre a legendária Praça Onze, e da epopeia *Oiobomé* (2010), rapsódia sobre a história do fictício país fundado, no fim do século 18, pelo ex-escravo Domingo Vieira dos Santos -, *Esta árvore dourada que supomos*, recém-lançado pela editora portuguesa Babel, instalada no Brasil, também vai ao encontro de raízes, ancestralidades e mistérios afro-históricos.

Neste livro, Nei Lopes transporta a ação do romance para vários planos do tempo, dentro e fora do Brasil, de Gana de uma Buenos Aires cheia de "negros e macumbeiros", como revela uma de suas personagens. Neste caso, o fenômeno do tempo – como ensina a sábia epígrafe do sacerdote católico ruandês Aléxis Kagame, citada na abertura da obra – se materializa em duas dimensões distintas: a que compreende todos os fatos que estão prontos para ocorrer, que estão ocorrendo ou que acabam de ocorrer; e a dos acontecimentos já passados, que ligam o início das coisas ao momento presente.

---

26. MATRIZ africana em vários tempos. *O Globo*, Rio de Janeiro, RJ, p. 3, 5 nov. 2011. Prosa & Verso.

História parte do Caribe do século 18

Autor de sambas de sucesso, como "Senhora liberdade", em parceria com Wilson Moreira ("Abre as asas sobre mim/ Oh senhora liberdade"), Nei Lopes se dedica, há pelo menos duas décadas, com incansável afinco à pesquisa histórica de matriz africana e à literatura. Talvez seja, nos dias de hoje, entre nós, o escritor afrodescendente, para usar um termo corrente, com o maior e mais variado número de obras publicadas sobre temas da diáspora africana, incluindo, entre outros, poesias, contos, dicionários e enciclopédias.

Neste novo romance, cujo título foi retirado do inspirado verso do poeta santista Vicente de Carvalho (1866-1924), o autor traça a história e a trajetória da família Vagner Adriano-Maura Rivera, e vai do Caribe do século 18 aos nossos dias, passando pela Bahia de Todos os Santos e pela Cidade do Rio de Janeiro, usando recursos de flashback em situações de conflitos raciais, em discussões sobre crenças religiosas e, ainda, em abordagens e fundamentações sobre a busca de cura da anemia falciforme na população negra no mundo.

Além disso, o livro traz também ao leitor a saga do escravizado e revolucionário Jeb Fowler, que, depois de lutar na guerra dos Marrons na Jamaica, acaba chegando à Bahia, onde seduz uma freira branca, que engravida e é por isso queimada na fogueira da Inquisição, sob a acusação de ter um caráter "demoníaco".

Entremeando histórias reais com a ficcional, formato recorrente em muitas de suas obras, Nei Lopes, já ganhador do Prêmio Jabuti, trabalha sua narrativa também sob uma linha cronológica dos fatos, deixando a leitura de *Esta árvore dourada que supomos* bastante atraente e, mesmo em certas passagens, bem prazerosa.

Como Lima Barreto, autor analisa costumes suburbanos

Nasce desse movimento uma série de possibilidades. Na orelha do livro, Joel Rufino dos Santos diz que o romance é de um tempo "cósmico", revelando dois de seus ingredientes básicos: o som e o gosto da prosa lopesiana. Na verdade, Nei Lopes é uma espécie de Lima Barreto do Irajá, enquanto o escritor carioca de *Triste fim de Policarpo Quaresma* e de *Clara dos Anjos* era do Engenho Novo.

Ambos primam pelo detalhismo urbano, com o culto dos costumes e do jeito de ser suburbano, mas com a distância estilística de fato e de direito que une e separa esses dois escritores. Embora a aproximação dos "sujeitos", do alter ego em si, do eixo propulsor do fazer literário – ou seja, a premissa da matéria que transporta as ações do dia a dia para a página da ficção – seja uma constante em ambos.

Daí é que surge algo que vem tornando a literatura produzida por Nei Lopes, com perdão dos nossos mestres das letras, uma necessidade cada vez mais desejada e esperada. Ele evolui a cada novo trabalho, que nos chega numa velocidade impressionante e em grande estilo. Basta saber se, ao mesmo tempo em que ocupa as vitrines das livrarias a cada ano, conseguirá manter a qualidade da fabulação que tanto busca.

Uma aventura rebelde[27]

Quando o *Ville de Boulogne*, navio no qual viajava Gonçalves Dias se espatifou nos arrecifes do Baixio de Atins, nos arredores das praias maranhenses, na madrugada de novembro de 1864, o autor de *Canção do exílio*, já amplamente consagrado pelos elogios do conceituado escritor português Alexandre Herculano, tinha a saúde completamente arruinada, sem chances de sobreviver quando chegasse a terra firme. Quis o destino, no entanto, que ele findasse seus dias no mar. No trágico naufrágio, salvaram-se todos os passageiros e tripulantes da embarcação, menos o poeta.

Reviver um pouco da atmosfera desse poeta através dos seus textos canônicos é sempre um prazer que deixa no espírito o sagrado dever de consagração à memória de um grande autor nacional. Este é o propósito do livro *Gonçalves Dias: o poeta na contramão*, de Wilton José Marques. Atendo-se aos temas da literatura e da escravidão no período do primeiro Romantismo brasileiro, percorre exatamente a fase gonçalvina pela análise acurada do texto em prosa de *Meditação*, projeto bastante marginal e, além de tudo, inacabado do poeta maranhense, divulgado parcialmente na revista *Guanabara*, e que teve parca repercussão nos meios intelectuais e acadêmicos.

Até hoje, é uma produção desconhecida ou ignorada da grande obra do poeta. Estudo percuciente de uma das fases mais produtivas de Gonçalves Dias, cujos poemas "americanos" ou "indianos", somando-se os "idealistas" por natureza (tendo como carro-chefe, certamente, *Canção do exílio*), e que logo caíram no gosto popular, o trabalho de Wilton José Marques disseca,

---

27. UMA aventura rebelde. *Jornal do Brasil*, Rio de Janeiro, RJ, p. 3, 7 jul. 2010. Ideias & Livros.

ponto a ponto, a ideia de uma rebeldia, embora fragmentária, por intermédio de um texto contestador, como reforça o autor, permeado "por um acentuado viés crítico". Tanto em relação à formação da sociedade brasileira oitocentista, quando em relação à própria escravidão.

Apesar de atado à política do favor (Gonçalves Dias recebia proteção do imperador Pedro II), o maranhense não se deixava intimidar, e afrontava, atacando sem pudor e com ironias os ditos saquaremas e os chamados luzias. O poeta de *Os timbiras*, pelo menos em tese, se lixava para esse movimento de empenho, de compadrio, carregado de ranço colonial, impulsionado por forças gravitacionais que tinham um único principal alvo: contentar o poder monárquico. Interessa pensar, na verdade, em que ponto divergiu e convergiu a pena de Gonçalves Dias para se opor ao sistema opressor, sabendo-se que o amparo financeiro da intelectualidade do período, custa da própria sobrevivência, era o cargo público.

A dinâmica da produção gonçalvina vai além de *Meditação*, e o Wilton José Marques não deixa dúvida quanto a isso. Porém, sendo um texto contra o sistema escravista, faltou asseverar que seu autor era também de origem negra, com sangue africano nas veias, por parte da mãe cafuza. Este aspecto poderia aguçar o apetite pela leitura do livro.

A negra flor da pele[28]

À primeira vista, *Questão de pele: contos sobre preconceito racial*, organizado por Luiz Ruffato, é um livro impactante, forte, agressivo, focado em um tema que ainda hoje é um dos maiores tabus na sociedade brasileira.

Ruffato – que coordena a coleção *Língua Franca*, da editora Língua Geral (a primeira obra foi o volume *Entre nós*, que trata do homossexualismo) - expõe em *Questão de pele*, em textos ficcionais, a problemática da questão racial. Logo no texto de abertura, refere-se à existência de certos setores da sociedade que defendem a democracia racial, e o organizador alude a este fato como uma assimilação ideológica calcada na "nossa tradição dos governos autoritários".

É bem verdade que este tema polêmico tem alimentado, secularmente, nossa consciência enquanto cidadãos e até partícipes dos movimentos sociais e de classe, ao mesmo tempo em que nos posiciona ante os embates que, dia a dia, assombram a todos feito uma mazela dos tempos da escravidão, ao arrepio das leis constitucionais e da ordem pública.

O livro é uma reunião que traz 14 contos dos chamados ícones de nossa literatura, alguns clássicos, entre os quais Machado de Assis, Lima Barreto e Coelho Neto. Reúne também escritores ignorados do grande público, mas que, na verdade, ao longo dos anos, se dedicam, literariamente falando, à discussão do preconceito de cor, com histórias que perpassam diversas fases da vida nacional, sobretudo no período que permeia o século 19, habitado por gênios da ciência e da arte do tope do padre José

---

28. A NEGRA flor da pele. *Jornal do Brasil*, Rio de Janeiro, RJ, p. 8, 13 mar. 2010. Ideias & Livros.

Maurício, Paula Brito, André Rebouças, José do Patrocínio, Cruz e Sousa, entre outros.

Da geração mais recente, devemos mencionar Nei Lopes (eleito Homem de Ideias deste caderno, em 2009), Cuti, Cidinha da Silva, Ferréz, Alberto Mussa, Conceição Evaristo e Murilo Carvalho, além de outros antigos, mas pouquíssimo lembrados hoje, como Manuel de Oliveira Paiva, J. Simões Neto e Afonso Arinos. Eis o time que compõe *Questão de pele*.

Na introdução da obra escrita por Conceição Evaristo, autora que se consagrou pela publicação do romance *Ponciá Vicêncio* (já traduzido para a língua inglesa), chama-se a atenção para a problemática da invisibilidade do negro na literatura, tema muito recorrente na academia, mas pouco levado a sério. No texto, a escritora mineira destaca que esta invisibilidade prejudica a mulher negra, que enfrenta uma espécie de "fogo ambíguo", pois é tão subjugada quanto mulher branca, mas sua situação piora quando comparada ao homem negro, embora este sempre seja visto em papel secundário, de coadjuvante, de subalterno.

Outro destaque do livro é a maneira sempre igual como os negros são vistos pelo meio social, prática literária que já perdura há, pelo menos, um século e meio no Brasil. Evidencia-se, todavia, no conjunto dos contos que a obra nos oferece, um fato bastante aterrador: os personagens das histórias serem, sem qualquer exceção, sempre problemáticos, de classes inferiores, marginais, escravizados pelo sistema, malvistos pela sociedade, sendo que, no geral, trazem o estigma de demoníacos, diabólicos, bêbados etc. Este é o estereótipo da maldade, diga-se de passagem, ou seja, herança da propaganda gravada no inconsciente da era do feudalismo.

Olhando por este ângulo, o livro pode ser encarado como uma obra da tristeza, da dor, do pesar, do ódio, como se todo negro (se já não bastasse a tragédia do Haiti), fosse assim, cheio de malefícios e maldições.

Ao todo, das 14 histórias reunidas no volume, duas merecem ser destacadas em especial: a narrativa "A escrava", de Maria Firmina dos Reis (1822-1917) e "Pai contra mãe", do consagrado Machado de Assis. Ora, o autor de *Dom Casmurro* vem sendo paulatinamente resgatado pela academia como afrodescendente (o professor Eduardo de Assis Duarte, da UFMG, publicou trabalho impecável a esse respeito, já resenhado aqui neste *Ideias*). Neste particular, o conto surgido em 1906, no corpo de *Relíquias da casa velha*, de forte cunho realista, remete a um Machado eminentemente comprometido com a causa abolicionista, mesmo para um texto divulgado após a Abolição.

No caso particular de Firmina dos Reis, trazer à luz atual peças de suas obras literárias (que incluem dois romances, entre os quais o mais famoso é *Úrsula*, poesias e contos) é prestar uma justa homenagem à grande mulher que ela foi, de porte altivo e guerreiro, e que pelo destino fora aparentada do célebre filólogo maranhense Francisco Sotero dos Reis.

Outro destaque é Lima Barreto, que tem divulgado no livro o conto "Clara dos Anjos", que deu origem ao romance de mesmo nome. Texto emblemático de sua vasta obra, profundamente questionador, ele resume bem, na última fala da personagem-título, um pouco do que é o referencial contextualizado da presente antologia: "Mamãe, eu não sou nada nessa vida". Da mesma forma que o personagem de Machado falou, na última linha da sua narrativa, batendo no coração: "Nem todas as crianças vingam".

Tirando a narrativa de Cidinha da Silva ("Dublê de Ogum"), Cuti ("O Batizado"), Nei Lopes ("Manchete de jornal"), Alberto Mussa ("A cabeça de Zumbi") e de Conceição Evaristo ("Ana Davenga"), há histórias bem sofríveis, como "O negro Bonifácio" (J. Simões Neto), "O ódio" (Manuel de Oliveira Paiva) e "Fábrica de fazer vilão" (Ferréz).

Não há como dizer que exista mérito numa obra que expõe o homem (ou mulher) negro de maneira tão deprimente, cavando ainda mais fundo estereótipos e misérias. Mas vale apenas ler aquele apêndice do final, que reproduz um trecho da autobiografia do ex-escravizado Mahommah G. Baquaqua, que teve passagem pelo nosso país. Embora igualmente sofrido, é o relato mais contundente da presença da escravidão em terras brasileiras, memórias construídas nas suas experiências de vida e de dor.

Saga sobre a infância perdida[29]

"Mau destino" devem ser as palavras mais apropriadas para definir a saga narrada pelo escritor Délcio Teobaldo em *Pivetim*, romance de estreia. Esse mineiro de Ponte Nova, que há anos vive no Rio, engendrou uma alegoria sobre a sociedade dos meninos de rua que é a cara da Cidade Maravilhosa das últimas décadas, certamente um retrato sem retoques, uma espécie de memorial descritivo de uma infância perdida, que cata nas latas de lixo da vida as migalhas de sua própria subsistência diária.

Délcio Teobaldo desce às confidências de um bando de meninos que vivem pelas ruas e lutam com toda a fúria por sua sobrevivência. Sem ter com quem contar, a não ser com a própria sorte, na selva de concreto e asfalto das megalópoles, é uma narrativa de dor, de abandono e de desprezo. Não há melhor comparação do que a descrição que o autor faz do caminhar desses meninos em busca de comida, abrigo, proteção e carinho filial. *Pivetim* é, nessa engrenagem, o retrato falado dos meninos que encontramos perambulando, na vadiagem, trombando pedestres pelos grandes centros urbanos brasileiros, ou nos sinais de trânsito, "ameaçando" os donos de veículos pelos vidros dos seus carros luxuosos.

Vivendo só, à margem da lei, ou em bandos, poluem as vitrines chiques das avenidas, driblando a vigilância da polícia e dos seguranças armados, que os espreitam para dar-lhes o bote perfeito e certeiro, ou para capturá-los, ou para matá-los (vide o caso da chacina da Candelária, de triste memória nacional).

---

29. SAGA sobre a infância perdida. *Jornal do Brasil*, Rio de Janeiro, RJ, p. 2, 23 jan. 2010. Ideias & Livros.

Mas Délcio Teobaldo não quer discutir esses casos, pura e simplesmente; pelo contrário. Com *Pivetim*, ele, como escritor social que é, romancista do presente, afeito a uma realidade nua e crua, quer questionar a sociedade, criticar os organismos públicos, chamando a atenção para a gritante desigualdade que as ruas tentam desesperadamente demonstrar através do abandono de toda uma geração de jovens que estão fora das escolas, do convívio dos entes queridos, e longe da socialização.

Nesse ponto, quando percorremos pelos pés e pela voz de Pivetim o submundo, é que vamos dar conta da dureza da vida, do quanto desperdiçamos o potencial humano que existe dentro de nós. Deparamos com outros personagens fortes, como Bala Perdida, Que Fedor, Carol, Maravilha, todos vivendo na maior brodagem, sem caô e na defensa, para não virar pipa voada nem cair na esparrela do engasgo – que alimenta o estômago esfomeado da morte.

A triste sina desses meninos de rua traçada em *Pivetim* faz de Délcio Teobaldo um escritor corajoso, cronista de um tempo que não quer mais jogar para debaixo do tapete a amarga questão do abandono de crianças e adolescentes, esteio, talvez, da geração da criminalidade e da violência que enche de regalo as manchetes dos jornais e os noticiários diuturnos das tevês.

Como obra referencial, produto concebido para a geração que ainda vai ganhar o mundo, o romance é um ótimo indicativo de leitura para jovens e adultos. Transformá-lo em material didático, torná-lo acessível a um público numeroso que precisa saber sobre drogas, doenças sexualmente transmissíveis, prostituição e bandidagem, seria um serviço público de primeira ordem prestado à sociedade. Só assim todos poderiam saber como se faz para disputar uma marquise, com caixa de papelão e tudo (sem ser incendiado ou enxotado pelo caminhão da limpeza), desviar das balas perdidas, correr da polícia, tudo isso para ter uma ideia do quanto a vida nas ruas não é nada fácil. O livro de Délcio Teobaldo é revelador e original. Faz com que acordemos para a realidade pouco romântica de uma infância que, perdida, também pede passagem.

Sedução e mistério na Pedra do Sal[30]

O ponto de partida de *Mandingas da mulata velha na Cidade Nova*, romance de estreia do conhecido escritor e compositor Nei Lopes, é a morte baiana na Praça Onze, Honorata Sabina da Cruz. Até aí nada de anormal? Nem tanto. Diga-se de passagem, Nei Lopes, tão afamado sambista, nos últimos tempos, para alegria geral, resolveu literalmente pôr a "mão à pena", produzindo uma preciosa biblioteca de obras primas, verdadeiras relíquias no campo da pesquisa histórica e da literatura, a exemplo da sua erudita *Enciclopédia brasileira da diáspora africana* e das pérolas incontestáveis que são os *20 contos e uns trocados*, sua primeira incursão no campo da ficção.

Na sua mais recente experiência literária, que é o *Mandingas da mulata velha na Cidade Nova*, o Nei Lopes que conhecemos dos grandes sucessos do mundo do samba e dos dicionários (já tem dois publicados, e último agora um outro dedicado aos subúrbios ilustres) se apresenta numa faceta completamente desconhecida do seu público, urdindo uma história que, além de prender a atenção do princípio ao fim, está repleta de referências a personagens reais, que transitam entre a ficção e a realidade, levando-nos, como mero leitores, a um passeio sem igual pelas tradições de uma cidade urbanizada, que passou por processos decididos na constituição de sua vida, que foi a abolição da escravatura e a queda da monarquia.

Tendo como foco a morte de Honorata, ou Tia Amina, como também passa a ser conhecida, no início do século 20, Nei Lopes transforma

---

30. SEDUÇÃO e mistério na Pedra do Sal. *Jornal do Brasil*, Rio de Janeiro, RJ, p. 4, 26 dez. 2009. Ideias & Livros.

o atrapalhado repórter Costinha, o Diga-Mais, da *Tribuna do Rio*, no apresentador contumaz de um Rio de Janeiro africanizado, cheio de figuras dos cultos religiosos e da baianidade, como a lendária Tia Ciata e o excêntrico príncipe Dom Obá, um negro alto que se julgava herdeiro de um trono (e o imperador Pedro II a reconhecê-lo), ou mesmo localidades como a Prainha, a Pedra do Sal e a pequena África, nos arredores da Rua Barão de São Félix, reduto de muçulmanos, entre eles, Henrique Assumano Mina do Brasil, ou ainda ícones do abolicionismo como José do Patrocínio e André Rebouças, e, afinal, igrejas como a de Nossa Senhora do Rosário e São Benedito dos Homens Pretos, rodas de samba, jogos de capoeira, batucadas, malandragem e boemia.

Nei Lopes faz de todas essas referências o enredo de uma narrativa linear que alimenta a alma de prazer e o espírito de sabedoria. Através da história da Tia Amina, baiana da Praça Onze (revelada num misterioso manuscrito), são contadas diversas mini-histórias sobre a cidade e sua gente. O escritor carioca aproveita para dar uma aula sobre a constituição dos blocos carnavalescos, cordões e ranchos, como o tradicional Ameno Resedá, e sua relação com o poder; fala da linguagem usada pelos negros naquele período, a qual se convencionou chamar "língua de preto" (ou "ocololô de negro mina"), suas tradições e cultura, pondo à mostra o seu lado de lexicógrafo e etimologista. Quando se refere aos movimentos revolucionários, como a Revolta dos Malês, ocorrida em 1835, na Bahia (a Mulata Velha), o faz numa digressão genial, colocando panos quentes a favor dos negros revoltosos, que passam a ser, no fundo, o entrecho para historiar de ponta a cabeça o romance.

É a partir daí que a obra ganha contornos de originalidade, ao mesmo tempo em que margeia pelos lados do romance histórico. Ao misturar em suas páginas realidade e ficção, tipos reais e inventados, Nei Lopes vai descarregar no leitor uma adrenalina de interesse, vivo, presente, que cresce na medida em que este vencer cada capítulo, através do qual vai esbarrando em personagens de carne e osso, todos negros, é bom que se diga, como o filólogo e dialectólogo Antenor Nascentes (1886-1972). É um trabalho de natureza hercúlea, com certeza, mas próprio de quem conhece bem o ofício, e o faz com erudição e familiaridade.

Portanto, ao traçar o retrato biográfico de Honorata, a Tia Amina, através da reportagem empreendida por Diga-Mais, Nei Lopes embala a história geográfica de todo um povo, no universo de 281 páginas, dando-lhe dimensão, densidade. Tia Amina, a um só tempo, é o elo de ligação, é a fenda aberta para um mundo desconhecido e fantástico. E Nei Lopes, conhecedor desse mundo, o transpõe para a ficção, recontando a sua trajetória de maneira melódica e lúcida (ou lúdica).

Não é preciso muito esforço para se encantar com a leitura de *Mandingas...* (que quer dizer, na melhor tradição quicongo, segundo o próprio autor, "praga", "maldição", mas também "feitiço", "bruxaria", "diabruras"). O livro é um ótimo e imperdível convite: leve, divertido, bastante sugestivo, sobretudo para quem aprecia etimologia e história antiga, causos, ditos, velhos costumes, mistérios, fabulação generosa. Como contador de histórias, agora no romance, mas na melhor acepção *griot*, Nei Lopes parece – sem qualquer cerimônia – dizer a todos de peito aberto a que veio: para ficar, ganhar espaço, alçando também seu voo no disputado universo literário brasileiro.

Sendo uma obra de ficção, que busca na concepção romanesca a sua forma e guia, a do caminho aventuroso, fantasioso, *Mandingas da mulata velha na Cidade Nova* tem tudo para agradar (apesar dos vocábulos africanos ou africanizados precisarem de um glossário). Mas isto, quando muito, é de somenos importância agora. O que interessa mesmo é o dom que a história tem de pura sedução, que as mãos de Nei Lopes, mais uma vez, souberam tecer com maestria.

Revendo preconceitos[31]

Não há a maior sombra de dúvida que, depois de Antônio Cândido, Wilson Martins é o grande crítico literário brasileiro, cuja militância ininterrupta, na mídia impressa e nos livros, tem prestado um serviço muito útil às letras nacionais.

Cabe ressaltar, no entanto, que mesmo os grandes estão sujeitos a posicionamentos estreitos, falhos, preconceituosos. Isto ocorreu, no passado, com um monstro sagrado de nossa literatura, ninguém menos que o poeta Alberto de Oliveira. No correr de 1927, o poeta fluminense fez pelos jornais considerações infantis a respeito da obra de Cruz e Sousa, associado ao nome de Nestor Vítor, levando este crítico a reagir em defesa do melhor amigo, o vate simbolista.

Não foi, todavia, a primeira vez que alguém precisou defender o autor de *Missal* e *Broquéis*, conhecido introdutor do Simbolismo no Brasil, primeiro nome da chamada escola simbolista, relacionado à tríade mundial, no julgamento rigoroso do francês Roger Bastide, estudioso inconteste da literatura e do movimento da negritude, concebido pelo senegalês Léopold Senghor.

Se Nestor Vítor tornou-se o defensor do amigo Cruz e Sousa, na melhor acepção da palavra, Andrade Muricy tornou-se guardião do seu espólio, após a morte do crítico paranaense. Desde então, ao longo do século 20, tudo o que fizeram a Cruz e Sousa, na verdade, foi prestar-lhe, isto sim, um desserviço à sua memória, uma vez que apenas o relacionaram como um "negro de alma branca", o quiseram um "negrinho mal rimador", ou um

---

31. REVENDO preconceitos. *Jornal do Brasil*, Rio de Janeiro, RJ, p. 6, 27 jun. 2009. Ideias & Livros.

"poeta alienado", sem compromissos políticos ou sociais, sem envolvimentos com a abolição da escravatura ou o republicanismo, sem qualquer vínculo familiar, a renegar os pais, os amigos pretos, ou, por fim, um apaixonado por mulheres brancas, nórdicas, próprias da cultura europeia, não da africana.

Tais falácias, marteladas na cabeça da estudantada por tantas décadas, assumiram cunho de verdades irretocáveis, tomando assento na Academia, e, como era de se esperar, não surgiu um livro sequer que tenha coragem de desmentir que, ao contrário do que dizem, Cruz e Sousa foi abolicionista e republicano, fundou uma escola literária no Brasil, o Simbolismo, não precisou da ajuda dos senhores de seus pais escravos para estudar (o pai, "um simples jornaleiro", ou seja, aquele que recebia por dia foi que o patrocinou), não se vendeu para ter seus livros publicados, teve uma família negra e linda; morreu pobre, sim, tuberculoso, mas com altivez, sem vícios, sem mendigar a glória e a ribalda. Foi um emparedado, dentro do seu próprio sonho.

Ora, a coluna de Wilson Martins ("Releitura de Cruz e Sousa", de 20/06) prima não só pela incoerência, mas também pela infantilidade. Diz que Andrade Muricy foi o "São Paulo da religião cruziana", negando que, na verdade, o crítico foi, de fato, herdeiro do legado e do espólio, responsável por publicitar "a obra menor" do poeta (algumas erroneamente atribuídas), sem contar o juízo de valor, que referenda estereótipos.

Quando fala do Parnasianismo, também é omisso. O fato de "tecnicamente" se dizer que Cruz e Sousa é parnasiano, é inconcluso. O Simbolismo afasta-se do Parnasianismo pelo conceito existencial de dois mundos: ambos roubam das correntes literárias do passado (ou seria escolas do passado?), como o Romantismo, o *modus* de escrever literariamente, não o de pensar literariamente. Cada tempo direciona seu estilo, sendo o do Parnasianismo o mais arcaico de todos, por advogar, tardiamente, o helenismo. Se Olavo Bilac pontificou como o mais menoscabado chefe da Hélade, Cruz e Sousa foi, concordo, o "centro do sistema solar".

Não é possível que o Sr. Wilson Martins não tenha visto as inovações na biografia de *Cruz e Sousa: Dante Negro do Brasil* (Pallas, 2008). Talvez não a tenha lido (direito). Além das dezenas de textos inéditos, tanto da fase juvenil, quanto da madura (ignorados pelos muitos estudiosos nos últimos 30 anos), 40 por cento das informações contidas no livro são novas, e, biograficamente, atuais. Portanto, resgatar tais informações e inéditos, como vem ocorrendo exaustivamente com um Machado de Assis, é papel de todo biógrafo sério, comprometido com a verdade histórica, independentemente do valor atribuído aos mesmos.

Não me parece que o Sr. Wilson Martins corrobora dessa ideia, pois se nega à revelação de novos documentos, sobretudo dos textos em prosa e de poesia que marcam a evolução daquele que passou à história como o negro genial, o poeta negro, ou o cisne negro, epíteto, este último tido e havido pelo próprio Sr. Wilson Martins, em texto de fevereiro de 1962.

Então, querer reduzir o meu trabalho com recurso de texto velho, já publicado, desculpe, mestre, não o faz merecedor de elogios que sempre lhe devotei, em respeito à sua carreira e a sua idade. Temo pensar que toda esta reação seja porque Cruz e Sousa foi um negro, alcunha dita e defendida por ele da tribuna em combate ao preconceito local, que o queria menos jornalista, menos poeta, menos escritor, menos artista, por causa da cor da sua pele. Esperemos que não seja por este motivo, porque, além de hediondo, seria um motivo muito pífio e pobre. Muito me honrou ter escrito um livro sobre Cruz e Sousa, e mais ainda por ele ter me escolhido.

Faceta desconhecida e ignorada de Alencar[32]

O que pensaria hoje José de Alencar sobre a ascensão política do negro Barak Obama em um país poderoso como os Estados Unidos? A pergunta não é aleatória. Ela tem como fundamento um texto publicado do famoso romancista que, em linhas gerais, é o contraponto da história da literatura romântica e indianista que o consagraria. Reproduzido numa edição bem cuidada, *Cartas a favor da escravidão* expõe uma faceta bastante desconhecida e malograda do consagrado escritor brasileiro.

Depois do seu justificado olvidamento, desde meados do século 19, além de terem sido expurgadas de sua obra definitiva, *Cartas a favor da escravidão* compõem-se de sete textos jornalísticos, escritos com o pseudônimo de Erasmo, endereçados, à época, década de 1860, ao imperador Pedro II. Alencar, nesses textos, faz corajosamente a defesa da empresa do cativeiro, justificando a instituição como um fator social, a exemplo do desportismo e da aristocracia, da mesma forma que "a coempção da mulher, a propriedade do pai sobre o filho e tantas outras instituições antigas". Busca no passado, na Antiguidade, o suporte para suas teorias racistas. Evoca o *Gênesis*, para mostrar que o homem se filia a uma família estranha pelo regime natural do cativeiro.

José de Alencar chega a dizer que, se a escravidão não fosse inventada, "a marcha da humanidade seria impossível", para afirmar que o fim da escravidão condenaria "a estabilidade do Império do Brasil". Na verdade, o que o autor do açucarado *Iracema* postula é a política de manutenção do trabalho

---

32. FACETA desconhecida e malograda de Alencar. *Jornal do Brasil*, Rio de Janeiro, RJ, p. 7, 17 jan. 2009. Ideias & Livros.

escravizado defendida pelos chamados *saquaremas*, em oposição à política que o combatia, em tese defendida pelos conservadores, aliados do trono e da realeza que, apesar de tudo, enfrentava as agruras da Guerra do Paraguai, que sem ter homens suficientes para o *front* da batalha, promovia alforrias ou arregimentava os escravizados que fossem guerrear pela nação, muitos sob a falsa alcunha de os Voluntários da Pátria.

Este texto de José de Alencar é, sintomaticamente, um petardo na consciência das novas gerações que só conhecem o escritor consagrado pelo cânone do Romantismo, através de seus livros obrigatórios nas aulas de literatura. Em outras palavras: Alencar era brilhante como escritor, medíocre como político e ingênuo como defensor do comércio de seres humanos, numa quadra da história mundial onde o regime já era totalmente combatido. Neste caso, ele é, ao mesmo tempo, criador e criatura de sua própria trajetória pessoal. A escravidão era intrínseca na história de vida de sua família. O pai do escritor, o famoso senador Martiniano de Alencar, num certo dia 3 de outubro de 1853 (a seis dias, portanto, do nascimento de José do Patrocínio, considerado o mais ferrenho tribuno da abolição), levaria, a um cartório do centro do Rio de Janeiro, a longa lista de seus filhos "naturais", para reconhecê-los, por escritura pública.

Como o exemplo vem de casa, se escravidão e poder corriam no sangue do romancista, ora, defender esse regime era uma questão de foro íntimo. Por outro lado, sob o aspecto meramente literário, o livro de José de Alencar tem a validade de documento histórico ao descortinar os horizontes da mentalidade de um homem que viveu e morreu em pleno período monárquico brasileiro. Ou seja, José de Alencar pertence ao passado. Se não fosse isso, não faria falta alguma se *Cartas a favor da escravidão* continuasse no olvido a que permaneceu todo esse tempo.

Racismo & Sociedade

Na contramão das teorias alencarianas, no entanto, está o trabalho escrito com paciência de pesquisador e visão de historiador pelo antropólogo

Carlos Moore, intitulado *Racismo & Sociedade*. Conceitualmente é um livro que busca, na história dos povos, os pressupostos que nos legaram tanto a escravidão quanto o racismo. Moore, um cubano radicado no Brasil, homem da academia, tem vasta experiência na contextualização dos povos negros em todo o mundo. Ao lado do cientista Cheikh Anta Diop e de Wole Soyinka, nigeriano com prêmio Nobel de Literatura, foi cofundador da Associação Mundial de Pesquisadores Negros, tendo coordenado a Comissão para a Gestão dos Conflitos Étnicos. Com uma vida política e acadêmica projetada para o dinamismo, Moore apresenta uma obra fundamental para nos fazer pensar, refletir e buscar no passado respostas para os dilemas e conflitos que opõem negros e brancos no mundo contemporâneo. Ao contrário de Alencar, todavia, Moore advoga pelo antirracismo, combatendo tanto as teses do branqueamento, como a falsa política de democracia racial brasileira.

Benjamim de Oliveira ou como a evolução do circo transformou o teatro[33]

Se o teatro é a arte da representação ou "o local aonde se vai para ver", o circo-teatro, por sua vez, não foge muito ao seu legado, na acepção da palavra e na imitação dos seus trejeitos e expressividades, na forma de entretenimento e da teatralidade, na formação do público e no encantamento da plateia. Um e outro fundem-se, na verdade, em função da dramaticidade e da comicidade, sendo o teatro de formação clássica, fundida nas grandes óperas, para uma sociedade de escol, enquanto o circo tem sua origem na população mais humilde, formada na itinerância com que percorria os lugares distantes, as feiras das cidades interioranas ou dos burgos de gente simples.

Caminhos controvertidos

Ao contar a história do circo no Brasil, Ermínia Silva percorre um dos caminhos mais controvertidos e polêmicos que os fatos e as ações podem lhe oferecer. Juntando elementos da *commedia dell'arte*, ela tece os substratos para estabelecer os paralelos dos espetáculos entre o palco e o picadeiro, datando-os desde o século 18. É, sem dúvida, uma proposta ousada, de grande fôlego e arrojo, manifestada, pela primeira vez, como tese de Doutoramento em História pela Universidade Estadual de Campinas, agora publicada no livro *Circo-teatro: Benjamim de Oliveira e a teatralidade circense no Brasil*.

---

33. BENJAMIM de Oliveira ou como a evolução do circo transformou o teatro. *Jornal do Brasil*, Rio de Janeiro, RJ, p. 7, 5 abr. 2008. Ideias & Livros.

Com observância acurada, analisa o papel dos *clowns* europeus, como já o fizera, em outros tempos, Machado de Assis. Mapeia os conflitos artísticos entre uma dramaturgia e outra, e faz menção ao requerimento irritadiço da consagração do ator João Cândido ao marquês de Olinda, em 1862, solicitando a proibição dos espetáculos circenses nos mesmos dias das récitas do teatro nacional, por ser uma "diversão descomprometida e sem caráter de educação".

Essas e outras polêmicas vão tomar conta da trajetória do teatro e do circo brasileiros. E como demonstra Ermínia Silva, o circo aproxima-se cada vez mais da dramaturgia teatral, ao passo que o teatro perde fôlego e a própria teatralidade, circunscrita a um círculo de público cada vez mais fechado, elitista e pequeno burguês. Já o circo, no entanto, além de agregar tecnologias, como a orquestra de músicos à boca de cena, abolição da figura do ponto, e, mais para o final do século 19, o cinema e o sistema radiofônico, como o disco e o rádio, mantém, ao mesmo tempo, os ingredientes que lhe marcaram as origens e sobrevida: as apresentações equestres, a acrobacia, a ginástica, a mágica, o malabarismo, o palhaço de cara pintada de branco.

Diálogo com a história

Menos para fugir das comparações óbvias, das representações circenses teatralizadas ou pantomímicas que tanto sucesso fizeram nos palcos e picadeiros, e sim para estabelecer a linha divisória, a fronteira limítrofe entre, talvez, o picadeiro e o palco, é que o livro de Ermínia Silva se propõe a ser um diálogo também com a história do teatro, sendo a autora, como se sabe, descendente de pioneiros artistas circenses, a quem haveria razões de sobra para a defesa de um em detrimento do ataque de outro. Pelo contrário, é tudo o que ela não faz.

O palhaço negro

De comunhão com a história do teatro e do circo-teatro está a história do pioneiro da teatralidade circense entre nós. Trata-se do palhaço, ator, compositor, dramaturgo, produtor e diretor Benjamim de Oliveira. Em vida era considerado o mais perfeito artista de representação popular, ao atuar e criar farsas, peças burlescas e pantomimas, como então chamavam-se as representações desenvolvidas a partir da adaptação para o circo Spinelli de textos consagrados da dramaturgia, como *O Guarani*, de Carlos Gomes, e *A viúva alegre*, de H. Meilhac.

O livro traça um dos retratos mais apaixonadamente nítidos sobre a história do circo a partir da trajetória de Benjamim de Oliveira, o palhaço negro. Mesmo um célico como Arthur Azevedo, cronista respeitado da *Gazeta de Notícias* e mentor da criação do Theatro Municipal do Rio, assiste com a família ao circo-teatro e se torna amigo do grande artista circense. Benjamim de Oliveira teve uma carreira inusitada: fugiu com o circo quando criança, pois não suportava ver o pai, um feroz capitão do mato, perseguir com crueldade escravizados fugidos. No circo, comeu o pão que o diabo amassou. Sua estreia foi das mais traumáticas: vaias e pedradas foram as primeiras oferendas recebidas. Mas, persistente, venceu pelo talento, e, segundo os jornais da época, tornou-se não só "o queridinho do povo", mas uma verdadeira celebridade.

Arte menor?

Ao expor, em sua pesquisa, a vida e a obra de Benjamim de Oliveira, Ermínia Silva utiliza como pano de fundo o nascimento do circo, desde seu surgimento na Europa, passando pelos Estados Unidos, e os países da América Latina, como Argentina e o Brasil. No Brasil, pelo que se depreende, o circo encontrou campo fértil, por sua tradição nas feiras livres, nos lugarejos distantes, bem como na ocupação de espaços onde a elite cultural torcia o nariz para comparecer.

Mesmo em cidades como a do Rio de Janeiro, considerada o celeiro da "melhor cultura", o circo tornou-se a opção das classes pobres e mesmo rica, ocupando os espaços da nobreza, como o Teatro Lírico e Imperial São Pedro de Alcântara.

Guardadas as proporções, é possível dizer que a evolução do circo, ao passo que transformou plateias, atitudes e movimentou a economia, transformou também o teatro, diga-se de passagem, na crise que o assolava desde os seus primórdios.

Os críticos da época viam o circo ou o circo-teatro como "arte menor", por ser armado em qualquer lugar e ser aceito por um público variado, de origem suburbana e de camadas pobres; enquanto o teatro, que falava a língua de Sarah Bernhardt, e das importantes companhias estrangeiras, preocupava-se em estar sempre à altura dos acontecimentos memoráveis, apaixonar as grandes multidões.

O trabalho de Ermínia Silva conta histórias pitorescas, sobre palcos e picadeiros. Detalha, como poucos o fizeram, momentos expressivos da arte de representar debaixo de lonas e tablados. As polêmicas são, naturalmente, inevitáveis.

Entretenimento barato

O circo, ainda hoje, como no passado, assume papel preponderante no entretenimento da população, principalmente por ser mais barato e de certa forma mais democrático: não distingue o público; o agrega. Junto com o teatro, são formatadores de belos públicos, com suas diferentes características: representam manifestações populares, modelos artísticos e a grandeza da história cultural de um povo.

Editado pela novata Altana, *Circo-teatro: Benjamim de Oliveira e a teatralidade circense no Brasil* é uma ótima oportunidade para conhecermos a arte circense por dentro e por quem entende, de fato, o que ela representa. Segundo a autora, tem a arte mais festejada de todos os tempos, no Brasil e no mundo. A ela tem se associado artistas e intelectuais de todos os matizes.

Tida como arte popular, dentro das generalizações comprometidas pela força do termo, voltada para as "massas mais incultas" da população (e não da sociedade), em contraponto à alta cultura, das artes dramáticas, o circo tem marcado a vida de muitas gerações. Com certeza, pensando nisso, é que Armínia Silva resgatou histórias tão emocionantes para os nossos dias.

As muitas mandingas de um velho candongueiro[34]

Nei Lopes tem uma biografia repleta de realizações positivas em relação à literatura. Entre seus livros, contam-se um longo estudo, *O negro no Rio de Janeiro e sua tradição musical*; *Bantos, malês e identidade negra*; o importante *Dicionário banto do Brasil*. Prestes a publicar seu 21º livro, Nei – hoje morador do longínquo município de Seropédica, no Grande Rio – tem destilado o seu talento em uma série de obras sobre a história do negro brasileiro, como se acadêmico fosse. Entre os da última fornada, *Vinte contos e uns trocados*, da Record, *O racismo explicado aos meus filhos*, da Agir, e *Histórias do tio Jimbo*, da Mazza Edições, o primeiro da sua reestreia na ficção, depois que publicou *Casos crioulos*, em 1987, e os dois restantes narrativas didáticas para serem contadas às novas gerações, com a história do povo afrodescendente vista por uma nova ótica. Só estes volumes consagrariam Nei Lopes, não fosse o seu passado de compositor e intérprete do samba, ao lado de parceiros como Wilson Moreira, Maurício Tapajós, Zé Luiz do Império, entre tantos outros. Reconhecido no mundo da música e agora da literatura, este carioca de Irajá, "com muito orgulho", fala, nesta entrevista, com exclusividade ao *Ideias*.

---

34. AS MUITAS mandingas de um velho candongueiro. *Jornal do Brasil*, Rio de Janeiro, RJ, p. 3, 1º dez. 2007. Ideias & Livros.
Ainda saiu a seguinte nota: "Perfil. Carioca do subúrbio de Irajá, Nei Lopes formou-se em Direito na UFRJ, em 1966, mas ficou conhecido como sambista e compositor. Integrou o elenco das escolas de samba Acadêmicos do Salgueiro e Unidos de Vila Isabel. É considerado um dos principais pesquisadores brasileiros da cultura africana. Em 2004, publicou a *Enciclopédia brasileira da diáspora africana*, resultado de dois anos de pesquisa minuciosa, que enfeixou cerca de nove mil verbetes".

Como é ser escritor depois de tantos anos dedicados ao samba?
Continuo o mesmo sambista, longe das avenidas, mas em palcos, por este Brasil. Distante do antigo amadorismo, mas sempre em busca de reconhecimento e respeito. Aí, os livros publicados, inegavelmente, me dão um ganho de imagem bem maior. Mas tudo é compatível, o sambista contribuindo decisivamente para a manutenção do escritor, e os dois, juntos, trabalhando muito e se divertindo um pouquinho também, que ninguém é de ferro.

Em março sai o seu romance *Mandingas da mulata velha na Cidade Nova*. Como se desenvolve a trama, com a Praça Onze como cenário, e a lendária Tia Ciata?
Diante de várias dúvidas históricas sobre o universo da Praça Onze e da Pequena África, eu resolvi, por meio da ficção, e passeando pela realidade conhecida, criar a minha Cidade Nova, como a região era chamada. E aí a figura legendária da Tia Ciata se fundiu às de outras tias, ganhando inclusive outro nome, como ocorreu com vários outros personagens. Tudo a partir de um fato extraordinário, de um segredo que os leitores vão conhecer em março, quando do lançamento do livro.

Seus livros têm como eixo o tema da escravidão no Brasil e no mundo...
Eu não costumo escrever sobre a escravidão, não, é, sim, sobre suas causas e seus efeitos. O que eu tenho procurado é combater ou pelo menos atenuar o racismo anti-negro, que é um dos perniciosos efeitos do escravismo e que é, infelizmente, cada vez mais insidioso e prejudicial neste país.

A aplicação da Lei 10.639, que institui o ensino de história da África nas escolas brasileiras, ajuda a estimular a leitura sobre questões étnicas?
É claro que ajuda. Mas, como era de se esperar, tem muita gente escrevendo sobre o que não conhece. Então, o açodamento capitalista, tanto da parte de autores neófitos quanto de editores despreparados pode atrapalhar um pouco.

O *Dicionário banto do Brasil* está na segunda edição. Conte um pouco como você trabalhou na sua confecção.
É um outro livro, e por isso se chama *Novo dicionário banto do Brasil*. Contém informações novas, como uma parte onomástica, sobre topônimos e antropônimos, e o corpus foi bastante acrescido. A primeira versão foi publicada tão amadoristicamente, pela prefeitura do Rio, que não tem ficha catalográfica; nem mesmo o ano de publicação. Mas valeu, porque foi uma das fontes etimológicas para os bantuísmos verbetizados no portentoso *Dicionário Houaiss*, no qual sou citado dezenas de vezes.

Sua referência é o subúrbio de Irajá, assim como o de Lima Barreto foi o de Todos os Santos. Você considera a periferia um celeiro de artistas e intelectuais?
Não, não... O que ocorre é que é tão difícil um suburbano, mesmo, se destacar fora do campo do entretenimento, que quando isso ocorre, isso vira uma marca. Os subúrbios e as periferias, principalmente por estarem fora dos chamados circuitos culturais, e por não contarem com os melhores equipamentos, como teatros, cinemas, livrarias ou bibliotecas, nunca são escolhidos como locais de moradia por pessoas de destaque no mundo intelectual ou artístico. Os que nascem nesses lugares, logo que podem, se mudam. Uns realmente por necessidade, mas a maioria por vaidade. Eu nasci e me criei no Irajá, vivi muitos anos na região de Vila Isabel (que é um meio termo), mas hoje moro, literalmente, na roça. Se quisesse, eu poderia morar em lugares badalados. Mas prefiro conforto com calma e sossego: meus orixás, minha horta e meus bichos convivem muito bem com minha biblioteca, meus CDs, meus DVDs, minha piscininha...

Onde andam, afinal, o compositor e o intérprete nessa história, ou seja, ainda encontra-se tempo para cavar um bom partido-alto?
Continuo fazendo samba com a mesma intensidade com que estudo e escrevo meus livros. Sem nenhum estardalhaço, sem necessidade de frequentar botequins, sendo muito mais visto no circuito dos Sescs paulistas, por exemplo, do que nos bares da Lapa.

Seu livro de contos, *Vinte contos e uns trocados*, pela Record, diferentemente de sua estreia de 1987, *Casos crioulos*, traz algumas peças literárias marcadamente geniais, como "Uma lágrima furtiva" e "Até água do rio". Você diria que este livro é um marco da sua obra de ficção?
Sim. Este livro enfeixa contos, mesmo, trabalhados como tal, e não "casos", como antes. É um livro estratégico, que preparou a entrada em cena do romancista, pois já tenho, além do *Mandingas*, mais dois romances prontos. Devo também publicá-los na hora certa.

Você acha que o resgate da história do negro pode ajudar o Brasil a se redescobrir como uma nova nação?
Não sou nada otimista com relação a essa questão. É tudo mercado. E o Brasil de hoje está cada vez mais preocupado é em se desafricanizar, essa é a verdade... Pan-africanismo é sentimento, não é marketing. Eu sempre gostei de jazz, blues, calypso, rumba, como gosto de samba. Mas não por modismo e sim por afinidade.

Como tem sido a experiência de escritor, contador de histórias e dicionarista relacionada à cultura popular brasileira?
O que move e conduz toda a minha trajetória é a cultura popular. Se não fosse a vivência que tenho do universo afro-brasileiro, dos subúrbios e dos morros cariocas, eu não seria o criador que sou. Eu trabalho em cima da realidade que conheço. Imagine que até, em termos de viagens, eu nunca fui à Europa nem aos Estados Unidos. E, no entanto, já fui à África duas vezes; Cuba, três; e a outros países aqui por perto. A cultura que me interessa é esta: a dos orixás, do guaguancó, das línguas africanas, de toda essa herança. E é dentro dela que eu cresço e me fortaleço.

A intimidade de Lima Barreto[35]

Em um dos apontamentos do seu *Diário íntimo*, Lima Barreto (1881-1922) sentenciava: "Os protetores são os piores tiranos". A frase virulenta, que espelha bem a acidez do linguajar militante, tinha por remetente a aristocracia que, desde os tempos do Império, se perpetuava no poder fortalecida com o advento da República.

Embora a frase se endereçasse à figura crepuscular de Afonso Celso, o certo é que a pena sem bajulice de Lima Barreto era como que uma metralhadora giratória atirando para todos os lados.

Lima Barreto tinha consciência do seu estado de espírito e de direito, como cidadão engajado às transformações de sua época, a qual encontra-se muito bem retratada nas crônicas dos jornais e revistas, nas entrelinhas dos seus contos e romances e, sobretudo, no seu epistolário e cadernos de anotações, que, postumamente, sob a égide competente de Francisco de Assis Barbosa – este, sim, seu benfeitor -, corporificaram a fortuna crítica e literária do autor, e igualmente tudo o que se conhece sobre ele.

No fulcro de suas anotações e apontamentos, o autor de *Triste fim de Policarpo Quaresma*, seu romance de formação, construiu, com fina ironia, que lhe é peculiar, um reino particular, a sua Vila Quilombo, de onde descortinava outro império, o dos seus personagens, espécies de vasos comunicantes de toda uma sociedade em estado permanente de decomposição.

---

35. A INTIMIDADE de Lima Barreto. *Jornal do Brasil*, Rio de Janeiro, RJ, 3 nov. 2007. Ideias & Livros.

Essas digressões ao universo barretiano têm o propósito de desvendar os enigmas que enredam todo o universo de sua escrita, de cunho confessional e autobiográfico.

Fátima Maria de Oliveira cumpre esse papel ao escrever *Correspondência de Lima Barreto: à roda do quarto, no palco da vida*. Engana-se quem, todavia, entender o livro como a reunião da volumosa missiva trocada entre o escritor e seus pares nas letras, a exemplo de Monteiro Lobato, Noronha Santos, Gonzaga Duque, entre outros.

O livro de Fátima Maria de Oliveira é um ensaio escrito a partir da análise do imaginário do romancista de *Clara dos Anjos* com base no seu espólio de cartas e documentos pessoais, como seus diários e cadernos de notas.

Com esses registros, foi possível adentrar – ou, precisamente, rodear, ficar à roda – a intimidade, em termos, de Lima Barreto, partilhando de queixas, zangas e dores do escritor que, no início da *belle époque* carioca, presenciou o desmoronamento do Estado constituído à sua maneira (alegoria que enxergou em longa crônica sobre o bota-abaixo do morro do Castelo).

Vivendo no ápice da criação, sacrificando tudo, como a saúde e a vida financeira (chegou a custear do próprio bolso suas obras), Lima Barreto, na visão de Fátima Maria de Oliveira, colidiu em alto grau com o ideal da vida boemia e literária, pondo em xeque os ideais do positivismo republicano de ordem e progresso, que se impunham sobre a cabeça de todos os brasileiros, inclusive dele próprio.

Sob esse ideal, filiou-se às mais ardorosas correntes políticas e ideológicas, ora professando o anarquismo, ora o socialismo utópico, e, por fim, ora o apartidarismo de toda e qualquer seita ou agremiação.

Era um homem de talento e de controvérsias. Não tinha papas na língua e cuspia verborragias e impropérios naqueles que faziam pouco caso das suas criações, do seu modo de ser e de se trajar.

Embora viajasse por esse prisma político e sentimental, jamais deixou de arguir em favor dos humildes e da questão racial, quiçá das minorias, não só como historiador involuntário do passado, e do seu tempo, em torno do qual foi o mais presencial espectador.

Fátima Maria de Oliveira transporta para *Correspondência de Lima Barreto...* essa voz autoral especialíssima, impondo ao escritor a condição de que ele fale por si mesmo, como uma reinvenção de sua reescrita, ou do próprio palimpsesto. É com esse estratagema que desvenda os enigmas barretianos, em que preponderam o real e o imaginário, os seus pontos fracos, suas crises identitárias e emocionais. Ao destacar, porém, essa faceta de Lima Barreto, a autora resgata a condição de intelectual que lhe é inerente, emergindo-o do submundo da loucura e do alcoolismo.

Se não fosse por alguns pequenos deslizes de revisão do texto, a obra teria tudo para ser completa, enquadrada no rol dos livros à altura de personalidade tão atual, mesmo após tantos anos de sua morte. Mas, à parte os cuidados com a questão gráfica (que tanto perseguiram Lima Barreto em vida), deve-se dizer, para justificar com a autora, que ela cumpriu sua nobre missão.

Herança de sangue no horizonte devastado[36]

Uma das boas razões para ler *Terra sonâmbula*, de Mia Couto, é a correlação de forças que o livro faz com a memória da guerra anticolonialista e civil moçambicana.

Como estudo de caso e como conteúdo paisagístico dos conflitos no Continente, é uma leitura obrigatória que nos remete a um caldo de cultura envolvente, no que tange à sua história e à sua língua.

Exímio contador de estória (na acepção de Guimarães Rosa), mesmo no domínio da nobre carpintaria fabular, tendo dezenas de livros publicados, Mia Couto empresta às suas narrativas aquele mesmo tempo poético-verbal com que José de Alencar deu início a *Iracema*, guardadas, evidentemente, as devidas proporções, sistematicamente acadêmicas, de época e de estilo. É que em Mia Couto reside toda a herança da poesia oral africana, de matriz nas tradições dos povos tribais advindos dos primórdios do colonialismo.

Já em Alencar, todavia, o legado cultural advém do indianismo, compassado com o primado do Romantismo, pela lógica da sensibilidade e da imaginação sobre a razão, em favor do lirismo anticlássico. Instintivamente, *Terra sonâmbula* refaz esse percurso, ao resgatar o melhor da tradição da literatura, como expressão de sentimentos individuais e estados da alma de um povo.

No plano ficcional, o romance de Mia Couto é uma alegoria emblemática que tem como cenário o horizonte da devastação, da dor e da

---

36. HERANÇA de sangue no horizonte devastado. *Jornal do Brasil*, Rio de Janeiro, RJ, p. 6, 29 set. 2007. Ideias & Livros.

barbárie. Os seus personagens têm fundo real, e foram criados, na verdade, de carne e osso dos corpos destroçados e abandonados pela guerra. Com esses elementos, o autor constrói os heróis da história, cujos arquétipos estão nas personas do menino Muidinga e do velho Tuahir. Ambos se aproximam muito daquilo que poderíamos chamar de escombros das batalhas. Vivem ao léu, como verdadeiros párias ou mortos-vivos que vagam sem rumo, no sonambulismo de uma realidade trágica. Daí, certamente, a natureza do título.

Sonho e realidade são o que os movem. Nessa fuga sem trégua para lugar nenhum, atingem a beira da estrada, "a estrada morta", como quer Mia Couto. Nela o clima cinzento e pesado assume o papel de protagonista, dominando o ambiente, que os choca e os agride ainda mais. No meio da estrada, atravancando a passagem, um *machimbombo* (algo próximo aqui ao que seria um ônibus) queimado, fedendo a corpos e destruição. Ao lado dele, uma mala, com 11 cadernos manuscritos dentro: são os diários de Kindzu, vítima condicional da mesma carnificina.

Com esse entrecho narrativo, o livro se desenvolve, coerente com a astúcia do escrevinhador, que abusa de uma linguagem bastante coloquial. Nesse contexto, em que se revela todo o seu requinte, encontra-se alguma simetria com os diversos falares, dentre os quais o crioulo. E são os diários de Kindzu que mais expressarão o papel dessa língua e dos seus costumes. Por intermédio de suas páginas, nas quais o livro mais se cristaliza, se conhece o mistério dos lendários *naparanas*, guerreiros abençoados pelos feiticeiros.

Alguém já disse que Mia Couto busca, com *Terra sonâmbula*, amenizar a realidade sangrenta do período da guerra através do realismo fantástico. Não que seja exatamente isso. Esteticamente, no plano autoral, Mia Couto reescreve a história da África tendo como pano de fundo o seu país, Moçambique. E essa história, escrita por ele de dentro de sua própria casa, ecoa agora pelos quatro cantos do mundo, levada por ventos soprados por pulmões doentios.

Nos últimos anos, a literatura foi brindada por diversos registros de experiências narrativas envolvendo conflitos de guerras em territórios africanos. A mais notória de todas está na obra do escritor português António Lobo Antunes, numa trilogia iniciada com *Memórias de elefante*, que conta o período em que o autor trabalhou como médico em Angola, exatamente na pós-independência. Recentemente os relatos de Ishmael Beah, sobre os meninos soldados de Serra Leoa, e do americano (de origem nigeriana) Uzodinma Iweala, que trata das crianças-soldado, com o enigmático *Feras de lugar nenhum*, vieram corporificar ainda mais esse sumário bibliográfico.

Escrita, algo experimental de Mia Couto, se filia visceralmente a esses conflitos bélicos e humanos. Na verdade, ele busca transpor, de certa forma, em catarse, a perda da identidade cultural do seu país. Junta-se a isso a dolorida experiência dos povos da África, vistos sempre pela ótica das epidemias, como a Aids, ou pelo flagelo da fome.

Ao que parece, não há mal que vença o bem. Uma vez mais, seja ou não pela mão mágica da ficção, a verdade verdadeira permanecerá oculta.

As guerreiras que chegaram de longe[37]

Poucos registros realizados sobre o passado são tão expressivos como os que se referem à história das mulheres brasileiras, conhecidas pelo seu empreendedorismo nato, bem como pela convicção guerreira com que se estregam à luta. Num recorte epistemológico, há ainda um caso mais específico que tem a ver com a travessia do Atlântico: o processo civilizatório de um modo geral e, certamente, a evolução da escravidão africana entre nós.

Trata-se aqui da chegada das mulheres negras escravizadas no Novo Mundo, sobretudo no Brasil, a chamada terra prometida, para a qual foram trazidas contra a vontade centenas de milhares dessas mulheres para o subjugo senhorial branco, os maus-tratos constantes, a sevícia, o eito, e o silêncio amordaçante das casas grandes e das senzalas.

Violência e opressão, por assim dizer, perfazem a trajetória das mulheres negras no Brasil, expressão, aliás, recortada de uma fala de Maria do Nascimento, da década de 1950, como liderança do Teatro Experimental do Negro, numa nítida intenção de dizer que, elas, mulheres negras, estavam aptas a usufruir, sem maiores contestações, "dos benefícios da civilização e da cultura" do país de então, aspecto significativo e desafiador para a época, ao mesmo tempo expressivo, não só para estabelecer a quebra de paradigmas, mas também para marcar o ponto seminal entre as culturas, de raízes centenárias e africanas, provindas do mais longínquo ancestralismo.

---

37. AS GUERREIRAS que chegaram de longe. *Jornal do Brasil,* Rio de Janeiro, RJ, p. 7, 25 de ago. 2007. Ideias & Livros.

Inequivocadamente, cumpre esse papel, com bastante segurança, o livro *Mulheres negras do Brasil*, de Schuma Schumaher e Érico Vital Brazil, apresentado concisamente por Sueli Carneiro, a mesma que nos lembra que os passos das mulheres negras "vêm de longe", e que, numa linguagem instigadora, resgata os primórdios do quilombismo e da negritude, ao mesmo tempo que mapeia os caminhos e descaminhos percorridos ao longo dos séculos.

Schuma Schumaher e Érico Vital Brazil põem o dedo na ferida, expõem dores e mazelas das vidas infelizmente ainda bastante invisibilizadas em nossa sociedade. Falar de mulheres negras, no entanto, não como organização institucional ou movimento de classe, é ariscar-se às controvertidas polêmicas que vêm opondo negros e brancos, homens e mulheres, de um lado e de outro, acirrados em torno das cotas universitárias e pela disputa sem tréguas ao mundo do trabalho.

Os autores, todavia, ao abordarem competentemente histórias tão complexas, retiradas de contextos tão díspares e antagônicos, transpõem os umbrais dos grandes desafios que uma obra desse porte oferece a qualquer organizador.

Na verdade, Schuma e Érico, em termos de resultados, conseguem harmonizar algo parecido a uma babel, pautada no entrechoque de culturas multifacetadas, em parte em função da violência originária de antigas guerras, ou guerrilhas, em parte devido aos rompimentos umbilicais dos fortes laços familiares.

Já o Brasil, fértil em terras quilombolas, diferentemente dos Estados Unidos e de qualquer país europeu, talvez pelo seu tropicalismo, pode ter ajudado no florescimento favorável desse clímax de "adaptação" e "sobrevida", de movimentação política e sincretismo religioso, em prol do matriarcado e da revolução.

No caso brasileiro, as mulheres negras, e escravizadas, no entanto, assumem destaque especial, salutarmente relevante, agora plenamente demonstrado através das histórias reveladas.

É importante sabermos que, desde os primeiros séculos, houve mulheres negras poderosas. É o espelho. Não só mulheres negras dominadas, mas dominadoras; não só submissas, mas também as que não se deixavam abater jamais diante das adversidades.

Mulheres negras do Brasil, o livro, por si só traz consigo a missão de desconstruir o retrato sem retoques de um país cordial, de face única, ao contrário do estabelecido pelo projeto da chamada democracia racial brasileira.

O livro leva em conta também mulheres como a líder Aqualtune, do Quilombo dos Palmares, Luiza Mahin, da Revolta dos Malês, Maria Firmina dos Reis (a primeira romancista, com a publicação de *Úrsula*), Paula Baiana, a fuzileira honorária à caráter, Joana Batista da Rocha, coautora do *Frevo das Vassourinhas*, o clássico da nossa música popular mais tocado de todos os tempos, Chiquinha Gonzaga, Chica da Silva, a negra aristocrática, vivida magistralmente por Zezé Motta no cinema, Antonieta de Barros, no Parlamento catarinense, e, no atletismo, Melania Luz. Tantas e tão anônimas. No rastro delas, porém, muitas existiram e existem, como Matilde Ribeiro, Benedita da Silva, Maria Carmen Barbosa, Ruth de Souza, Alaíde Costa, Carmen Costa, Mercedes Baptista etc. São atalhos que se transformaram em caminhos poderosos desde o forçado marco migratório. Por intermédio desses relatos biográficos (e das imagens ricamente reproduzidas), conhecemos experiências de vida de impressionantes mulheres que de tudo enfrentaram, na medida de suas forças e suas atitudes, como verdadeiras guerreiras, espécimes de protomártir do movimento feminista.

Em todas as áreas, como demonstram Schuma Schumaher e Érico Vital Brazil, a presença das mulheres negras é marcante, do campo social ao político, da medicina à cultura, dos esportes à religião, da música à culinária. Resulta daí um dos maiores méritos desse trabalho, e, sem dúvida, dos seus autores, que é a desconstrução da invisibilidade de importantes mulheres que viveram e vivem, injustificadamente, eclipsadas sob suas próprias sombras.

Facetas do caramujo abolicionista[38]

Lá se vão quase 100 anos da morte de Machado de Assis. Em 2008, o Brasil deve glorificar o filho de pai mulato e mãe branca, nascido no morro do Livramento, de família pobre, que se tornou o primeiro presidente da Academia Brasileira de Letras, com sua fundação em 1896. Algumas controvertidas análises de sua obra procuram justificar a ascensão do garoto humilde, seu rápido sucesso literário e sua subida sem volta na escala social.

Pouco se justificou até hoje, todavia, sobre o seu relacionamento com os meios políticos e sociais, como a abolição da escravatura e o republicanismo, embora sua vasta obra traga vasta referência a respeito. Foi com base nestes escritos de ótica racial, no tocante à sua militância abolicionista, que se debruçou o pesquisador Eduardo de Assis Duarte para organizar a antologia *Machado de Assis afrodescendente: escritos de caramujo*, acrescida de nota introdutória e estudo crítico. O livro está dividido em quatro partes, representando os momentos mais distintos da carreira literária do autor de *Dom Casmurro*: poesias, crônicas da escravidão, crítica teatral e romances.

Na garimpagem minuciosa empreendida por Assis Duarte, um novo mundo machadiano veio à tona, em especial nas crônicas, que retratam, com maior fidelidade, o desenfreado alvoroço do cotidiano, o calor da hora, os momentos de embates e tensão das ruas, as ações dramáticas. Ao identificar Machado com o mundo do abolicionismo, Assis Duarte resgata

---

38. FACETAS do caramujo abolicionista. *Jornal do Brasil,* Rio de Janeiro, RJ, p. 3, 24 fev. 2007. Ideias & Livros.

involuntariamente para a literatura brasileira um dos ícones mais prestigiados e, por que não dizer, controvertidos de sua história.

Não é de hoje que Machado de Assis vem sendo acusado de alienado e refratário a esses mesmos movimentos. Não por menos, essa pecha autoritária, legado de um tempo lombrosiano, recaiu sobre o poeta negro Cruz e Sousa, que, posto no topo da torre-de-marfim, teve sua produção abolicionista legada ao total esquecimento, até que Andrade Muricy a resgatou do limbo, revitalizando socialmente o poeta.

É verdade que, de tempos em tempos, alguns estudiosos travestidos de sabichões da literatura dizem que Machado de Assis era um homem ou escritor indiferente à causa que apaixonava toda a humanidade do seu tempo: a abolição. O livro de Assis Duarte, pelo ineditismo da abordagem, prova exatamente o oposto disso, ao revelar um cidadão-autor plenamente consciente do seu papel na sociedade da época e partícipe do processo civilizatório. "Houve sol" – dizia ele em crônica daquele período, ao referir-se ao ato da princesa Isabel – "e grande sol, naquele domingo de 1888, em que o Senado votou a lei, que a regente sancionou, e todos saímos à rua. Sim, também eu saí à rua, eu o mais encolhido dos caramujos, também eu entrei no préstito, em carruagem aberto, se me fazem favor....". Machado se refere à procissão cívica, para a qual compusera o poema "13 de Maio", impressão em papel-cartão e distribuído à população por ocasião dessa manifestação.

É do feitio de alguns intelectuais, estudiosos e biógrafos criarem determinados *enredos* para florear a vida de personalidades de nossa história. Machado de Assis, como nenhum outro, passou por tal crivo epistemológico; e *pari passu* com a sua consagração romanesca e ficcional, sofreu o denominado "estigma da cor". Por essa razão, e por um ilógico raciocínio, muito pouco tem-se estudo do papel do homem Machado de Assis, tampouco do universo do homem machadiano, sobretudo no período que vai dos 15 aos seus 30 anos de idade.

Os textos abolicionistas de Machado de Assis são um desafio e, ao mesmo tempo, uma glorificação ao autor, que passou boa parte de sua vida como branco (Joaquim Nabuco não admitia que Machado fosse considerado negro). Essa sugestiva imagem que nos oferece Assis Duarte só contribuiu para o engrandecimento da própria literatura e dos chamados autores considerados afrodescendentes ou – como também se diz – afro-brasileiros. Ao expor o lado militante e político relacionado à causa negra, temos diante de nós um produto de excelente atualidade para compensar uma nova linha de pesquisas que deve ocupar outros tantos pesquisadores, especialmente agora, quando se aproxima o centenário de sua morte.

A causa e o efeito de tudo isso, no entanto, são a proporcionalidade da leitura de um Machado de Assis diferente, não canônico, isto é, não o Machado de Assis do *Quincas Borba* ou das *Memórias Póstumas de Brás Cubas*, ou, ainda, o Machado de Assis poeta e contista. Ou todos eles juntos e separados. Na verdade, em cada uma dessas facetas, ironicamente, há um Machado negro e abolicionista; monarquista e republicano. Esse Machado de Assis, no entanto, era a coerência que faltava estudar e explorar de toda a sua vida e obra.

Paradoxos raciais[39]

Por mais paradoxal que seja, a questão das cotas para negros e índios nas universidades públicas poderia se resumir em números e estatísticas, pois até o momento não há outro quadro que sintetize com maior precisão a diferença de valores dentro das instituições de ensino superior do que constatar que é gritante a existência do desnivelamento de acesso entre brancos e negros, sem mencionar aqui os índios, dentro desse contexto.

Assim tem se revelado, no Brasil, a política de adoção das cotas nas universidades públicas. O paradoxo consiste na natureza da discussão que vem sendo travada nos últimos anos e nos gráficos das estatísticas: ambos os grupos revelam verdades insofismáveis de uma realidade que há séculos, passando pelo contexto da campanha abolicionista, confrontam negros e brancos, à margem de qualquer dialética, numa choldra de ataques e ofensas que tem marcado uma divisão historicamente sem final feliz, uma vez que a Pátria se ressente de uma maior integração populacional, focada na comunhão de ideias e num projeto de nação que direcione o país para o caminho do progresso duradouro, induzindo os espíritos, não para a questão da igualdade das raças, que é outra discussão infinita, mas para a consciência da igualdade de acesso ao maior dos bens públicos: a riqueza nacional.

Sob esse prisma, ou seja, o da questão da igualdade racial e da democratização da riqueza nacional, que passa necessariamente pela universidade pública brasileira, é que se assenta a tese do livro *Inclusão étnica e racial no*

---

39. PARADOXOS raciais. Tempo de Cultura, *Jornal Terceiro Tempo*, Rio de Janeiro, RJ, p. 7, 16-30 nov. 2006.

Brasil: a questão das cotas no ensino superior, do antropólogo José Jorge de Carvalho, professor da Universidade de Brasília e pesquisador do CNPq.

O que chama a atenção nessa obra é que, escrita para o contexto da política de cotas raciais da UnB, acaba prestando-se como um farol de discussão para o restante do país, que vive o calor da digladiação sistemática dos que são contra e dos que são a favor das cotas. Ou seja: de um lado, uma elite hegemônica branca, que se coloca na condição de usurpada do seu direito constituído (constituído por ela mesma, diga-se de passagem) e, de outro, negros e índios, sem aceso culturalmente ao ensino e ao poder, que se dizem vítimas de um sistema corrupto e corruptor, que os alijaram do processo histórico, exatamente quando o país mais precisa laçar mão deles, não como apenas mão de obra escravizada e de baixo nível, mas como trabalhadores qualificados, formuladores de ideias e formadores de opinião.

Desde que teve início a polêmica pública sobre as cotas, o que se tem visto, no âmbito da instituição acadêmica e da sociedade civil organizada, é uma discussão sem medida, na qual os dois lados apresentam argumentações incontestes, arguindo para si direitos e deveres, preceitos arraigados que tem em vista a queda da qualidade do ensino, o mérito, o vestibular, no cerne principal do problema, melhor dizendo, da linha divisória entre os dois pontos.

José Jorge de Carvalho, como quem tem uma visão privilegiada da questão (ele é o pioneiro desse debate no seio da UnB, de onde se disseminou para todo o país), relata minuciosamente a evolução dos temas, demonstrando através da precisão dos números que, apesar de tudo, há um ponto de confluência que equilibra esse debate, numa proposição de causas e efeitos. O livro nos mostra, com nitidez, a complexidade dessa equação, gerado, sobretudo, pela mitologia de falsos direitos (contextualizados, em parte, nas teses freyreanas de *Casa Grande & Senzala*), e, de outra parte, pela adoção de uma política que, à semelhança de um apartheid à brasileira, se não favoreceu negros e índios, ao menos nada fez para corrigir a glamorosa geografia da exclusão. Daí os chamados números da desigualdade (pelos quais se batem os negros e se armam os brancos): segundo dados concessórios, revelados no livro, as universidades têm menos de 1% de professores negros, reflexo da pouca densidade do ingresso de alunos da mesma etnia. O mesmo ocorre em outras esferas: no Poder Judiciário, dos 77 ministros dos quatro tribunais superiores, apenas dois são negros; no Supremo Tribunal de Justiça, todos os 333 ministros são brancos; no Ministério Público do Trabalho, dos 465 procuradores, há apenas 2 negros; no Itamaraty, de dois mil diplomatas, 99% são brancos; o mesmo ocorrendo no poderoso Conselho Nacional de Educação, no Senado Federal, na Câmara dos Deputados e entre os procuradores da República.

  O livro de José Jorge de Carvalho é uma importante oportunidade para um raro aprofundamento sobre essa temática. Como todos se sentem vitimados, o livro é um manancial precioso de informações, espécie de autoajuda, tanto para brancos, quanto para negros. A obra também aprecia a adoção das cotas em outros países. É oportuno constatar que veio do intelectual indiano Bhimrao Ramji Ambedkar, líder dos *dalits*, ou intocáveis da Índia, e não dos Estados Unidos, o sistema de cotas tal e qual o conhecemos hoje.

  Ao tratar de assunto tão rico e polêmico, com seriedade e isenção, José Jorge qualifica-se no meio acadêmico e qualifica ainda mais o debate, trazendo para a arena pública, a partir deste livro, não o medíocre terçar de armas, bem comum entre o bate-papo e a baixaria, mas argumentos compreensíveis, aceitáveis do ponto de vista da razão, embasados que estão em pesquisas sérias e fundamentais. Sob esta ótica, independentemente de qualquer posicionamento (ou questionamentos?) contra ou a favor, este trabalho apresenta-se como um excelente panorama de uma época, que se propõe a trazer luzes novas para o debate, levando todos nós a compreender melhor o problema da exclusão étnica e racial no cenário político brasileiro, e, fundamentalmente, no coração e no espírito das pessoas de bem da nação brasileira.

Por uma nova consciência da cor[40]

A queima dos arquivos sobre a escravidão, em 1891, para conter o ímpeto indenizatório, pelo então ministro da Fazenda Alencar[41] Araripe, provocou não só sérios equívocos na história republicana, mas submeteu a erro, durante longo período, boa parte da intelligentsia que se ativera em estudar o período chamado de pós-abolição.

Parte desse erro consistiu em asseverar sobre a impossibilidade de se escrever a história do negro no Brasil pela falta de papéis relativos ao tráfico de escravizados, processos judiciais e, entre outras coisas aberrantes, registros sobre a origem, religiosidade, morte ou batizados de ex-escravizados. Os arquivos públicos, e alguns privados em particular, como se supõe, têm desmentido categoricamente esses pressupostos.

A cada ano, no entanto, tais falácias continuam caindo por terra. O que se tem observado é que o aumento da produção de livros sobre o período varia pela gama de temas e de autores.

José Jorge Siqueira assina *Entre Orfeu e Xangô*, uma atenta análise a respeito da emergência de uma nova consciência sobre a questão do negro no Brasil, abrangendo o período que vai de 1944 a 1968, época turbulenta,

---

40. POR uma nova consciência da cor. *Jornal do Brasil*, Rio de Janeiro, RJ, p. 4, 18 nov. 2006. Ideias & Livros.

41. Rui Barbosa foi ministro da Fazenda ao longo do governo provisório de Deodoro da Fonseca, isto é, de 1889 a 1891. A ordem para a destruição de documentos da escravidão foi dada por ele em despacho de 14 de dezembro de 1890, e cumprido por circular, exatamente, no dia 13 de maio de 1891. À época da circular Rui já não era mais ministro da Fazenda. O executor da ordem fora seu sucessor, Tristão de Alencar Araripe.

em todos os sentidos e contextos, mas de todo modo importante, para não dizer estratégica, durante a qual aflorara, sobretudo em São Paulo, a imprensa negra com os jornais *Clarim da Alvorada* e *A Voz da Raça*, e entidades como a Frente Negra Brasileira e, no Rio de Janeiro, o Teatro Experimental do Negro.

Siqueira faz um balanço algo conjuntural desses anos sombrios, revelando um retrato em preto e branco, no qual a questão racial era tratada como caso de polícia. Em seu livro, originário da tese de doutoramento, o autor analisa pensadores como Nina Rodrigues, Guerreiro Ramos, Florestan Fernandes, Roger Bastide e Fernando Henrique Cardoso, cujo ponto alto é o processo cultural com base na antítese raça e classe versus preto e branco.

O autor aborda ainda as manipulações do preconceito racial. Com isso, assinala que é dessas manifestações que surge, paradigmaticamente falando, um novo tipo de consciência sobre os impasses étnicos do país, ensejando críticas profundas à mitologia da democracia racial, como atesta, com bastante precisão, em nota de orelha, o professor Muniz Sodré.

Entre Orfeu e Xangô não é um livro focalizado na religião afro-brasileira, muito menos na política da cor. Trata-se, antes de tudo, de uma obra sobre o Brasil e os brasileiros. Caso semelhante ocorre com *Direitos e justiças no Brasil*, da coleção *Várias Histórias*, organizado por Silvia Hunold Lara e Joseli Maria Nunes Mendonça. O livro é uma divulgação importante de recentes pesquisas sobre a diversidade brasileira. Em vários artigos, a coletânea reúne notórios pesquisadores sobre a questão racial, destacando-se Alexander Nascimento, Elciene Azevedo, Eduardo Pena e Beatriz Kushnir.

Ao abordar a lei como fenômeno social, os autores (são 14 no total, incluindo o norte-americano John D. French, que escreveu sobre questão social como caso de polícia entre 1920 e 1964) expõem um retrato do Brasil sem retoques. Textos como "O castigo corporal na Marinha de Guerra" ou "Reescravização, direitos e justiças no Brasil do século 19" são primorosos na assertiva quando mostram os descaminhos que o país percorreu nos últimos 200 anos.

As organizadoras trazem à luz do dia uma contribuição crucial para a reflexão em grande escala em torno das inovações presentes em vários desses estudos sobre a determinação de dar voz a indivíduos e grupos que não seriam compreendidos de outra maneira. Em uma parte dos capítulos, Elciene Azevedo escreve sobre a vida do poeta e advogado Luiz Gama. Nascido na Bahia, esse abolicionista chegou a ser vendido pelo próprio pai, um fidalgo. "Foi escravo durante boa parte de sua vida e conseguiu sua carta de liberdade acionando os dispositivos legais disponíveis, a exemplo do que muitos outros escravos fizeram ao longo de todo o século 19", escreve a autora.

Esse cantochão nos remete a outro trabalho de fôlego e persistência. *Crime de escravidão*, de Wilson Prudente, procurador federal do Trabalho e membro da Coordenação Nacional pela Erradicação do Trabalho Escravo, perfaz o caminho da Emenda Constitucional 45, aprovada em 2004, e se atém no tocante aos tratados internacionais de Direitos Humanos. Prudente, com larga passagem pelo Movimento Negro do Rio de Janeiro, trouxe uma contribuição nova a respeito da temática, principalmente sobre as lamentáveis incidências do trabalho escravo na sociedade atual e do enfrentamento sucessivo dessas questões no país.

O livro procura demonstrar que, à vista das leis específicas, o crime de escravidão ocorrido no regime de trabalho é, de fato, um crime contra os Direitos Humanos, e que, como tais, devem ser protegidos.

Inclusão étnica e racial no Brasil: a questão das cotas no ensino superior, do antropólogo da UnB José Jorge de Carvalho, é profundamente esclarecedor. Fala das cotas através de números e estatísticas, constatando o gritante desnivelamento de aceso entre brancos e negros, nas instituições de nível superior. O autor relaciona nomes de notáveis pensadores negros que, apesar de todos os esforços, não conseguiram chegar à cátedra, a exemplo de Guerreiro Ramos, Édson Carneiro, Clóvis Moura, exceção seja feita ao geógrafo Milton Santos.

A arte como elemento de transformação[42]

Quando Abdias Nascimento nasceu, a abolição da escravatura no Brasil não tinha ainda três décadas completadas. No entanto, nada poderia nos fazer supor que, 92 anos depois do seu nascimento, esse velho militante estaria sendo homenageado pelo seu passado de luta no longo depoimento anotado pacientemente pelo poeta Éle Semog.

O melhor dos caldos de suas histórias está narrado agora em *Abdias Nascimento: o griot e as muralhas*, trabalho iniciado ainda quando o dramaturgo, artista plástico, escritor, professor e ator exercia mais um mandato parlamentar, na qualidade de senador da República.

As muitas facetas desse longevo brigão pelas causas da negritude têm início na década de 30, perto dos seus 20 anos de idade. Desde então, não parou mais. Toda sua trajetória é calcada na luta contra o racismo e o preconceito. São de sua autoria projetos e manifestações em favor da mudança da legislação visando combater e criminalizar os atos raciais entre nós.

De soldado da revolução de 1930 a fundador do Teatro Experimental do Negro, Abdias Nascimento fez de tudo um pouco. Em *O griot e as muralhas*, Éle Semog relata, em sete capítulos, detalhes dessa trajetória, pondo em revelo as muitas existências vividas por esse combate sem tréguas.

O livro traz ainda passagens importantes de sua vida artística, sobretudo, no campo teatral. Nos anos de 1940/50, Abdias Nascimento era tido

---

42. A ARTE como elemento de transformação. *Jornal do Brasil*, Rio de Janeiro, RJ, p. 5, 18 nov. 2006. Ideias & Livros.

como um dos mais importantes dramaturgos, destacando-se na boca de cena ao lado de Cacilda Becker, com quem contracenou em *Otelo*, de Shakespeare.

O que era inovador em Abdias Nascimento era o gesto precursor ao transferir para a arte o principal papel de transformação da realidade social, na qual se inseriam negros, analfabetos, empregados assalariados, empregadas domésticas e nordestinos.

Ao referir-se a Abdias Nascimento nesse período, a quem chamava de "negro autêntico", Nelson Rodrigues dizia, do alto de sua verve característica, contra todas as unanimidades, que nos Estados Unidos "o negro é caçado a pauladas e incendiado com gasolina", mas que no Brasil "é pior: ele é humilhado até as últimas consequências".

A revolta do anjo pornográfico, como ficou conhecido, tinha sentido. Sua peça *Anjo negro*, escrita especialmente para Abdias, fora impedida de ser encenada no Municipal, por expor cenas sensuais entre um ator negro e uma mulher loura, branca. Por fim, a peça acabou sendo representada por um ator branco, com graxa no rosto. Para Éle Semog, foram estas bandeiras corajosas que deram a Abdias Nascimento a notoriedade e o respeito, independentemente da cor de sua pele.

A inesquecível *belle époque* carioca[43]

Maior cultor da língua portuguesa do seu tempo, Olavo Bilac passou à história brasileira como um dos mais expressivos poetas parnasianos, espiritualidade compartilhada numa tríade poética composta por outros dois nomes de igual peso, reconhecidamente geniais, mas, hoje, completamente esquecidos no cenário atual das letras nativas: Alberto de Oliveira e Raimundo Correia.

Ao contrário dos dois, Olavo Bilac tornara-se, por instinto de sobrevivência, assíduo frequentador de redações, seja de jornais ou revistas. A começar pelo primeiro emprego, oferecido por José do Patrocínio, de conferente do jornal *Gazeta da Tarde*, do qual o tribuno negro era proprietário. Para quem vivia na fase das vacas magras, em 1884, aos 19 anos, mesmo este trabalho simples e banal já era uma oferta e tanto. A essa tarefa, ele se dedicara com afinco, passando logo de uma condição simplória para a de um dos principais colaboradores da folha abolicionista carioca. Nasce daí, talvez mesmo com alguma antecedência, o prosador diário, redator primoroso, que trata com apuro inexcedível tudo o que pretende e pensa escrever e publicar.

Essa faceta pouco conhecida de Olavo Bilac vem agora a público, e em boa hora, através da iniciativa do professor Antônio Dimas, organizador da coletânea *Bilac, o jornalista*.

O trabalho é meticuloso e de grande fôlego. Faz jus ao nome do autor de *Sarças de fogo*, sobretudo na etapa gloriosa de sua vida, que é a *belle époque*, na qual Olavo Bilac se situa como autor festejado.

---

43. A INESQUECÍVEL "belle époque" carioca. Jornal do Brasil. Rio de Janeiro, RJ, p. 4, 21 out. 2006. Ideias & Livros.

Além de organizador dos dois volumes de crônicas, Antônio Dimas nos oferece um livro de ensaios, que é, sem dúvida, o melhor dos roteiros para conhecermos um pouco mais da envergadura desse exaustivo trabalho. Nos ensaios, Dimas traça o perfil de um Olavo Bilac de tempos diferentes, situando-o de modo a fazer-nos compreender melhor a razão pela qual sua produção prosaísta se tornaria um produto de pouco interesse para o público atual.

Além de se referir às publicações do período, como a importante *Gazeta de Notícias*, Antônio Dimas nomeia os inúmeros companheiros de vida boemia, como Pardal Mallet, Luiz Murat, Paula Nei e os irmãos Aluísio e Arthur Azevedo. Repassa as situações políticas vividas por Olavo Bilac, como o exílio, o serviço militar obrigatório, a campanha da vacina, a inauguração do Theatro Municipal, o convívio com Machado de Assis e Eça de Queiroz.

Pouco há de diferente entre o Bilac poeta e o Bilac jornalista, a não ser o modo de encarar a oficialidade do cargo. Ambos estão convergidos para o mesmo propósito: a contemplação, a seriedade, o requinte da linguagem, a defesa do idioma e da pátria, e o alto profissionalismo, como forma de profetizar os desafios do dia a dia.

Somente a leitura atenta e obstinada das crônicas, para melhor nos situarmos no seu universo jornalístico.

O resultado dessa exaustiva empreitada revela uma grata surpresa: o quanto desconhecemos da produção literária do autor. Para quem se manteve nas páginas dos jornais e revistas por tão longas décadas, como Olavo Bilac, ora como cronista, poeta, contista ou romancista, o presente trabalho serve para sugerir uma revisita a toda sua obra, que merece uma reedição, acrescida dos muitos inéditos que se encontram esparsos nas páginas das publicações do tempo.

Os dois volumes não trazem todas as crônicas do período que vai de 1890 a 1910. Antônio Dimas selecionou 555 das 1654 crônicas que catalogou e leu. No livro de ensaios, menciona como se deu o seu áspero ofício. Cada passo do seu trabalho, os desencontros com periódicos fora de consultas, ou simplesmente danificados pelo pouco critério de conservação, estão descritos nos textos em que relata as dificuldades enfrentadas.

Olavo Bilac foi, além de tudo, um cronista social e corriqueiro. Tanto que boa parte do que ele produziu não tem valor jornalístico, ou seja, são produtos da chamada "cozinha do jornal".

O que diferencia estes textos dos milhares já produzidos por outros artistas é que foram escritos por Olavo Bilac. Dada essa singular diferença, resta-nos, seus leitores desde os bancos escolares, encararmos sem desânimo essa jornada bastante instigante.

O escritor Josué Montello[44]

Conheci Josué Montello. Conheci-o primeiramente pelos artigos publicados no *Jornal do Brasil*, no caderno de Opinião, em que escrevia com a desenvoltura que só as décadas de prática podem explicar. Linhas sutis douravam de ouro as páginas do jornal da Condessa Pereira Carneiro, que fora muito amiga do velho escriba.

Depois o conheci através dos livros, sobretudo *Os tambores de São Luís* e *O baile da despedida*, este sobre o último baile realizado na ilha Fiscal pelo imperador Pedro II.

Mais adiante o conheci na Academia Brasileira de Letras, para onde fui, pelas mãos de Austregésilo de Athayde, fazer algumas palestras sobre o negro no Brasil, nas quais me pronunciava a respeito de José do Patrocínio, Dom Silvério Gomes Pimenta e Cruz e Sousa. Nessa ocasião fiz o primeiro contato com Josué Montello.

Em uma dessas minhas palestras, após desancar os malefícios do período da escravidão brasileira e a perpetuação de outra escravidão na República, alguns acadêmicos se inquietaram e me procuraram, entre os quais, Josué Montello, que me contou o seguinte, apoiando-se no meu braço: "Na época que cumpria missão na Unesco (era embaixador), quando me reunia com meus pares de países africanos, eu mesmo dizia que a expressão, no Brasil, de "meu nego, minha nega" era uma expressão de carinho". E eu, com a

---

44. O ESCRITOR Josué Montello. *Jornal Terceiro Tempo*, Rio de Janeiro, RJ, p. 7, 1º a 15. jun. 2006. Letras Negras/Tempo de Cultura.

minha sensaboria desmedida, retruquei o velho imortal, impiedosamente: "Depende, Mestre Montello, de quem tiver por cima!".

De outra feita nos falamos na própria ABL, após um ato que só ele, o presidente Athayde, tinha o direito de fazer. O velho acadêmico cismara que eu, com parcos livros publicados, pudesse ser eleito para a Casa de Machado de Assis, alegando a Montello que a academia precisava renovar-se e que em seus quadros necessitava de um novo José do Patrocínio, o tigre da abolição.

O velho presidente, de quem fui uma espécie de secretário na própria ABL (aí sob a vigilância e ordens da carinhosa Dona Maria Carmen, sua verdadeira secretária), campava votos para mim, dirigindo-se a Montello, Lira Tavares, Ledo Ivo, Arnaldo Niskier e mais uns dois ou três acadêmicos. O velho Athayde (que prefaciou um dos meus livros, *Reencontro com Cruz e Sousa*, e escreveu rasgadas crônicas sobre o mesmo no *Jornal do Commercio*, e me ajudou, com isso, a conquistar o Prêmio Sílvio Romero (1991) de melhor livro de crítica e história literária) tinha argumento imbatível, em conversa afiadíssima, conversa essa que, na década de 1920 (talvez 1921), serenava, em alguma mesa de café do centro da cidade, os ânimos do seu amigo Lima Barreto (1881-1922), o mestre inconfundível de *Clara dos Anjos* e *Triste Fim de Policarpo Quaresma*.

Depois passei a me comunicar com o romancista maranhense por telefone, quando precisava de algum conselho literário ou falar sobre qualquer assunto pertinente às letras.

Nossos últimos contatos ocorreram através de correspondência. Com a publicação do seu livro *Os inimigos de Machado de Assis* (1998), questionei-o sobre uma passagem do livro (p. 112-113) em que ele atribui um triolet (verso satírico, ridicularizando Machado) a Cruz e Sousa.

Levei-lhe o meu parecer, provando que a tal versalhada, publicada nos idos de 1890/1891, era de outro catarinense, também poeta e jornalista: Oscar Rosas (1864-1925), muito ligado ao poeta de *Broquéis* à época desse ridículo.

O grande romancista de *Noite em Alcântara* aceitou os meus argumentos e prometeu, por carta, corrigir o fato numa nova edição do livro.

Agradeci-lhe cordialmente e, depois disso, por duas ou três vezes mais, uma das quais ele já se encontrava doente, falei com ele, por telefone.

Jamais teremos um escritor como ele, profícuo, compenetrado, profissional ao extremo, cuja capacidade produtiva continuará, durante muito tempo, imbatível no nosso meio literário. Lê-lo era sempre prazeroso, pois seus textos tinham sempre uma informação a mais, um causo curioso vivido e presenciado pelo escritor de muitas andanças. A impressão que nos ficava, nos artigos de jornais, que foram se escasseando, e nos livros, cada vez mais raros, era a visão de um homem que viveu uma vida muito intensa, recheada de peripécias e rica pela sua natureza de aventura e satisfação.

Agora, a terra que ele pisou com tanta firmeza e decisão, o traga, como se o quisesse absorver, para tomar dele a sabedoria que o tornou um dos grandes escritores de nossa língua pátria brasileira.

O intelectual do samba[45]

Faz tempo que tenciono escrever sobre Nei Lopes. Por dois motivos cruciais: primeiro pela honra; segundo por uma dívida de gratidão. Nei Lopes me honrara com um elegante verbete (p. 271) no seu importante *Enciclopédia Brasileira da Diáspora Africana*, publicado em 2004 (Selo Negro edições, 715 páginas), contendo, ainda, algumas citações posteriores sobre publicações minhas (p. 709; 710).

Obra de grande fôlego, pioneira pela sua dimensão documental, constitui-se em leitura obrigatória para todos aqueles que buscam conhecer um pouco mais da constituição africana no mundo, em especial no Brasil. Sem qualquer sombra de dúvida, dos intelectuais contemporâneos, Nei Lopes é, certamente, o mais consistente de todos. Digo o mais consistente por uma premissa produtiva, permanente, ininterrupta, que o tem elevado à categoria de um percuciente historiógrafo da história da música negra brasileira, seus ritmos e seu legado, com fulcros na ancestralidade, e, nessa mesma proporção, da história da cultura afro-brasileira em geral.

É nessa proporção que Nei Lopes vem há algumas décadas trazendo, para o cenário cultural de nosso país, uma constituição literária das mais profícuas em termos de análise fenomenal do conjunto dos fatos e lendas que envolvem a história do negro, desde os primórdios do descobrimento do Brasil até a presente data.

---

45. O INTELECTUAL do samba. *Jornal Terceiro Tempo*, Rio de Janeiro, RJ, p. 8, 1º a 15 mar. 2006. Letras Negras/Tempo de Cultura.

Curtido no mundo do samba, desde muito cedo, gênero certamente que o tornou conhecido do grande público, para o qual é considerado um artista dotado, em composições já hoje antológicas que se transformaram na pérola da música popular brasileira, na voz sincopada de célebres personalidades do poeta de Beth Carvalho, Zeca Pagodinho, Jovelina Pérola Negra, Dudu Nobre, Dona Ivone Lara, Almir Guineto, entre outros, Nei Lopes é uma referência nacional, na música, na poesia e na literatura de resgate histórico, que incursiona, com habilidade, pela diáspora africana, trazendo à torna a origem do nosso passado. Homem do subúrbio carioca, oriundo do bairro de Irajá, terra de tantos bambas, Nei Lopes celebra no seu ritmo musical, nos seus textos ensaísticos, a força da afrodescendência, que agoniza, mas não morre. E não morre por razões muito especiais. Uma delas, sem dúvida, deve-se ao permanente e importante trabalho desenvolvido por Nei Lopes durante todos esses anos.

Como já disse alhures (JB, 25/12/05), Nei Lopes é "o homem-enciclopédia da cultura popular e da antropologia afro-brasileira". O falecido crítico musical Roberto M. Moura dizia que tudo o que o Nei fala "tem força de lei". E eu diria: tem a força de uma personalidade forte, corpulenta, interessada na história de vida do seu país, agindo de forma honesta consigo mesmo, bem como feito um intimorato trabalhador até o último fio de cabelo. Com consciência produtiva - que imprime em suas pesquisas análises e abordagens de alto valor conteudístico -, calcada em uma sabedoria erudita, este homem-cantor, este homem-literato e pesquisador, este homem Nei Lopes merece todo o nosso respeito. Tenho dito. Saravá.

Crime e castigo[46]

O desaparecimento misterioso de três rapazes negros perto do morro do Borel parece, à primeira vista, sobretudo nos dias atuais, de grande onda de violência, fato corriqueiro. Mas no novo romance de Fernando Molica, *Bandeira negra, amor*, o segundo do premiado escritor, é, acima de tudo, o pano de fundo para revelar, e até mesmo efervescer, a propósito, uma intricada e envolvente história de amor, ou de louca paixão, que transcende a investigação do dito crime cujos principais suspeitos são, a rigor, sempre os mesmos policiais militares de toda história real que vivenciamos ou ouvimos falar.

A narrativa de Molica é dessas que se lê de um fôlego só, sem quaisquer dificuldades, pode-se dizer sem respirar, tal o seu texto direto e igualmente a leveza da sua linguagem, mesclada no apuro de técnicas profissionais que tanto marcaram, durante muitos anos, a sua vida de repórter. No campo ficcional, o livro traz consigo o carrilhão pesado da voz de um narrador intempestivo, amargurado com a vida e – por que não dizer? – indignado com a pressão social e postura moral de uma sociedade cuja hegemonia hipócrita está eivada dos preconceitos mais hediondos, sem contar os ridículos costumes e os falsos moralismos.

Homem negro, criado solenemente sob os cuidados de uma mãe superprotetora, além de preocupada com o seu futuro, que ela pretende que seja promissor, em todos os aspectos – a ponto de lhe impor o uso de touca de meia para alisar os cabelos crespos –, Frederico ou simplesmente Fred

---

46. CRIME e castigo. *Jornal do Brasil*, Rio de Janeiro, RJ, p. 4, 4 mar. 2006. Ideias & Livros.

cresce sob o estigma da cor, cheio de sortilégio, relacionando-o como um elemento imperativo à sua ascensão social. Molica chega a lembrar, de uma maneira particularmente caricatural, mas bem apropriada, o famoso jogador Arthur Friedenreich (1892-1969), destacando, todavia, toda passagem relacionada à sua vida na ficção. O craque paulista era filho de alemão com uma negra, logo um autêntico mulato, o que, na verdade, não o impediu de se tornar um dos maiores jogadores da história do futebol brasileiro nem o de ter granjeado posição e grande prestígio social.

Os personagens que enredam essa história, o já citado Fred, um excelente advogado negro, e a bela e branca Beatriz, uma bem-sucedida major da PM, ocupando a função estratégica de relações públicas da corporação, pelos contrapontos e contradições, pelas nuances e entrechos mais do que evidentes que nos fazem duvidar do sucesso de sua relação, dadas as circunstâncias impostas, que funcionam como um divisor de águas que os separa, mas se assemelha à trágica história contada nos trópicos de um Romeu e Julieta tupiniquim, história de crime e castigo, cuja sorte de suas vidas está quase sempre presa por um tênue fio de lâmina de uma navalha, vivendo a alta sensação do perigo, feito equilíbrio em corda bamba.

Uma vez que a história se desenrola em grande parte nos subúrbios, lugar próximo ao autor, e desemboca em um intrigado crime, em que a figura do policial bandido e corrupto perpassa página a página e é, ao mesmo tempo, a ponta de lança de todo o enredo, Molica nos leva num passeio pelas ruas de bairros cariocas, num turismo acidental que acaba tornando mais prazerosa a leitura, marcada por um coloquialismo de linguagem que aproxima sua ficção de uma reportagem policial, com ênfase nos fatos presentes no nosso dia a dia.

Romance escrito por um homem branco, mas calcado, no entanto, em assunto delicado como a questão do preconceito racial, *Bandeira negra, amor*, e do ponto de vista de um autor que jamais viveu a experiência cortada na própria carne, uma incursão interessante, de grande sensibilidade, vista de fora ou da confortável posição de leitor. Sem dúvida, ao demonstrar que tal temática, sobretudo no âmbito ficcional, também merece ser tratada com respeito e seriedade, Fernando Molica dá um salto de qualidade ao conjunto de sua obra, como romancista e escritor, o que o torna um autor merecedor dos elogios que o vêm perseguindo e torna cada vez mais necessária a leitura dos seus livros.

Folia de amor e imaginação[47]

Um folião paulista no ritmo alucinante do carnaval carioca. Em linhas gerais, este é tema de *Carnaval*, o novo livro do jornalista João Gabriel de Lima, lançado oportunamente pela editora Objetiva, em pleno reinado de Momo.

À primeira vista, a obra, encorpada em apenas 132 páginas, pode assemelhar-se àqueles ensaios enfadonhos sobre rebuscadas teses acadêmicas que tratam do carnaval do Rio de Janeiro ou de São Paulo. Engano. O livro de João Gabriel de Lima, na verdade, é um romance – aliás, um belo romance – ambientado em altas doses de imaginação (ou alucinação?) e amor (ou demasiada paixão?).

O autor constrói uma trama em que o personagem principal, dono de uma locadora de DVD, é um apaixonado pela arte cinematográfica, à *la* Martin Scorsese. Sua grande neurose é imaginar a vida real das pessoas nas cenas dos muitos filmes aos quais não cansa de assistir dezenas e dezenas de vezes.

Casado com uma bem-sucedida executiva de multinacional, Pedro decide passar o carnaval no Rio de Janeiro, a pretexto de visitar a irmã, que já não vê há muitos anos, mas propositalmente vem encontrar a amante, uma *chef* famosa, Lenita Duarte, com quem pretende desfilar, pela primeira vez, numa escola de samba, e com ela viver uma inesquecível noite de amor.

Na cidade maravilhosa, Pedro é apresentado a um casal de amigos da irmã que o ciceroneia pelos principais bairros, ruas e avenidas. Ele, Juca, um músico com raízes nos meios acadêmicos, mas com fortes tradições musicais; ela, Paula, de uma abastada família de donos de gravadora, que no

---

47. FOLIA de amor e imaginação. *Jornal do Brasil*, Rio de Janeiro, RJ, p. 6, 25 fev. 2006. Ideias & Livros.

passado viveu momentos de colunas sociais e de festanças em apartamentos de luxo. No dia ensolarado, envolveu-se nos blocos carnavalescos da Zona Sul, contagiando-se e, ao mesmo tempo, sendo contagiado com a sanha dos foliões mascarados, bêbedos, afeminados, punguistas, vendedores de cervejas, e com a desarmonia dos sons dos surdos e repiniques de barulhos ensurdecedores.

Na Lapa entra em contato com um mundo completamente novo, o mundo do chamado samba de raiz, que pipoca pelas casas noturnas, revelando-lhe um ambiente que o extasia e o alucina cada vez mais.

O que tem de positivo em toda essa história? São, acertadamente, as referências que o autor faz a sambas de enredo antológicos, que revivem os áureos tempos em que o carnaval era pensado e feito exclusivamente para o povo sambar e se divertir.

Esse, sem dúvida, é um dos grandes momentos do romance de João Gabriel de Lima, o segundo do autor, que já publicou *O burlador de Sevilha*, o qual concorreu ao Prêmio José Saramago, em 2002.

Além dessa grande sacada, a finalização da obra também é, do ponto de vista ficcional, bastante surpreendente, porque o narrador, com muita maestria e precisão milimétrica, leva o leitor a um labirinto sem volta, tal a surpresa que o desfecho apresenta exatamente nas últimas linhas do livro.

Esta questão da imaginação, presa a uma narrativa eletrizante que faz lembrar passagens do estilo de Jorge Luis Borges, é um marco diferenciador que poderia direcionar, sem dúvida, outros trabalhos do escritor.

Alguns capítulos, no entanto, são amarrados por trechos de velhos sambas, numa marcação poética que ajuda a digerir ainda mais a história. Lá e cá o narrador faz menção a ícones da nossa música popular brasileira, como ao célebre Cartola e ao inigualável Carlos Cachaça, além de "criar" talentos, como o de Zezinho da Mangueira, cuja habilidade, no mundo da música, é de dar canja para os amigos.

A certa altura, João Gabriel de Lima chega a citar os versos hediondos do poeta paraibano Augusto dos Anjos (1884-1914), embora sem o mencionar. Nada comprometedor. Pelo contrário, tudo muito bem urdido e arquitetado, feito a tradicional ala das baianas. Ele também não se esquece de se referir a famosas escolas de samba, como Salgueiro, Mangueira, Império Serrano, e o centenário e esquecido Clube Democráticos, sem falar no Sambódromo.

Em suma, *Carnaval*, nesse clímax de efervescência momesca, de suor e de cerveja, que vivemos agora, é uma ótima pedida para aqueles foliões que gostam, na verdade, de passar longe do tumulto e da agitação dos blocos e dos cordões da Bola Preta que rasgam as avenidas carregados pela alegria vertiginosa das gentes das ruas.

Em poucas palavras, vale a pena se aventurar no ritmo cadenciado dessas páginas, nem que seja sob o fajuto pretexto de deixar a banda passar.

João do Rio[48]

Poucos foram daqueles homens que imprimiram ritmo tão intenso na sua vida pública, social e profissional do seu tempo como Paulo Barreto, celebremente conhecido como João do Rio. Jornalista, cronista, contista e romancista da vida carioca, João do Rio, entre o final do século 19 e início do 20, se tornou uma poderosa referência jornalística, alcançando, em pouco tempo de carreira, popularidade invejada, mas ao mesmo tempo odiada, amada e sofrida, repudiada e contestada nas ruas, nos teatros, nos meios políticos e acadêmicos. Rapazote ainda, pouco afeito à arte da escrita, foi pelas páginas do jornal *Cidade do Rio*, de José do Patrocínio, seu tio, pelos idos de 1899, que ele deu os seus primeiros passos rumo à profissão que o consagraria para o resto da vida. Como o parente famoso, velho tribuno abolicionista, e o oficializador civil da proclamação da República entre nós, João do Rio era negro, descendia de família humilde, e como o exemplo do parentesco, venceu na vida pelo talento, inteligência, e muita luta e perseverança.

Com a tenacidade de um lutador teimoso e intimorato, venceu todos os obstáculos imponderáveis de sua vida, dos quais os mais ordinários preconceitos raciais, que incluíram não só o fato da sua afrodescendência e origem pobre, mas também o de ser homossexual, tido e havido por todos os seus detratores, especialmente, que denunciavam as andanças do "Joãozinho do Rocio", no antro da prostituição, como é até hoje conhecida a atual praça Tiradentes. João do Rio sofreu toda sorte de perfídias pela sua

---

48. JOÃO do Rio. *Jornal Terceiro Tempo*, Rio de Janeiro, RJ, p. 7, 1º-15 jan. 2006. Letras Negras/Tempo de Cultura.

presumida pederastia, tratada à época, como agora, como uma aberração. Seu possível *affair* com ninguém menos que Isadora Duncan, quando de sua passagem pelo Rio de Janeiro, em 1916, em nada arrefeceu os ânimos dos seus inimigos invejosos do seu talento, que temiam, como Humberto de Campos, a pena ferina e hábil, que sabia onde mirar para atingir de morte o alto da contenda. Longe das baixarias, das agressões públicas, do destempero, João do Rio era o distinto jornalista e escritor da *belle époque* carioca, homem do seu tempo (aliás, além do seu tempo), contista primoroso que deixou páginas memoráveis, romancista imaginoso e cronista percuciente, fuçador de novidades, descobridor de notícias.

João do Rio escreveu mais de 2.500 artigos, entre reportagens, crônicas, contos, peças de teatro, conferências e romances, e publicou cerca de 40 livros, aproximadamente 1/3 de tudo aquilo que escreveu, dos quais se destacam: *As religiões do Rio* e *A alma encantadora das ruas*, entre muitos outros.

Nascido a 5 de agosto de 1881, com o nome de João Paulo Aberto Coelho Barreto, na antiga Rua dos Hospícios (hoje Buenos Aires), no trecho perto do Campo de Santana. A mãe, Florência Barreto, era mulata, muito preocupada com o visual, além de brigona. O pai, Alfredo Coelho Barreto, branco, chegou a ensinar matemática na antiga Escola Normal, que então ocupava o prédio do atual Rivadávia Correia, e no internato do Colégio Pedro II, então Ginásio Nacional. João do Rio viveu exatos 40 anos, falecendo, tragicamente, no dia 23 de junho de 1921, dentro de um táxi, de síncope, em plena via pública, quando voltava para casa, em Ipanema, após mais um dia de trabalho, no jornal *A Pátria*, do qual era proprietário. Escreveu também para *O País, Gazeta de Notícias, O Dia, A Notícia, Rio-Jornal*, revista *Atlântica*, entre outros veículos. Um mal súbito o colheu desta existência, já precariamente vivida, pelos males da doença, devido à pressão alta e à obesidade. Seu enterro, no cemitério de São João Batista, foi uma verdadeira apoteose que mobilizou cerca de mil pessoas. Era a glorificação para um quase suburbano, que soube, como ninguém, interpretar o Brasil e o mundo.

O partido de Nei[49]

No romance *Clara dos Anjos*, de Lima Barreto, o carteiro Joaquim dos Anjos, um mulato, pai da personagem título da história, "não era homem de serestas e serenatas; mas gostava de violão e de modinhas". No seu mais recente estudo publicado pela Pallas, *Partilho-alto, samba de bamba*, Nei Lopes, o homem-enciclopédia da cultura brasileira e da antropologia afro-brasileira, autor, entre outros, de uma alentada obra, que é a *Enciclopédia brasileira da diáspora africana* (Selo Negro, 2004), nos brinda com uma importante historiografia do samba carioca, desde os seus primórdios, que advém da época do Brasil império, chegando, por assim dizer, à sua eclosão no século passado, iniciado, entre outros, por Ernesto Joaquim Maria dos Santos (1889-1974), o Donga, com "Pelo telefone", considerado, em 1917 (sobre todas as polêmicas suscitadas), a primeira composição registrada com a denominação "samba" da história musical brasileira.

Mas não para por aí essa história. Buscando antecedentes que justificam e referendam, de maneira categórica, um gênero de música tão festejado e tão popular como o futebol, Nei Lopes enveredou por uma estrada rítmica de intrigado percurso, para desvendar as raízes do verdadeiro samba de raiz, razão pela qual pesquisou livros e partituras, subiu morros e andou por portos, ouviu partideiros de diversos matizes, embicou seu nariz na história dos subúrbios, e nas chamadas zonas rurais, ao mesmo tempo em que foi buscar nas culturas africanas, em especial de origem banto, as referências do hoje cultuado samba ou partido-alto, que é cobiçado tanto pela indústria

---

49. O PARTIDO de Nei. *Jornal do Brasil*, Rio de Janeiro, RJ, p. 2, 24-25 dez. 2005. Ideias & Livros.

fonográfica, quanto pelos meios de comunicação de massa, como o rádio e a televisão.

O livro de Nei Lopes, ele mesmo compositor dos mais festejados, pai de sucesso do gênero, como "E eu não fui convidado" (gravado pelo grupo Fundo de Quintal), "Goiabada cascão" ou "Coisa da antiga", para citar apenas uma entre centenas de composições interpretadas por nomes como Zeca Pagodinho, Beth Carvalho, Jovelina Pérola Negra, Almir Guineto, Dona Ivone Lara e Dudu Nobre, é um documento emocional que congrega a síntese da história dos batuques e das cantorias sob o clima tropical brasileiro, emergente desde os tempos da senzala, na época da escravidão, com seus lundus, calangos, chulas, bem como as cantigas de violas, e evoluem, de um salto, para os luxos das escolas de samba, os conjuntos musicais, do tipo Originais do Samba, os grupos de pagodes, tomando dimensão contextualizada de forma veemente no livro.

Nas raízes da formação do partido-alto, o lundu forma um dos componentes mais antigos. Um compositor de lundus bem celebrado, o poeta carioca Domingos Caldas Barbosa chegou a ser aclamado nos salões das cortes portuguesas, escandalizando as plateias em torno dele com letras em que dizia: "Eu tenho uma Nhanhazinha/ Muito guapa, muito rica; / O ser formoso me agrada,/ O ser ingrata me pica". O autor Xisto Bahia foi outro que, já no século 19, também fez sucesso com lundus desse tipo: "A renda da tua saia/ Vale como cinco mil reis.../ Arrasta, mulata, a saia,/ Que eu te dou cinco... e são dez!".

Nei Lopes, ao tratar desse tema, com a percuciência que lhe é peculiar (tem, por ventura, esse advogado e publicitário cerca de uma dezena de obras editadas sobre questões afro-brasileiras), faz um contraponto do termo "parto-alto", à moda antiga, com o do "pagode", de agora.

O livro diz o porquê da diferença da festa (partido-alto) e do gênero (pagode) de cada um. O pagode, como temos hoje, segundo o autor, contudo, é um gênero já derivado, sem o fundamento dos matizes do autêntico partido-alto tal e qual o vê Nei Lopes, ou seja, enquanto promoção de festa, de cantoria, mesmo de pagode, mas no sentido de reunião de bambas – como o próprio título da obra se refere.

Nesse ponto, o autor acerta em cheio no alto de uma grandiloquência polêmica, pois, sobre o partido-alto, como diz o já saudoso maestro da crítica musical Roberto M. Moura, o que ele (Lopes) fala "tem força de lei". E disso não há o que duvidar. Historiador metódico, multifacetado e rigoroso, intelectual de reflexões originais (para usar as palavras do próprio Moura), partideiro consanguíneo com a raça, herdeiro do improviso no universo matriarcal das heranças negras, Nei Lopes sabe o chão que pisa ou no qual quer plantar a sua trincheira de luta. E sua destreza como um dos mestres do cancioneiro da música popular brasileira se referenda num trabalho bem verdadeiro, que traz consigo toda a carga de talento que o acompanha em mais de três décadas de animados batuques nos fundos de quintais dessa vida.

O livro se encerra, no entanto, no capítulo "Papo de versos", com um apanhado de poimentos dos mais significativos e antológicos. Personalidades do gabarito de uma Clementina de Jesus, Martinho da Vila, Marinho da Costa Jumbeba, neto da lendária Tia Ciata, Zito da Vila, Anescarzinho do Salgueiro, Geraldo Babão e Catoni falam de suas experiências no mundo do samba.

Os depoimentos dão o desfecho de uma obra comprometida com o que há de essencial para se entender porque o samba conquistou de forma espetacular as paradas de sucesso e se tornou produto de primeira ordem, especialmente agora ao se aproximar a antevéspera do carnaval, quando os ânimos se inquietam e as quadras das escolas começam a esquentar os seus tamboris.

O testemunho de um sistema perverso[50]

A nova edição do livro *Mães de Acari: uma história de protagonismo social*, de Carlos Nobre, só lembra vagamente a velha brochura lançada em 1994 (Remulê Dumará), na qual vinha o singular prefácio de Danielle Miterrand, então primeira-dama da França, de companhia com um depoimento da promotora de Justiça da 4ª Vara Criminal de Duque de Caxias, Tânia Maria Salles Moreira.

O livro atual, além de reforçar os propósitos na diretiva de "uma história de luta contra a impunidade", amplia em muito a nossa visão sobre a ação do crime organizado no país, especialmente em redor das grandes capitais, como São Paulo e Rio de Janeiro, e, neste caso específico, na Baixada Fluminense.

Carlos Nobre, ao falar da experiência de vida vivida por Marilene Lima e Souza, Vera Lúcia Leite Flores, Edmeia da Silva Eusébio, Teresa Souza Costa, Ana Maria da Silva, Joana Euzimar dos Santos, Laudicena Oliveira do Nascimento, Denise Vasconcelos, Edneia Santos Cruz, Maria das Graças do Nascimento e Márcia da Silva, retrata, simbolicamente, a dor de milhares de mães que, numa circunstância ou outra, também perderam seus filhos e entes queridos, seja para os grupos de extermínio, seja para o tráfico de drogas, ou, ainda, para a vingança comandada por maus policiais, parte do qual é tema desse livro.

Naquele primeiro livro, Carlos Nobre, um experiente jornalista investigativo, morto recentemente, que já conquistou dois Prêmios Esso, trouxe à

---

50. O TESTEMUNHO de um sistema perverso. *Jornal do Brasil*, Rio de Janeiro, RJ, p. 3, 26 nov. 2005. Ideias & Livros.

baila o emocionante depoimento de 11 mulheres, as "loucas de Acari", cujos filhos, entre 16 e 32 anos, foram sequestrados e mortos misteriosamente na localidade de Suruí, em Magé. O crime, ou crimes, conferido a policiais, até hoje não foi solucionado, e os corpos dos jovens e adultos chacinados continuam sendo procurados pelos seus familiares.

Na publicação de 1994, Carlos Nobre revelava a luta de 11 mulheres, todas da favela, em busca de justiça aos crimes praticados. Por essa luta, vista assim gloriosa, receberam o epíteto de "Mães de Acari", corporificando um movimento que representa, até hoje, a expressão mais forte em favor dos direitos humanos no Brasil.

O resultado do reflexo desse movimento de mulheres intimoratas, e que o autor denomina "protagonismo social", direciona e promove o desdobramento do novo livro. Com ele, Carlos Nobre nos dá exemplos de outras experiências de organizações feministas, formadas a partir das tragédias sociais e de vidas.

O caso mais notório surgiu durante a ditadura militar argentina, nos anos de 1970, com as "Locas de la Plaza de Mayo", ou o caso das irmãs conhecidas como "Las Margaritas", que abalou os alicerces políticos da República Dominicana, cuja insurreição provocou a morte do General Trujillo, mandatário da nação. Sem contar ainda as investidas de mulheres fortes, como Marli Pereira Soares, que após ir 40 vezes a uma delegacia de polícia, sob toda sorte de ameaças, por não se conformar com a impunidade, enfrentou um grupo de extermínio a fim de que a justiça fosse estabelecida, em uma região onde a lei tinha peculiaridades especiais para ser cumprida.

No mundo inteiro existe um forte movimento por desaparecidos, seja da Bósnia, Índia, França, Argentina, Iraque, países e continentes africanos, Estados Unidos, ou de qualquer outra parte. Esse movimento exemplar, em busca de uma certeza, a do encontro com a morte, representou para essas mulheres, oriundas de uma confortável vida de classe média ou de uma favela, a corrosão do caráter social que acaba por atingir a todos, homens, mulheres, adultos, jovens e crianças.

No Brasil, pela sua característica multirracial, as maiores vítimas desse sistema perverso têm sido sempre as comunidades pobres e faveladas. O exemplo disso está nas chacinas de Vigário Geral e da Candelária. Como é o caso dos filhos das "Mães de Acari", elas que até agora não só sobreviveram à tragédia, mas que continuam dando para o mundo o testemunho vivo que lutar pela dignidade da vida ainda é uma tarefa que vale a pena enfrentar corajosamente.

Estrelas negras do Brasil[51]

Mais um sobre aspecto deve ser ressaltado no quesito intelectual dos autores afro-brasileiros, do qual me incluo: a persistência na defesa das suas teses e na manutenção do discurso racial sempre presente nos seus escritos. O tom apologético dessa assertiva se referanda pela viabilização de uma produção que, ampliada editorialmente, se avoluma também na qualidade dos seus textos e na diversidade dos temas abordados.

Este parecer é corroborado por algumas das produções publicadas recentemente, como é o caso do resgate promovido pelo professor Eduardo de Assis Duarte do romance *Úrsula*, de Maria Firmina dos Reis. A autora, considerada a primeira mulher, e negra, a escrever uma narrativa romanceada no Brasil (a edição original do seu livro data de 1859, acrescentando a temática abolicionista, também), é uma estrela de primeira grandeza da literatura nacional olvidada, sobretudo, por ser mulher e negra. Este esquecimento proposital tem certa origem: filha abastada e negra, Maria Firmina dos Reis foi obrigada a mudar-se para a vila de São José de Guimarães, no município de Viamão, situado no continente e separado da capital maranhense pela baía de São Marcos, por esta via de mão dupla que foi a fertilização das mulheres negras por homens brancos, que gerou, entre nós, um outro tipo de preconceito, igualmente perverso, que era contra o bastardo. Mas este caso, esta mudança propiciou-lhe contato com o primo Sotero dos Reis, escritor e gramático, a quem ela deve boa parte de sua cultura.

O nome da romancista, coberto por uma nuvem de esquecimen-

---

51. ESTRELAS negras do Brasil, Jornal do Brasil, 20. nov. 2004, p. 1. Ideias & Livros.

to, só ressurge no plano das letras no século 20, com a reedição do seu livro, que reaparece com o acréscimo do conto "A escrava", de contundente apelo antiescravista. Não só por se tratar de uma autora e uma obra de referência do século 19, Maria Firmina dos Reis e sua produção literária são partes integrantes de um passado memorável que se une ao presente, numa comunhão de ideais.

Na sobrevida das mulheres fortes e lutadoras, a lacuna se complementa com a inovadora biografia *Ruth de Souza: a estrela negra*, de Maria Ângela de Jesus. O livro relata, de um modo especial, a carreira de mais de 50 anos da atriz Ruth de Souza. Escrito a partir de uma entrevista com a atriz, a obra reproduz cenas diversas da atuação profissional de Ruth, ao lado de figuras consagradas, como Charlton Heston, Debbie Reynolds, Glenn Ford e, no plano nacional, Abdias Nascimento, com quem contracenou como Desdémona, da obra *Otelo*, durante o Festival Shakespeare, organizado por Paschoal Carlos Magno. O livro de Maria Ângela de Jesus faz a diferença pela leveza do seu texto, que apresenta Ruth de Souza do jeito como ela é: uma mulher simples, mas consciente do seu papel social e político.

Os ensaios de *Negritude sem etnicidade*, de Lívio Sansone, também nos faz pensar na sofisticação da análise do que podemos chamar de "classificação racial". Ultrapassando velhos conceitos, o livro é uma muralha contra os discursos eurocentristas, pela abordagem de temas que vão de sociedades urbanas, racismo, cultura de massa e de rua, música, dança, noções de negritude e de africanidade.

Na orelha do livro, o historiador João José Reis diz que Lívio Sansone revisa "criativamente velhas questões", permitindo a introdução de novas, avançando teórica e empiricamente nos estudos sobre identidade e relações raciais brasileiras.

Dividido em 6 alentados capítulos, destacando-se o primeiro, "Pais negros, filhos pretos: trabalho, cor, diferença entre gerações e o sistema de classificação racial num Brasil em transformações", e o último, "O lugar do Brasil no Atlântico negro", a obra recomenda-se não só pelo primor de sua edição bem cuidada, mas também pela precisão com que o autor expõe o tema tão cheio de complexidade e paixão.

Na lei e na raça, de Carlos Alberto Medeiros, é um livro que cumpre seu papel por uma razão que passa despercebida mesmo aos olhares mais atentos, mas que desperta merecimento: é escrito por um histórico militante do Movimento Negro e social. E ele se sustenta, no entanto, pela temática da "legislação e das relações raciais", sobretudo no que tange às ações afirmativas, passando pelo imperativo das leis que, nas últimas décadas, começaram a tratar os problemas do racismo e da discriminação racial.

Medeiros pertence à geração que vivenciou as transformações de uma sociedade que sempre negou os problemas de racismo, amparada pelo discurso do mito da tal democracia racial entre nós, que se afirmou no país a partir de Gilberto Freyre. O trabalho de Medeiros é uma grande contribuição para o *empowerment* da militância negra, sobretudo após 1970. *Na lei e na raça*, além do mais, toca em feridas centenárias e se propõe, como tese que é, a repensar atitudes de esquerda e de direita e abrir uma nova rodada de debates em torno do assunto, tendo agora, fica dito, o negro brasileiro sob o foco de um novo protagonismo econômico e social.

Carolina Maria de Jesus[52]

"O Brasil precisa ser dirigido por uma pessoa que já passou fome. A fome também é professora. Quem passa fome aprende a pensar no próximo, e nas crianças." Estas palavras proféticas, escritas pela autora, e então catadora de papel nos lixos da cidade de São Paulo, Carolina Maria de Jesus, remetem-nos à fé que temos de que há alguma esperança de salvação deste país. O presidente, de origem pobre e humilde, já não passou fome?

A autora do célebre *Quarto de despejo: diário de uma favelada*, por toda a sua história de vida, entende bem do conteúdo de suas palavras, escritas, certamente, sob o efeito do desespero, da angústia e da dor de uma mãe de família que carregava nos ombros o peso de criar sozinha os seus filhos pequenos.

Carolina Maria de Jesus (1914-1977) viveu em um tempo excepcional para a vida brasileira. Excepcional por várias razões: era pobre, negra e semianalfabeta de pai e mãe. Era favelada, quando a favela (já um problema nacional) despontava como a grande alternativa de moradia fácil para pessoas de baixa renda ou sem renda nenhuma, como era o seu caso.

O seu diário, como um libelo de amor aos filhos, e um petardo de desesperança no futuro da nação, transformou-se em referência de uma vida experimentada no desespero, na falta de fé de que dias melhores virão.

Tudo em sua vida, de dificuldade e incertezas, concorria para minar-lhe, ainda mais, as parcas energias, para obstar os seus passos, já capengas

---

52. CAROLINA Maria de Jesus. *Jornal Terceiro Tempo*, Rio de Janeiro, RJ, p. 6, 16-30 nov. 2004. Letras Negras/Tempo de Cultura.

e alquebrados pela canseira diária que a dureza e o esforço impostos pela miséria transformaram diuturnamente o amanhecer dos seus dias e o clarão do luar de suas noites.

Mulher intimorata, corajosa e cheia de atitudes alvissareiras, Carolina Maria de Jesus, com o seu pensamento singular, sua escrita simples, deixou um legado eivado de desafio e alertas, de indagações e dúvidas. E através da leitura das notas do seu diário, fica-se a certeza de que uma mulher sem igual existiu de fato e de direito entre nós, para simbolizar a luta sofrida, não só das mulheres pobres e humildes, mas a luta em prol do dia seguinte, do dia necessário para sobreviver, do dia sem vencedor e sem vencidos.

Carolina Maria de Jesus representou essa mulher, que transformou uma atitude corriqueira que é o ato de escrever, na bandeira contra a fome e a miséria, bandeira essa que tremula, como um estandarte, protegendo as cabeças dos fracos e oprimidos, dos que, como ela, envergaram a espinha para ganhar a vida, nos lixões de cada esquina, nas obras do metrô, nos garimpos, nas aberturas de estradas que, infelizmente, levaram este país para lugar nenhum.

Retrato sentimental[53]

Magia, mistério e encantamento chamam a atenção do leitor no excelente romance *Ao sabor de Oiá*, da escritora Cléo Martins. A história se passa na Bahia, entre os anos de 1999 a 2002, e gira em torno da sucessão, após a morte da ialorixá Mãe Totonha, do comando do terreiro de candomblé Axé Saquelê Avessam. Interessante e enigmática, a narrativa desvenda o apaixonante mundo (e por que não dizer também, o submundo) dos adeptos do culto dos orixás: os processos sucessórios, as iniciações, o trabalho das mães de santo, as vestimentas usadas nas sessões do terreiro, as comidas que são preparadas e servidas com base na melhor tradição africana.

Essa relação de fé com fulcro nas tradições religiosas, e que sustenta a narrativa do princípio ao fim, substanciando fortemente seus personagens, como Licinha ou mesmo Sulamita, é um dos pontos altos do romance. Cléo Martins nos proporciona uma obra bem linear, presencial, moderna do ponto de vista ficcional, uma vez que a autora optou por escrevê-la na forma de um diário sentimental, em que detalha o dia a dia da vida do terreiro, das mães de santo e dos demais adeptos dessa cultura religiosa, bastante sincrética e, até mesmo, misteriosa.

Um dos pontos de intercessão do livro, no entanto, e que envolve com intensidade o leitor, se dá quando da disputa pela sucessão do terreiro Axé Saquelê Avessam e, sobretudo, na reconversão de antigos adeptos do culto que haviam se debandado para as igrejas pentecostais. A autora, em

---

53. RETRATO sentimental. *Jornal Terceiro Tempo*, p. 7, 16-31 out. 2004. Letras Negras/Tempo de Cultura.

particular nessa parte da obra, traça, ficcionalmente falando, um quadro bastante nítido sobre os muitos embates físicos e ideológicos entre os membros das religiões afro-brasileiras e das chamadas igrejas dos crentes.

Contudo, não falta ao livro certas surpresas, como o uso bem empregado de palavras em língua ioruba, nem um estreito namoro, diga-se de passagem, com a literatura dita fantástica. Especialmente quando a romancista descreve em pormenores os ritos de passagens e os transes das filhas e mães de santo. Nesse ponto, os aspectos da mística ancestral africana, herança da escravidão, são também fortes elementos que caracterizam o melhor momento do romance, cujo reforço pode ser observado pelas descrições sobre a culinária apreciada nos rituais e as vestimentas, como os panos da costa, de uso constante dos povos de terreiro.

Ao mesmo tempo em que é uma obra envolvente e inovadora, *Ao sabor de Oiá* requer a máxima atenção do leitor, como já mencionei, em parte devido ao uso da linguagem ou em parte também pelas sinuosidades dos caminhos que sua leitura proporciona, cheia de citações de lugares e de ditos filosóficos, como de Confúcio, Cléo Martins, ela própria, agbani do terreiro Ilê Axé Opô Afonjá, fez um romance revelador, exatamente pela sua abordagem corajosa. Talvez não seja exatamente nova essa abordagem, ou propriamente inédita. No campo da ficção, Antônio Olinto tem contribuição substancial com trabalhos na linha "afro", a contar pela trilogia inicialmente com *A casa da água*, romance que trata da volta de ex-escravizados brasileiros à África Ocidental.

Nesse retrato ficcional, vivo e apaixonante, a autora brinda o leitor com uma obra original, sem todos os aspectos, e que se contrapõe, sem dúvida, à corrente histórica que tem tratado o tema de maneira apenas acadêmica e, em muitos casos, de forma maçante e tediosa. Não é, todavia, a situação desse romance. Cléo Martins, nessa narrativa, surpreende pela leveza da escrita e pela segurança com que aborda um assunto tão delicado e controverso. Seu livro, se não é pioneiro nessa investida, certamente é dos melhores que tem aparecido, sobretudo pelo realismo com que reveste os seus personagens. O que prova que algumas vezes a ficção pode estar à altura de imitar ou se equivaler à própria realidade.

A lição do 13 e das cotas[54]

Transcorreram, no ano passado, coberto do maior silêncio, os 150 anos de nascimento de José do Patrocínio (1853-1905). Patrocínio, só para lembrar, foi aquele destemido lutador antiescravista, cujos esforços resultaram na assinatura da Lei Áurea, no dia 13 de maio de 1888, pela princesa Isabel.

Estranhamente o homem que dedicou a maior parte de sua vida à causa da abolição da escravatura, como um dos jornalistas mais combativos deste país, está hoje totalmente esquecido, mesmo na cidade de Campos dos Goytacazes, sua terra natal, que há muitos anos lhe ergueu um panteão, onde repousam as suas cinzas.

Passados 116 anos do ato da princesa Isabel, a impressão que se tem é a de que a abolição dos escravizados no Brasil não transpôs o nobre pergaminho assinado na ocasião com a pena de ouro doada pela população para solenizar a data tão importante. Pois a situação da maioria da população negra, entre nós, histórica e contraditoriamente, é ainda das mais desiguais. É como se alguma coisa tivesse faltado dizer ou escrever no texto daquela lei, tais como artigos do tipo: educação para o negro, trabalho para o negro, terra para o negro, enfim, direitos para o negro.

As garantias sociais – as tão propaladas políticas públicas -, pelo que consta, sequer foram pensadas, deixando sem alternativa ou à mercê da própria sorte, por assim dizer, uma grande massa de pessoas.

---

54. A LIÇÃO do 13 e das cotas. *Jornal Terceiro Tempo*, Rio de Janeiro, RJ, p. 7, 16-31 ago. 2004. Letras Negras/Tempo de Cultura.

Cem anos depois, no entanto, de acordo com análises de dados coletados pelo economista Marcelo Paixão, da UFRJ, em todas as regiões brasileiras, cerca de 18% da população negra sofre do crônico problema do analfabetismo. Isto representa, aproximadamente, um contingente de dez milhões de indivíduos, que estão na linha da pobreza ou abaixo dela, fato que se agrava sobretudo nos grandes centros urbanos.

O pior de tudo é que o esforço maior para se combater todo este estado de coisas, ainda hoje, é praticamente nulo. O que reflete automaticamente nos parâmetros de inclusão social de trabalho e renda, expectativa de vida, faixa per capita de consumo dos afro-brasileiros etc. é um dado aterrador, em contraposição à economia nacional, especialmente levando-se em conta o mesmo padrão de consumo, trabalho, escolaridade e renda dos brasileiros considerados brancos.

Em vista disso, os atuais indicadores das desigualdades raciais, no Brasil, só reforçam a tese de que o fosso aberto no final do século 19, com a lei do dia 13 de maio, ou antes dela, vêm se modernizando nas suas consequências desastrosas, com danos irreversíveis para a economia brasileira, atravancada no seu crescimento. Advêm daí as razões pelas quais o país amarga atraso tão majestoso. Os dados comparativos com outros países têm nos levado à triste constatação de uma derrota ética e moral, vergonhosa até. Tais indicativos só fazem aumentar as disparidades entre brancos e negros, como se a sociedade reagisse negativamente ante a inabilidade governamental.

A reação às ações afirmativas nas universidades públicas, através do sistema de cotas, bem como o nível de debates travados em trono da sua adoção, dão margem à especulação sobre o caráter moral de uma sociedade que se digladia pela manutenção do que considera seu único e exclusivo privilégio, da mesma forma que seus antepassados lutavam para derrotar a onda abolicionista que se levantava no país.

As lições de ontem devem necessariamente servir de pavimento para as nossas caminhadas de hoje. Os erros do passado não podem ser repetidos sob pena do comprometimento do futuro do país como um todo. O 13 de maio de outrora e as cotas de hoje são partes estratégicas de uma mesma moeda de troca, mas que o câmbio da especulação política e ideológica barganha sua circulação, especulando, controlando a sua sobrevida, de modo a lhe travar possíveis voos que considera ousados. Se o governo não encarar com a devida coragem esse problema, e a sociedade não se livrar da sua roupagem feudalista, com certeza repetiremos os paradigmas do passado, ampliando ainda mais as dicotomias ou os antagonismos da sociedade, que caminha rumo à sua autocondenação, exatamente por não conseguir se reconhecer e se decifrar.

Cotas e pânico[55]

Quero também variar sobre esse tema. Nos últimos meses, a sociedade está sobressaltada pelo debate sobre as cotas para negros nas universidades públicas. A primazia da implantação dessas ações afirmativas é da Universidade do Estado do Rio de Janeiro (UERJ), na gestão da professora Nilceia Freire.

Desde essa época, não se houve falar em outra coisa. O espaço jornalístico para o assunto também tem sido grande. Estudiosos, professores titulares das universidades, autoridades públicas e privadas e a sociedade civil de um modo geral – estudantes, pais, organizações não governamentais – buscam uma explicação plausível para os prós e os contras à implantação do sistema entre nós.

A implantação do sistema de cotas se transformou, a meu ver, em caso de segurança nacional. Não pela simples questão de sua instituição, seja pelo governo federal ou estadual. Mas pela forma com que o debate tem sido conduzido. Objetivamente a turma do contra tem sido a mais numerosa, a mais barulhenta e também a que detém mais espaço na mídia para defender "os absurdos da implantação". Os que são a favor, pelo que se tem visto, têm se esperneado nos espaços alternativos, em geral sufocados pelo grande holofote do reacionarismo burguês.

Há uma questão fundamental sobre as cotas que é preciso que se diga. Antes de mais nada, é necessário que se desarmem os ânimos, se destemperem os espíritos mais afoitos.

---

55. COTAS e pânico. *Jornal Terceiro Tempo*, Rio de Janeiro, RJ, p. 11, 1º-15 jun. 2004. Letras Negras/Tempo de Cultura.

Em 2002, esteve no Brasil um grupo de 20 professores, pró-reitores e reitores de universidades americanas: todos afro-americanos! Visitaram diversas instituições do estado e na FAETEC, num debate promovido pelo presidente da fundação, professor Newton de Oliveira, uma questão aflorou de pronto: como eram as ações afirmativas nos Estados Unidos?

Na verdade, esta pergunta foi formulada por mim. Um dos reitores, cujo nome não me lembro, ponderou que as ações afirmativas até aquela data ainda necessitavam de empenho dos americanos para sobreviver às enxurradas de questionamento da sociedade sobre a sua validade social ou não.

Ponderou também, em inglês, o professor americano que, durante toda a implantação, seus dogmas foram modificados em vários pontos, adaptando-se ao tempo e estruturando-se de acordo com as necessidades apresentadas.

Uma coisa, no entanto, ficou patente naquele debate: as ações afirmativas eram uma necessidade precípua da sociedade, não no sentido de uma reparação, visando corrigir desigualdades históricas, mas como forma de transformação de uma sociedade hegemônica branca, fadada a reivindicar para si a melhor parte do bolo social.

No Brasil, a ideia é fazer uma reparação através de ações afirmativas e semelhante à implantada nos Estados Unidos. Os números oficiais vêm há muito gritando sobre a disparidade dos fatores sociais, que vai da renda à escolaridade do afro-brasileiro. O fosso dessa desigualdade, cada vez mais fundo, é resultado ainda do período da escravidão, bem como se deu a abolição da escravatura em nosso país. Nos Estados Unidos não foi diferente, como já disse. Recentemente um grupo de descendentes de escravos americanos processou várias empresas pelos danos causados aos seus antepassados. E tudo indica que vão ganhar na Justiça.

As cotas brasileiras, que tanto pânico têm causado, não são nada mais, nada menos do que uma busca por soluções relegadas historicamente. Não se trata de privilégio, até porque existem critérios rígidos para obtenção de vagas e de acesso. Não é um tema confortante e fácil.

Era uma vez na Favela da Maré[56]

Estas são histórias escritas longe dos muros acadêmicos, fora dos círculos literários profissionais, sem o amparo das grandes editoras. Seus autores são favelados que produziram o livro *Contos e lendas da Maré*.

O trabalho foi elaborado a partir da experiência de oficinas de fotografia, vídeo e produção gráfica, envolvendo especialmente jovens oriundos de comunidades da Maré, região que se situa na Zona da Leopoldina, às margens da Avenida Brasil, na cidade do Rio de Janeiro.

Marcada por um histórico de violência e abandono do poder público, a Favela da Maré ficou famosa por suas habitações de palafitas. Sua população foi parar ali graças a ações de inúmeros governos, cujo objetivo claro – de acordo com a leitura que fazemos hoje – era o de "sanear" os pontos nobres da Cidade Maravilhosa.

Foi nesse lugar segregado que surgiram ações culturais e sociais de grande importância, em que se destacam o Projeto Memória da Maré e a Orquestra de Flautas da Maré.

Não há como negar que a proposta de uma oficina literária na favela, capaz de mobilizar os artistas locais e possibilitar o registro de uma memória comunitária com décadas de vivência dinâmica, é um ótimo antídoto à visão egocêntrica de que literatura, seja qual for o seu padrão, só se faz nos círculos seletos e fechados da intelectualidade. A comunidade da Maré deu um grande exemplo de que há vida cultural nos terrenos alagadiços e entre a população mais carente.

---

56. ERA uma vez na Favela da Maré. *Jornal de Brasil*, Rio de Janeiro, RJ, p. 5, 12 jun. 2004. Ideias & Livros.

Mesmo que não seja pioneira, a publicação de *Contos e lendas da Maré* é o resultado de um trabalho sério, implementado pelo Centro de Estudos e Ações Solidárias da Maré, coordenado por André Esteves, e escrito por Evanir Ximenes Lima, Elisabeth Moura, Jaqueline Olímpio, Márcio Nóbrega, Cláudio Pereira da Silva e Válter Laudelino. O livro tem como base os "causos" reais do cotidiano da comunidade, contados por moradores que ainda vivem no local. São imperdíveis e engraçadas histórias, como a do "Porco com cara de gente" e do "Casamento na palafita". Ou sobrenaturais, como "O lobisomem da Nova Holanda", "A mulher loira" e "A figueira mal-assombrada".

Todas são histórias curtas, sem muita preocupação formal com os padrões chamados cultos da nossa língua. Seu objetivo é revelar um novo momento cultural para a região, relegada a segundo plano nos projetos habitacionais, na linha das políticas públicas ou das ações afirmativas.

É um livro que demonstra que a espiritualidade e criatividade de um povo que ainda resiste e muito para apenas sobreviver.

Um agente secreto nas ruas de Angola[57]

Jaime Bunda, agente secreto não é uma sátira fiel ao talentoso personagem cinematográfico James Bond, o 007, como se pode supor à primeira vista. Os ingredientes narrativos da história do agente criado pelo escritor angolano Pepetela (aliás, Artur Carlos Maurício Pestana dos Santos), cujos livros há anos já são publicados no Brasil, e, em parte, a aventura bem-humorada de um desajeitado investigador do governo, completamente inábil e inoperante, e que é escalado para cobrir um crime sobre uma tal adolescente, "uma catorzinha", crime corriqueiro e banal, mas que para Bunda revela-se da mais alta importância e complexidade, levando o agente, eterno estagiário do seu departamento, a não desperdiçar nenhum detalhe, mesmo os mais insignificantes, o que provoca o riso e o deboche dos colegas.

Jaime Bunda, então, sob as ordens do seu chefe, inicia os procedimentos investigativos para solucionar o misterioso crime. No entanto, não lhe forneceram maiores dados sobre o assassinato da menina, apenas que ela fora violentada e que o carro preto grande era a única pista suspeita a ser seguida. Minucioso ao extremo, mas, ao mesmo tempo desengonçado e trapalhão, Jaime Bunda passa a percorrer toda a cidade à cata de suspeitos, expondo de imediato o primarismo de sua técnica, calcada nas experiências de leituras dos romances policiais, dos quais é fanático e consumidor.

Pepetela constrói um personagem hilário, cujo apelido faz referência direta ao formato de sua vantajosa anatomia, que o leva a andar contorcendo

---

57. UM AGENTE secreto nas ruas de Angola. *Jornal do Brasil*, Rio de Janeiro, RJ, p. 4, 12 jun. 2004. Ideias & Livros.

os quadris, dificultando até mesmo o entrar e o sair do automóvel, deformando a sua própria cadeira de trabalho.

O humor prevalece nos melhores momentos da obra, desenvolvida segundo o ponto de vista dos seus quatro narradores, vozes que percorrem páginas do romance, os passos dos principais personagens, sobretudo do detetive Jaime Bunda.

A linguagem usada por Pepetela é outro dado importante a ser considerado. Ao contrário dos seus livros anteriores, a exemplo de *A gloriosa família* (1997), Jaime Bunda é ao mesmo tempo despojado, ousado e irreverente, com experimentalismos narrativos que lembram, num plano mais mediano, alguma coisa de Guimarães Rosa, autor consagrado do clássico *Grande Sertão: veredas*.

Isto não quer dizer que o romance é formatado apenas pelo viés do experimentalismo da linguagem. A intenção de Pepetela – que foi guerrilheiro do Movimento Popular para a Libertação de Angola (MPLA) –, de acordo ainda com o que o personagem principal fala, ou os lugares que percorre, como a célebre feira Roque Santeiro (homenagem a uma novela brasileira, exibida na rede Globo), é o fazer também, sub-repticiamente, uma crítica formal aos regimes que, durante anos, provocaram não só guerras, mas a destruição do país, ceifando milhares de vidas e levando a miséria à maioria do povo angolano.

No plano literário, o novo livro de Pepetela pode ser entendido como o que melhor expressa a vontade autoral, confirmando os méritos de um escritor que está na estrada da literatura há mais de 20 anos.

Daí o crescente interesse pela obra do romancista angolano, sobretudo no Brasil, que tem, cada vez mais, caído nas graças do grande público. As razões para isso são transparentes, e elas têm a ver com o desenvolvimento de uma obra que, por todo o seu arcabouço e conteúdo linguísticos, recomenda o seu autor aos leitores brasileiros.

Abdias, 90[58]

Conhecido por sua luta e sua longa trajetória de líder negro, Abdias Nascimento é dessas personalidades expressivas, intimoratas, que há mais de meio século vem defendendo a supremacia da população negra brasileira, seja no campo da oratória, da escrita, do Parlamento, da dramaturgia, ou, simplesmente, das inúmeras manifestações de que é artífice e grande fautor.

Abdias nasceu no interior paulista, em março de 1914 – portanto, há 90 anos -, no seio de uma família operária, de parcos recursos tanto financeiros quanto culturais. Mas essa dose de humildade fez florescer a insígnia de um outro homem, que galgou as escalas da ascensão espiritual como quem avança pelos primeiros degraus de uma escada íngreme e tortuosa.

Como um soldado integrante de um regimento, Abdias seduziu e deixou-se seduzir pelos fatos apresentados do presente, abrindo sua retina para os horizontes fabulosos da imaginação, não se permitindo, no entanto, se contagiar com a doença mental da virtude dos fracos e dos oprimidos, pois fraqueza venceu-a sua obstinação e a opressão foi-lhe a palavra de ordem para transpor obstáculos e desbravar dificultosos caminhos.

Seus passos foram morigerados, mas firmes, dados com os pés fincados no solo feito uma estaca de pinho-de-riga. E nessa estaca, fez tremular a sua bandeira vermelha de coragem e bravura.

Ainda moço, Abdias parte para a capital de São Paulo, seguindo depois para o Rio de Janeiro. Venceu barreiras intransponíveis, como trabalhador e

---

58. ABDIAS, 90. *Jornal Terceiro Tempo*, Rio de Janeiro, RJ, p. 11, 1º-15 abr. 2004. Letras Negras/Tempo de Cultura.

estudante. É nessa fase que começa a militar na Frente Negra Brasileira, iniciando, então, o desiderato de uma vida toda voltada à causa de combate da discriminação, da injustiça social, do racismo, o mais hediondo e abjeto. Nos anos de 1940, funda o Teatro Experimental do Negro (TEM), que revelou talentos do porte de Ruth de Souza, Léa Garcia e Haroldo Costa. Certamente o TEM foi-lhe o ponto de partida para o principal de sua luta, atuando também como centro aglutinador de revelações na área não só artística, mas cultural e política.

Abdias tornou operoso e visível um negro castigado pelo estigma do passado de escravidão e subjugo imperialista. Traçando novos rumos para gente tão humilde, oriunda da periferia ou do subúrbio da cidade, a qual ele infrou a já emurchecida autoestima, transformando seus sonhos em realidade, dando concretude a projetos natimortos, de vidas presas a tênues fios de esperança.

A esse homem transformador, percuciente de seus deveres de cidadão, no lugar da coroa de glórias, tão mais apropriada, coube-lhe de oferta a de espinhos, calcada na perseguição odiosa, política e racial, de que o exílio lhe foi a melhor das fugas.

Fora do país, o idealizador do primeiro Congresso do Negro Brasileiro (1950), tornou-se a voz latina na apresentação e defesa de um conjunto de políticas públicas antirracistas. Boa parte do mundo africano – ou pan-africanista - ouviu a voz, modulada, mas segura, de seu tom professo. E Abdias, assim, constituía-se no símbolo do denodo de uma raça, não entendendo outro modo de combate senão o que visasse a fazer a reparação de históricas injustiças e a resgatar a diáspora.

Hoje o seu nome é uma legenda, tanto no Brasil, quanto no exterior. É professor Emérito da Universidade de Nova York, bem como Doutor Honoris Causa pelas universidades do Estado do Rio de Janeiro e da Federal da Bahia.

Um dos seus livros de sucesso, *Quilombismo*, é o canalizador de sua proposta de luta e mobilização de uma política afro-diaspórica.

Por toda essa bagagem exuberante, é natural que regozijemos com ele e sua família pela passagem do seu aniversário de 90 anos. Meu sincero axé, Abdias Nascimento.

Viventes da lama[59]

Ponciá Vicêncio, tanto quanto promissor, é o romance de estreia de Conceição Evaristo. E não é só um ótimo indício da boa safra literária desse ano que findou, mas também a esperança de que, com essa energia, dias melhores virão, ou seja, fluídos positivos deverão contagiar novas produções ficcionais, trazendo igualmente títulos que se tornarão referências para a literatura brasileira.

É o caso, sem dúvida, do romance *Ponciá Vicêncio*, que em nada deixa a dever, pela sua estética, saga e história, grosso modo, à tragicidade humana que compõem cenários como os de *Vidas secas*, de Graciliano Ramos, e, num plano mais pessoal, mais intimista, à trajetória de personagens como Macabéa, de *A hora da estrela*, de Clarice Lispector, ou de Biela, de *Uma vida em segredo*, do consagrado escritor Autran Dourado.

A semelhança não só de tipos, de temática, mas de estilo de vida e de sofrimento humano perfaz o perfil também de Ponciá Vicêncio, personagem tragada pelos contextos históricos do seu tempo, referenciado como o da escravidão, de que se enriquece pela herança maldita, que marca o seu destino como a ferro em brasa no couro da pele, açoitando sua memória, carcomendo a sua alma e o seu espírito. É louca? Sim e não. Quem é que sabe. Certamente nem ela mesma.

Talvez – melhor dizendo – seja desatinada pelo fato de uma jovem mulher como ela trazer dentro de si a revolta por um antepassado de vida tão desprovido de tudo, tão sem esperanças e sonhos.

---

59. VIVENTES da lama. *Jornal Terceiro Tempo*, Rio de Janeiro, RJ, p. 11, 16-31 mar. 2004. Letras Negras/Tempo de Cultura.

Ponciá Vicêncio protagoniza a saga de uma família remanescente de uma comunidade quilombola, onde a sombra da Casa Grande e da Senzala está sub-reptícia num mundo presente de miséria de toda a gente, viventes do barro, das casas de chão de terra, e todos, sem distinção, recordativos das histórias de crueldade dos senhores, ex-escravizadores no tráfico negreiro, da prática de violência contra as mulheres e dos maus-tratos contra os homens.

Como romance de estreia, não há como não parabenizar Conceição Evaristo pela ótima trama desenvolvida, que não economiza palavras nem emoções, trazendo à luz dos dias o ar sufocante de vidas que se consomem nos bolsões de pobreza, e que pode ser vista como flores a brotar nas muitas lamas e charcos desse imenso país.

O sortilégio do negro no Brasil[60]

O significativo aumento de publicações sobre a questão do negro no Brasil, em seus mais diversos aspectos, como a religião, a campanha da abolição da escravatura e a luta contra o preconceito, faz supor que uma importante barreira está sendo derrubada, pelo menos no campo editorial. É o caso de *O sortilégio da cor: identidade, raça e gênero no Brasil*, da professora Elisa Larkin Nascimento. Embasado em pesquisas sobre os movimentos negros de São Paulo e do Rio de Janeiro no período entre 1914 e 1964, o livro é uma rica fonte de consulta sobre a trajetória, o apogeu e o declínio desse que poderia ter sido considerado o braço político da população negra brasileira, denunciando o perverso padrão brasileiro de relações raciais.

O estudo empreendido por Elisa Larkin Nascimento, além de não trazer atenuantes, expõe verdadeiramente a face do problema do preconceito racial, seus paradoxos, suas armadilhas, o exagerado cientificismo de que o tema vem sendo impregnado. E a autora ainda esclarece pontos da filosofia e da ideologia das múltiplas faces de que se reveste a chamada democracia racial brasileira.

O livro se concentra também na problemática da construção da identidade dos afro-brasileiros, chamando a atenção para o "exercício da liberdade e dos direitos humanos genéricos e específicos". Muniz Sodré destaca que a obra deve ser lida como "um alerta político"; já Kabengele Munanga faz a pergunta: "A brancura serve de referencial para tudo?".

---

60. O SORTILÉGIO do negro no Brasil. *Jornal do Brasil*, Rio de Janeiro, RJ, p. 4, 7 fev. 2004. Ideias.

O livro não deve ser visto apenas como um painel das desigualdades a que está sujeita a imensa população de afrodescendentes no Brasil. Pelo contrário, suas páginas trazem grandes ensinamentos sobre a importância histórica dessa luta racial, sugerindo que as mazelas deixadas pelo racismo causaram, entre outras coisas, sérios danos para o pleno desenvolvimento do país.

A autora classifica apropriadamente esse legado de "o sortilégio da cor", expressão metafórica que simboliza a linha divisória do padrão brasileiro das relações raciais, ou, em tese, o alegórico sentido de uma diáspora que não parece ter fim.

No rastro da literatura de resistência, encontram-se ainda *Quilombismo* (edição fac-similar do jornal publicado por Abdias Nascimento) e *As camélias do Leblon e a abolição da escravatura*, de Eduardo Silva. O primeiro encaminhamo-nos a edições de dezembro de 1948 a julho de 1950 do periódico, espécie de órgão do Teatro Experimental do Negro, que revelou talentos como Ruth de Souza e Haroldo Costa. Combatente, há nos 10 números deste veículo traços de identificação com os paulistas *Clarim da Alvorada* (1924-1933) e *Voz da Raça* (1933-1937), o que fez com que merecesse o apoio de figuras célebres como Albert Camus e Katharine Dunham, Edson Carneiro, Gilberto Freyre, Raquel de Queiroz e Nelson Rodrigues.

Já *As camélias do Leblon* demarca um momento precioso pelo qual o Brasil virou (não totalmente) a página de um dos períodos mais conturbados de sua história. Eduardo Silva faz um fiel retrato em preto e branco dessa época.

O quilombo do Leblon está ligado à história de José de Seixas Magalhães, imigrante português que se tornaria um dos mais importantes abolicionistas do Brasil, e que mantinha, distante da cidade, um sítio onde cultivava camélias e dava guarida a escravizados fugidos.

Seixas é o contraponto da elite escravista da época: branco, com ótima situação financeira e gozando de prestígio social, irmanou-se a Joaquim Nabuco, José do Patrocínio, André Rebouças, entre outros, transformando sua chácara do Leblon num afamado quilombo, cuja insígnia era uma insuspeita camélia, a mesma que, após a assinatura da Lei Áurea, foi dada de presente à princesa Isabel.

Quanto ao trabalho de Michel Dion, *Omindarewa: uma francesa no candomblé*, o que de mais significativo se pode dizer é que é uma obra surpreendente. *Omindarewa*, que no dialeto africano significa "bela água clara", percorre a história de vida da francesa Gisele Cossard, uma representante da melhor elite cultural europeia do seu tempo, nascida numa família de professores e casada com um importante diplomata, que se torna, no Brasil, mãe de santo de sucesso, e funda seu próprio terreiro, em Santa Cruz da Serra, na Baixada Fluminense. O livro trata ainda da relação de amizade com Pierre Fatumbi Verger e Roger Bastide, igualmente ligados ao mundo dos orixás. *Omindarewa* é uma obra para ser apreciada nos seus mínimos detalhes. Michel Dion não teve a intenção de escrever a biografia pura e simples de Gisele Cossard-Omindarewa; ele quis, com certeza, mostrar o enorme preconceito que ainda hoje cerca o candomblé e toda a população adepta dessa religião no Brasil.

Em defesa da verdadeira democracia racial[61]

Tema controverso, mas apaixonante, a questão racial no Brasil pressupõe, logo de cara, assemelhar-se a um assunto estafante, intolerável em um mundo de democracia racial equilibrado como o nosso, próprio para quem, recalcado e obsoleto, não tem nada melhor a fazer. Assim vemos uma variação desse tema no debate em torno das questões de cotas para negros e pardos nas universidades públicas. Seria esta "ação afirmativa" inoportuna no caso brasileiro? Ou seria mais apropriado dizer que a tal "democracia racial", de que tanto nos orgulhamos, merece uma urgente revisão pela sociedade que dela tanto se ufana e a advoga?

O debate oportuno sobre a correlação desse tema e o mundo das ideias que o fomenta encontra-se abrangido nessa viagem que nos proporciona *O quilombismo – documentos de uma militância pan-africanista*, o mais novo livro do professor e ativista Abdias Nascimento, lançado agora em segunda edição, revista e ampliada. Abdias Nascimento é um velho conhecido nosso, certamente o mais antigo e experiente militante vivo do que podemos qualificar de movimento negro brasileiro e internacional. Este livro, segundo ele mesmo atesta, é "uma proposta de teoria e ação políticas baseadas na experiência histórico-cultural dos afrodescendentes das Américas".

A trajetória de Abdias é recomendável por vários aspectos, principalmente quando pensada do ponto de vista político e cultural, pelo que ela representa, sobretudo, quando o próprio autor se filia na linha de frente

---

61. EM DEFESA da verdadeira democracia racial. *Jornal do Brasil*, Rio de Janeiro, RJ, p. 3, 25 out. 2003. Ideias.

de movimentos e organizações que desafiaram paradigmas secularmente estabelecidos – encarando de peito aberto o poder constituído ao falar sobre racismo – e ao criar entidades como a Frente Negra Brasileira e o Teatro Experimental do Negro, com o cunho de resistir às mais diversas pressões.

Pelo que representa a sua luta em prol da igualdade racial no Brasil, Abdias pode ser comparado a duas grandes figuras históricas e emblemáticas do passado: Luiz Gama e José do Patrocínio. Ao primeiro, por lembrar o advogado que conquistou a liberdade de centenas de escravizados na velha São Paulo do tempo do Império; o ao segundo, por se assemelhar, como tribuno e como jornalista, ao dono da pena mais poderosa da abolição da escravatura, responsável pelo glorioso desfecho do 13 de maio de 1888. Hoje o seu nome está inscrito no panteão dos homens que mais defenderam e combateram pelo movimento antirracista em todo o mundo.

O livro é um documento representativo de um amplo painel das conferências e encontros promovidos por diversos organismos nacionais e internacionais que lutam não só contra o racismo, mas, de modo especial, contra as suas causas, fomentando pesquisas, documentando e discutindo soluções para as anomalias causadas por tal prática. Não é só esta lógica que o livro defende, nem, tampouco, ela é também o principal *leitmotiv* que levou o autor a reeditá-la.

O quilombismo constitui-se em um instrumento bem apropriado de estudos e pesquisas para as novas gerações, pelo que contém de embasamento de ideias e informações, calcado na experiência de quem dedicou grande parte da vida a tratar a temática da afrodescendência com seriedade.

Esta nova edição traz ainda uma excelente introdução, detalhada e cuidadosa, da professora norte-americana, radicada no Brasil Elisa Larkin Nascimento – companheira de mais de 20 anos de Abdias – e resgata a apresentação, de 1980, feita por Florestan Fernandes, que foi grande amigo do autor. Inclui também a conferência de abertura da 2ª Plenária Nacional de Entidades Negras Rumo à 3ª Conferência Mundial contra o Racismo, a Xenofobia e a Intolerância.

Abdias Nascimento lecionou em importantes universidades americanas, como Yale, Wesleyan, Temple e do Estado de Nova York, bem como na Universidade de Ife, na Nigéria. E *O quilombismo* é a comprovação pública da importância da sua trajetória pelo mundo, sempre a propor um elenco de medidas de políticas públicas voltadas às necessidades dos afrodescendentes. Com este papel, o autor cumpre, aos 88 anos, o *desideratum* de uma existência de patriotismo e resistência, contra, pelo menos, 300 e tantos anos de história do Brasil que reservaram para o negro a condição de cidadão nacional lotado em um vagão de segunda classe.

A morte de dois cidadãos[62]

O crime, mais uma vez, vem assombrar a população desta cidade e exibir a sua face de horror. Desta vez mataram Hermógenes de Almeida e Reinaldo Miranda, militantes da causa da paz e da justiça e integrantes da primeira fileira dos movimentos sociais e de cidadania em nosso país. A morte deles, somando-se à de Batistinha, às chacinas da Candelária e de Vigário Geral e ao desaparecimento de 11 adolescentes da favela de Acari, é o resultado do saldo de impunidade que, tomando o lugar da ordem, e das leis, condena ao extermínio os que mais se esforçam em busca de garantias de vida para o cidadão.

Hermógenes Almeida, como historiador e poeta, e Reinaldo Miranda, como advogado, representavam o pensamento vivo de uma parcela da população carioca, voltada para fins patrióticos, igualitários, éticos e altamente morais. Negros – Hermógenes era militante do movimento rastafári –, eles lutavam contra a elite preconceituosa, racista pelo seu acefalismo congênito, que quer ver nessas pessoas não lideranças naturais pelo seu intelecto e desenvoltura, mas sempre os *negrinhos*, os excluídos e marginalizados.

O espanto causado por tão triste acontecimento, sem contexto algum, a não ser o político, ou motivação aparente, exceto vingança, dá a esse crime um referencial macabro, típico aos que, com frequência, os meios de comunicação de massa nos fazem assistir.

Pois que explicação poderia ser dada, que pudesse aplacar a ira e convencer amigos e colegas de Hermógenes e Reinaldo? O que é que pode

---

62. A MORTE de dois cidadãos. *O Dia*, Rio de Janeiro, RJ, p. 4, 16 jun. 1994.

levar alguém a atirar 15 vezes num ser humano? A menos que a ocultação dos objetivos da matança esteja explícita (ou mais certamente implícita) num gesto que desencadeia um encontro de fatores muito mais cruel e hediondo: a premeditação do crime, feito a mando de ou por intermédio de.

Se não for isso, nada há que justifique, seja no Rio de Janeiro ou em qualquer parte do mundo – mesmo na África do Sul, onde os conflitos étnicos-sociais são sempre intensos e violentos –, o homicídio de dois jovens lutadores, cujo objetivo de vida e concepção ideológica os levavam, instintivamente, a fazer o bem, a confraternizar com o próximo e a sonhar com uma razão de viver melhor para todos. Ou seja, eram sonhadores.

Neste país, onde se institucionalizou a mentalidade do "levar vantagem em tudo", a arte da vida se tornou um risco diário, que não escolhe local para buscar nem seleciona mais as suas vítimas. O perigo está por toda a parte; e o povo, refém da insegurança, padece com a mazela da inversão de valores de um estado que não é mais um estado de direito, e sim um estado de coisas.

Acho que não é muito pedir "rigor" nas investigações e perseverança na apuração dos fatos. E que a impunidade não vença e obstrua, ao menos desta vez, os caminhos da Justiça. No mínimo, isto seria uma justa homenagem aos que, em vida, foram tão ilustres camaradas e cidadãos.

Menores[63]

A matança dos 8 meninos de rua nas proximidades da Igreja da Candelária trouxe à opinião pública questionamentos feitos pelo juiz de Menores Liborni Siqueira sobre a importância e o papel das organizações não governamentais, que vêm desempenhando um trabalho voltado única e exclusivamente para solucionar, minimizar e dignificar a questão do menor abandonado no Rio de Janeiro. As declarações do magistrado de que as ONGs formam uma "indústria do menor abandonado" são simplesmente improcedentes, pois o Sr. Liborni Siqueira, mais do que qualquer outra pessoa, tem informações precisas e detalhes sobre a atuação das organizações e está ciente da importância delas no combate à fome, à miséria, à violência e, principalmente, à discriminação e ao abandono dos meninos e meninas de rua que perambulam pelas ruas do centro da cidade. As dificuldades que cada um tem, a falta de estrutura, sobretudo financeira, os contratempos jurídicos e administrativos a que tais atividades nos submetem, são do conhecimento do juiz Liborni Siqueira, por diversas vezes convidado a visitar a nossa instituição (Associação Beneficente São Martinho), com sede na Lapa, mas que, pessoalmente, nunca o fez. Em contrapartida, enviou comissários de menores que daqui saíram elogiando o nosso trabalho. Embora sejamos contrários às declarações, colocamo-nos à sua disposição para discutir o assunto de forma civilizada e mais digna.

Discordância à parte, o que importa neste momento é encontrar o elo perdido entre cobrar do Estado rigorosa apuração dos fatos, para a efetiva

---

63. MENORES. *O Globo*, Rio de Janeiro, RJ, p. 10, 18 ago. 1993.

condenação dos criminosos, que não podem ficar impunes, e decifrar o enigma que nos leva a solucionar o problema do menor abandonado, o que certamente depõe contra a imagem da nação brasileira. Concluímos, no entanto, face à urgência que se coloca de solução rápida desse crime hediondo, que o juiz Liborni Siqueira, em vez de criticar e expor indevidamente o trabalho de instituições sérias, como a Cruzada, a Pastoral do Menor e a São Martinho, reconhecida pelo Unicef, deveria somar esforços com as ONGs na concretização de um projeto que, no nosso entendimento, estará acima de questões institucionais e políticas. Este projeto visará não a tirar as crianças das ruas, mas dar-lhes condições de educação, trabalho e, essencialmente, a dignidade do retorno ao lar.

PARTE II

A experiência teatral do poeta Cruz e Sousa[64]

Talvez poucas pessoas conheçam que, entre os inúmeros poemas, contos e crônicas escritos por Cruz e Sousa, o poeta negro catarinense também produziu peças de teatro. Isto não faz parte de nenhuma invenção histórico-literária, como devem supor os que estão lendo este texto agora. Afinal, mas por que nunca se assistiu ou se leu ou se ouviu falar de alguma peça escrita pelo poeta até hoje, tantos anos depois de sua morte e da publicação de sua obra?

A bem da verdade, ainda não foi encontrado nenhum texto dramático escrito para o teatro por Cruz e Sousa, nem em manuscrito ou publicado em livro ou jornal. Mas registros deixados pelos seus contemporâneos ou nos jornais de sua época, ou seja, ainda em vida do autor, indicam que o poeta, no bojo da sua laboriosa atividade intelectual, também escreveu para o teatro, o que demonstra a versatilidade da sua veia criativa e literária.

Um dos primeiros registros encontrados sobre a atividade teatral de Cruz e Sousa nos foi revelado por um dos filhos do escritor marinhista catarinense Virgílio Várzea (1863-1941). Affonso Várzea (1897-1983), na contracapa da publicação de uma de suas palestras, realizada na Associação Brasileira de Imprensa (ABI), no Rio de Janeiro, se referiu a uma peça escrita pelo pai e por Cruz e Sousa. A peça em questão tinha o sugestivo nome de *Macário*, e indicava tratar-se de uma adaptação do drama do poeta romântico Álvares de Azevedo (1831-52), e datava de 1875. Não há informação se foi publicada em livro. Affonso Várzea não deixa isso claro, pois ao enumerar

---

64. A EXPERIÊNCIA teatral do poeta Cruz e Sousa. *Ô Catarina*, Florianópolis, SC, p. 9, nov. 2013.

as publicações do pai, descreve: "Macário - Virgílio Várzea e Cruz e Sousa - raccourci do Drama de Álvares de Azevedo – Desterro, 1875". Nada mais informou. Como as 15 outras obras também não trazem a indicação do prelo ou da tipografia, supomos que esta tenha sido feita em alguma edição de "roça", como o de poesia "Traços azuis".

Como amigos, Virgílio e Cruz andavam bastante juntos, o que reforça a tese da probabilidade e verossimilhança do depoimento escrito por Affonso Várzea, sobretudo no que se refere à data e à parceria. Nos arquivos do marinhista, conservados pelo neto Ricardo Várzea, encontrei algumas páginas de um livro perdido de Virgílio Várzea, os *Traços azuis*, de 1884, do qual só se conhece por alguns registros na imprensa.

É bem provável que os dois já "criassem" coisas desde meninos. De acordo com uma notícia, escrita provavelmente por Affonso Várzea, um dia após a morte de Virgílio, diz que o marinhista "alfabetizou-se de companhia de Cruz e Sousa", o qual, segundo a mesma fonte, "foi seu condiscípulo desde a cartilha".

Certamente é dessa época a informação de que os dois já faziam teatro juntos. Numa página de memória, Virgílio Várzea conta que os dois frequentavam "um teatrinho de rapazes, que existia naquela época".

Pelo jeito, desde cedo, ainda molecotes, os dois já faziam artes e poesias. Ora, a informação de Affonso Várzea, homem culto, bem informado e que acompanhou de perto as andanças do pai, com quem conviveu por muitas décadas, tem certo peso de autoridade, ao tratar dos assuntos referentes ao passado paterno tanto como escritor quanto como historiador. Geógrafo de profissão, mas historiador nato, Affonso Várzea é o responsável por boa parte das informações sobre a amizade de Cruz e Sousa e Virgílio Várzea que até hoje circulam e são utilizadas por estudiosos e pesquisadores.

Um dado ilustrativo e interessante é que, aluno do internato do Colégio Pedro II (campus de São Cristóvão), Affonso Várzea chegou a ser colega de João da Cruz e Sousa Júnior (1898-1915), filho do poeta.

Outro dado sobre a atividade teatral de Cruz e Sousa está na participação dele, como "ponto", da Companhia Dramática Julieta dos Santos, do empresário, dramaturgo e poeta Moreira de Vasconcelos, na qual ele se engajou entre o final de 1882 e início de 1883.

Esta não foi a única companhia em que o poeta trabalhou, mas foi a que mais ele teve visibilidade, devido, em muito, à amizade que o consagrou a Moreira de Vasconcelos, um jovem com ideias avançadas e empreendedor nato, e que teve em Cruz e Sousa um parceiro de ideal literário.

Exatamente na companhia do dramaturgo carioca é que vai se dar a segunda experiência conhecida na escritura de uma peça de teatro por Cruz e Sousa. O registro dessa experiência teatral vai ser observada no Maranhão, quando da passagem da companhia de Moreira de Vasconcelos pela cidade de São Luís.

A informação sobre esta parceria nos chegou através de notícias dos jornais locais do período. É um dado novo na bibliografia do poeta simbolista, autor de *Missal* e de *Broquéis*, que inauguraram a escola no Brasil.

Na cidade maranhense, a companhia de Moreira de Vasconcelos levou à cena a peça *Calembourgs e trocadilhos*, que a imprensa, ao registrar, noticiou tratar-se de "uma comédia em um ato", escrita pelos "Srs. Moreira de Vasconcelos e Cruz e Sousa". No dia anterior à representação, *O Paiz* (grafia da época) publicava um grande anúncio de quarto de página em que comunicava: "Segue-se pela primeira vez a mimosa comédia em 1 ato, original de Moreira de Vasconcelos e Cruz e Sousa, 'Calembourgs e trocadilhos', desempenhada pelos artistas Adelina Castro e João Rocha". Adelina Castro era uma das principais atrizes da Companhia Dramática, depois de Julieta dos Santos, e esposa de Moreira de Vasconcelos.

Cruz e Sousa tinha papel importante na companhia teatral: era ele que redigia também os anúncios para os jornais e, muitas vezes, copiava os textos que eram entregues aos atores. A atividade de "ponto" também tinha seu destaque. Durante o espetáculo teatral, "sob o palco, aparecendo para os atores apenas com a cabeça, escondida do público por uma caixa de madeira vazada na frente, ia dizendo as falas seguidas a cada pausa dos atores". Ainda sobre o "ponto", diz Erminia Silva que, como regra, havia uma pessoa que cumpria a função de ponto, e sua presença era considerada essencial nas representações teatrais da época, particularmente devido ao grande número de peças que faziam parte do repertório das companhias, sendo que algumas variavam as peças quase diariamente. Com tal rotatividade, os ensaios eram realizados em no máximo uma semana, ficando a técnica entregue aos ensaiadores, e os atores acabavam não recebendo o texto integral, mas apenas a sua parte e a deixa. Neste caso, o ponto era o único que tinha o texto completo. De acordo com a autora, era impossível dizer tantas palavras "sem o auxílio do ponto".

Não há dúvidas sobre estas duas experiências teatrais de Cruz e Sousa. Os registros não são muitos, sobretudo com relação à primeira peça, *Macário*, dele com Virgílio Várzea. Mas no caso de *Calembourgs e trocadilhos*, a informação dos jornais do período, mais abundante, diz que ela continuou no rol das peças encenadas, pois na viagem da companhia a Belém, na província do Pará, a peça foi representada por duas ocasiões, nos dias 12 de outubro e 22 de novembro de 1884. Os anúncios sobre a peça nos davam a entender um fato altamente relevante: diziam que *Calembourgs e trocadilhos* era musicada, com partitura composta pelo maestro Faustino Rabelo, "escrita especialmente para esta comédia".

Sem dúvida, só esta peça bastaria para marcar a atividade de dramaturgia do poeta catarinense. Mais uma faceta desse genial artista da palavra revelada para a curiosidade pública, logo ele que foi, ao longo dos seus parcos 36 anos de existência, um autêntico militante da cultura, da política, do jornalismo, da literatura.

Nhá Chica[65]

De um modo diferente do que para o restante do país, o mês de maio – especialmente para Baependi, uma cidade brasileira do estado de Minas Gerais - teve um importante significado na passagem dos 125 anos da Abolição da Escravatura: o anúncio da beatificação de Francisca de Paula de Jesus, mais conhecida e festejada por Nhá Chica, cuja fé cristã, grande devoção, bem como sua humildade, castidade, reclusão e pobreza, transformaram-na em um verdadeiro mito religioso, ainda no século 19.

No último dia 4 de maio, no entanto, a cidade mineira de Baependi ficou, da noite para o dia, sobressaltada com a notícia da beatificação de Nhá Chica, conhecida também como "a serva de Deus" ou "a mãe dos pobres" pelo povo mineiro e brasileiro. O anúncio da beatificação – de extraordinária importância religiosa – foi feito pelo cardeal Ângelo Amato, prefeito da Congregação das Causas dos Santos. Em 2012, em audiência privada com o então Papa Bento XVI, Amato foi autorizado a promulgar 18 decretos, um dos quais de Francisca de Paula de Jesus, a Nhá Chica.

Para aqueles que ainda nada sabem da sua história ou que pouco a conhecem, é importante frisar que hoje é reconhecida e aceita como "a santa de Baependi", uma mulher negra, simples, analfabeta ou de pouquíssimos conhecimentos escolares, neta de escravizados e filha de Isabel, também uma ex-escravizada. Nascida no ano de 1808, na "Porteira dos Vilelas", fazenda localizada em Santo Antônio do Rio das Mortes Pequeno (Distrito de Santo Antônio do Rio das Mortes Pequeno) – um povoado a seis léguas

---

65. NHÁ Chica. *Revista Raça Brasil*, São Paulo, SP, nº 179, p. 60-61, jun. 2013.

(aproximadamente a 13 km) de São João del-Rei -, na antiga província de Minas Gerais, conhecida pela grande concentração de ouro e diamantes; e que, por isso, contava com uma enorme população escravizada no período. Tida como "alta, morena e bonita", ao contrário do irmão, preferiu a vida de reclusão. Viveu na mesma Minas Gerais, só para lembrar, onde também floresceu a liderança de Chico Rei e, ainda, o poder sedutor e guerreiro de Chica da Silva – que foi mulher do influente João Fernandes, conhecido contratador de diamantes -, além do célebre padre Dom Silvério Gomes Pimenta, que chegou a arcebispo de Mariana, em 1906.

Conforme o Livro de Assentos de Batismos da Paróquia, foi batizada em 1810, na capela de Santo Antônio, onde se encontra ainda a pia batismal na qual se deu a cerimônia. Segundo consta, Francisca teve apenas um único irmão, de nome Teotônio Pereira do Amaral, que nasceu provavelmente quatro anos antes dela, em 1804. A família logo se mudaria para Baependi e se instalaria numa pequena residência na Rua das Carvalhadas, hoje Rua da Conceição. Nessa casinha, Nhá Chica viveria a maior parte de sua vida, atendendo as pessoas, pregando o evangelho e dando conselhos, passando a ser reconhecida como a "Serva de Deus". Se tivesse posses, provavelmente, como as moças brancas de sua geração, seu caminho seria o convento. Hoje a casinha de Nhá Chica é quase um santuário, aberta à visitação pública e às romarias de fiéis de devotos da beata mineira.

Pouco tempo depois morre dona Isabel, sua mãe, e Nhá Chica fica órfã com a idade de dez anos apenas. Seu irmão, Teotônio, porém, mais velho, teve uma vida bem diferente e agitada: galgou os cumes do poder político, judicial e militar da chamada vila de Baependi, chegando a ser vereador, juiz de Vintena e lugar-tenente da Guarda Imperial. Era, na verdade, um negociante influente. Tinha também marcada presença na religiosidade baependiana, ocupando a mesa da Irmandade de Nossa Senhora da Boa Morte, como membro. Casado com dona Leonora Maria de Jesus, não há registro que tenha deixado qualquer descendência, o que fez da irmã religiosa sua herdeira universal.

Embora ela pudesse acompanhar seu irmão ou casar-se, preferiu morar em sua casa humilde e dedicar-se inteiramente a Deus e às pessoas mais necessitadas. Ainda no leito de morte, sua mãe lhe recomendara a vida solitária, para melhor praticar a caridade e conservar a fé cristã. Foi o que fez, seguindo fielmente esse conselho materno, não deixou a casa onde vivia, recusando o convite do irmão poderoso, que chamava para a sua companhia ilustre. Manteve-se isolada do mundo. Rapazes do seu tempo pediram-na em casamento, mas recusou a todos eles. Tornou-se até amiga de um deles que se fazia muito insistente, em gratidão pelas boas intenções. Sua única companhia era o ex-escravizado Félix, que cuidava dos trabalhos dos afazeres da capela. Católica fervorosa, e seguidora que era desde pequena de Nossa Senhora da Conceição, construiu ela mesma uma capela, hoje inexistente, mas que exigiu cerca de 30 anos de sua dedicação para ser construída, pois dependia das doações que recebia, sobretudo, da população. Essa casa é a imagem de sua vida simples e dedicada aos pobres. Era ali que ela recebia todos aqueles que acorriam aos seus conselhos e as suas orações. Nhá Chica fazia suas preces à "Sua Sinhá", como ela chamava Nossa Senhora da Conceição, representada numa pequenina imagem, de terracota, até hoje conservada em sua atual casa-museu.

Uma vida dedicada à caridade

O seu histórico de vida nos remete a uma mulher humilde, voltada à pobreza, mas consagrada a uma determinação e a uma fé religiosa que a tornaram respeitada e querida por gente de toda a casta social, naquele período do Império brasileiro. Pode-se mesmo dizer que, tendo vivido durante o período da escravidão – cuja intensidade vai até os anos de 1850, com a Lei Eusébio de Queirós (que proibia o tráfico de escravizados pelo Oceano Atlântico) –, Francisca de Paula de Jesus, ou Nhá Chica, foi, além de tudo, uma testemunha ocular da história do Brasil. No ano em que nasceu, D. João VI aportou no país com sua corte, fugido de Portugal, então invadido pelas tropas de Napoleão. Este é um período turbulento, agitado política e culturalmente. Portanto, até sua morte, em 1895, Nhá Chica presencia passagens importantes da trajetória nacional como espectadora, seja a

Abolição da Escravatura, seja a queda da Monarquia, perpassando pelas leis do Ventre Livre, de 1871, ou a Saraiva-Cotegipe (Lei dos Sexagenários, de 1875). O Brasil agitava-se e modernizava-se. Nhá Chica, com seus conselhos e rezas, agitava a pacata cidadezinha mineira de Baependi, dentro de sua casinha humilde ou na capelinha construída por ela, em cujo solo, hoje, encontra-se enterrada.

O processo de beatificação

Sua beatificação se dá após um processo longo, empreendido por devotos que mantiveram a fé em Nhá Chica acesa por todo esse tempo – e referendado pela Conferência Nacional dos Bispos do Brasil – CNBB. Em 2004, durante a sua 42ª Assembleia Geral, a CNBB conseguiu reunir 204 assinaturas de bispos de 25 estados brasileiros, que foram encaminhadas ao então Papa João Paulo II. A fé em Nhá Chica, com seus seguidores, começou ainda quando ela era bem jovem. Diz-se que suas palavras de "consolação e conforto" eram levadas a todos – independentemente da cor da pele ou condição social. Pelo que se divulga de sua história, ela tinha por hábito reunir as pessoas pobres da região em sua casa para louvarem à Virgem Maria, mãe de Jesus. Após as orações, ela distribuía alimentos e mantimentos. Toda pessoa que batia à porta de sua casa, em geral, não saía de lá de mãos ou espíritos vazios: ou levava pão ou oração. Ao falecer, a 14 de junho de 1895, aos 86 anos, Nhá Chica já vivia uma situação existencial de verdadeira "santa". E foi essa adoração que levou, em 1952, ao início de uma campanha de canonização. Mas só em 1989 uma comissão foi instalada, definida três anos depois. Em 2001, reúnem-se documentos e testemunhos, correspondentes à primeira fase do processo de beatificação. Em 2010, a Congregação das Causas dos Santos deu parecer favorável às virtudes de Nhá Chica, aprovada por Bento XVI, dando a ela o título de Venerável. O mesmo pontífice decretaria um milagre atribuído à religiosa mineira, por uma cura da professora Ana Lúcia Meirelles, moradora de Caxambu, cidade próxima a Baependi, em Minas Gerais.

A professora Ana Lúcia, por isso mesmo, é uma das seguidoras de Nhá Chica que mais espera sua canonização. Alvo do milagre que vem ajudando a acelerar todo esse processo, ela diz da emoção que sentiu quando recebeu a notícia, através de um telefonema do Vaticano, na Itália, do Postulador da Causa de Beatificação, Paolo Villotta, sobre o reconhecimento do milagre atribuído à "santa" mineira. Sobre sua doença, deu ela um depoimento extraordinário:

> Eu estava péssima, com hipertensão pulmonar. Tive uma isquemia transitória na vista que me impossibilitou enxergar por alguns momentos. Era um defeito congênito no coração que eu teria que operar, por causa da hipertensão pulmonar e por causa do sangue que passava errado pelo coração. Então, a cirurgia foi marcada, mas três dias antes eu tive febre e acabei não fazendo. Tudo isso, sob a proteção de Nhá Chica. Passados sete dias, eu notei que eu só melhorava. Seis meses depois, por pressão dos médicos, voltei a fazer os exames pré-operatórios. Qual não foi a minha alegria ao constatarem, por um exame transesofágico, que eu estava curada: sem hipertensão pulmonar, e já não havia mais aquela passagem de sangue que causava a hipertensão. Agora a campanha intensifica-se pela canonização de Nhá Chica como a "Santa de Baependi", reconhecimento que já era atribuído a ela em vida. Para isso, toda a população baependiana se mobiliza; e a escritora Rita Elisa Sêda lançou o livro *Nhá Chica – mãe dos pobres*, que pode auxiliar a todos aqueles que desejarem conhecer melhor a história dessa grande mulher brasileira.

Duas mulheres, dois destinos[66]

Uma nasceu na São Luís do Maranhão do século 19 e tinha origem em uma família escravizada; a outra veio ao mundo em Sacramento, Minas Gerais, já no século 20, e passou à história como "negra, catadora de papel e favelada". Em ambos os casos, trata-se de Marias: Maria Firmina dos Reis (1822-1917) e Carolina Maria de Jesus (1914-1977). O que une o destino dessas duas mulheres guerreiras e destemidas? A escrita, a literatura, os livros. No mês de comemoração do Dia Internacional da Mulher, ninguém melhor do que elas para representar as mulheres brasileiras.

A primeira era filha da negra Leonor Filipa dos Reis e de João Pedro Esteves, branco, sócio do senhor de sua mãe, e aparentada do célebre gramático maranhense Sotero dos Reis (1800-1871). Transferiu-se para a cidade de Guimarães (MA), onde iniciou seus estudos, até alcançar o magistério, por concurso, e o jornalismo, por determinação. A segunda, filha de negros humildes (a mãe era empregada doméstica), só teve dois anos de vida escolar regular na cidade natal, mesmo assim, patrocinada pela patroa da sua mãe. Deixou a escola para ajudar no sustento da família, pobre e desvalida. Seu aprendizado literário se deu pela escrituração nos velhos cadernos que encontrava nas latas de lixo da capital paulista, onde buscava os meios de criar seus filhos.

Mas se Firmina dos Reis podia ser chamada de erudita e intelectual, professora concursada e escritora no século da escravidão, a outra, Carolina de Jesus, segundo arbitrário senso comum, semianalfabeta, desescolarizada,

---

66. DUAS mulheres, dois destinos. *Revista Raça Brasil*, São Paulo, SP, nº 176, p. 68-69, mar. 2013.

passou parte da sua vida como catadora de papel e ferro velho nas ruas de São Paulo para alimentar os três filhos de pais diferentes, na favela do Canindé.

São dois rostos. Duas personalidades distintas. Mas semelhanças de origem e destino marcam suas trajetórias. Ao publicar, em 1859, o romance *Úrsula*, de temática abolicionista, Firmina dos Reis tornava-se a primeira mulher a assinar uma narrativa de fôlego na literatura brasileira. O fato de ser negra, todavia, aumentava o seu pioneirismo e o seu pendor revolucionário. Mesmo depois de tantos anos, não há (salvo engano) uma brasileira que se iguale a ela. Segundo Nei Lopes (*Enciclopédia Brasileira da Diáspora Africana*, Selo Negro, p. 278), a sua erudição era tanta que fez cunhar a expressão "é uma Maria Firmina", aplicada no Maranhão, a toda mulher inteligente e bem informada.

E o que dizer de Carolina de Jesus? É, sem dúvida, um caso particular de fenômeno existencial que, à semelhança da autora maranhense, nasceu para brilhar e fazer a diferença no seu curto período de vida terrena. Uma vez morando em São Paulo, gozando de sua plena obscuridade, Carolina de Jesus se viu do dia para a noite no centro de todas as atenções. É que pelas mãos do hábil jornalista Audálio Dantas, repórter da *Folha da Noite*, que fazia reportagens sobre a favela do Canindé, próximo de onde hoje é o estádio da Portuguesa de Desportos, na Marginal do Tietê, conheceu o mundo glamoroso das letras. Audálio Dantas soube da existência de seus escritos e foi atrás deles. Resultado foi a publicação, em 1960, de *Quarto de despejo – diário de uma favelada*, marco editorial da Francisco Alves, que vendeu, em menos de uma semana, 10 mil exemplares, superando a marca do maior ícone da época, ninguém menos que Jorge Amado. Ou seja, a favela falou! Em pouco tempo, a editora estava abarrotada de possíveis escritores, favelados e deserdados da sorte que, como ela, também tinham algo a dizer. Os escritos de Carolina de Jesus, antecipadora do gênero "depoimento" e "testemunho", viraram de pernas para o ar e escandalizaram os presumidos padrões da época, escancarando as portas de um ambiente desconhecido e curioso, o das habitações populares, como outrora fora exposto e revelado o das senzalas.

Pela natureza de suas vidas, Firmina e Carolina estão integradas pela via existencial. A primeira, embora racializada e atacada pela elite oligárquica maranhense, de profundas raízes até hoje, driblou o cativeiro, à sombra de Sotero dos Reis, de ideais abolicionistas e republicanos. Já a segunda, incorporada aos tempos da República, a única relação que teve com o magistério foram os conflitos com a professora D. Lanita Salvina, aos sete anos, que lhe dava reguadas nas pernas finas.

Atualidade e liderança

Não é de se estranhar que, ainda hoje, ambas exerçam no imaginário popular, bibliograficamente, um grande papel de atualidade e liderança no campo do pensamento e da literatura.

Quando escreveu e entregou ao público o seu romance, nos primórdios escravistas de uma província tacanha e dada ao preconceito racial, com negros e negras no eito, e abarrotando, todos os dias, os portos brasileiros, Maria Firmina dos Reis (que escreveu contos e poesias, tendo publicado um livro de muito sucesso) não imaginava que, na verdade, abria caminhos para uma postura mental que serviria de exemplo para outras gerações. O seu livro *Úrsula*, bem como o conto "A escrava" e seus poemas "Cantos à beira-mar", podem ser encarados como petardos perfeitos mirados contra a face dos poderosos. Carolina Maria de Jesus, na mesma linha de atuação, passados 100 anos, criou a sua prosa calcada nos cadernos enxovalhados, muitas vezes catados do lixo, luxos literários que culminaram na beleza estética dos livros *Quarto de despejo*, de 1960, *Casa de Alvenaria*, de 1961, *Pedaços da fome*, de 1963, e *Diário de Bitita*, póstumo, publicado em 1982. Aliás, Bitita era o seu apelido em família, quando em Sacramento.

Tudo isso é parte, em especial, dos 37 cadernos ou cerca de mais de 5 mil páginas produzidas, muitas das quais ainda inéditas, de histórias em prosa, poemas e peças de teatro. Ao mesmo tempo em que escrevia e catava papel e objetos velhos pelas ruas da cidade, transformava, em torno de si, a realidade do mundo marginalizado. Deixou um legado da sua existência miserável, em belas e líricas construções, fio condutor de mudança de mentalidade, enfrentamento ao sistema e grito de liberdade. Era vista como "negrinha" atrevida, como alhures, disse a tia Oluandimira, que queria a todos dominar.

Se Firmina dos Reis viveu à margem do sistema da escravidão, vendo seus entes acorrentados e humilhados, Carolina de Jesus presenciou os seus espremidos em barracos de tábuas e zinco, esfomeados, temidos e rejeitados, agora não como negros e escravizados, mas como negros e bestializados.

Se vivessem ainda hoje, a autora de *Úrsula* e a autora de *Quarto de despejo* certamente andariam de mãos dadas pelas maranhenses e paulistanas de peito aberto, desafiando e rindo na cara do poder. Coragem e determinação não lhes faltaram ao mesmo tempo em que viveram: Firmina, até os 95 anos, e Carolina, até os 62. Denúncias e enfrentamentos, coragem e determinação. Firmina dos Reis esteve à frente da escola que ela própria inaugurou, mista, para meninas e meninos, um escândalo; Carolina de Jesus fez outro tipo de escola: a do exemplo de vida que legou aos seus "parceiros" favelados, deserdados e descolarizados, a possibilidade de sonhar com o futuro e com o que a vida pode proporcionar, aos que têm garra e acreditam que é possível acreditar e ter determinação.

Tanto Maria Firmina dos Reis quanto Carolina Maria de Jesus entenderam que o maior obstáculo da vida é o de não saber compreendê-la e dominá-la.

História intrigante[67]

Livros abrigam sempre elementos de surpresa. É, assim, desde quando Gutenberg publicou, em letra de forma, a primeira obra impressa no mundo: A Bíblia Sagrada. Talvez seja assim quando lemos, apressada ou demoradamente, *Claros sussurros de celestes ventos*, romance escrito e publicado agora pelo escritor e professor Joel Rufino dos Santos, que a Bertrand Brasil faz o favor de colocar nas livrarias brasileiras, para alegria de todos nós leitores. Não o comparo, fica claro, sem trocadilho, à Bíblia, mas à surpresa que uma obra sempre provoca na vida da gente.

Existem duas particularidades muito relevantes nesse novo trabalho de Joel Rufino dos Santos: a primeira é que, depois de tantas obras maduras e de grande fôlego histórico, como *Crônica de indomáveis delírios* ou *Bichos da terra tão pequenos*, a primeira narrativa trazendo aos trópicos a figura lendária de Napoleão Bonaparte de conluio com a Revolta dos Malês, enquanto a segunda, transporta para o Morro do Urubu, local com características dos morros cariocas, a trajetória de marginalização dos negros, dos pobres, dos esquerdistas, numa nítida orientação com a história do próprio autor, um polêmico articulista que já publicou, para espanto da intelligentsia geral, os ensaios indisciplinados, *Quem ama literatura não estuda literatura* e *Como podem os intelectuais trabalhar para os pobres*, ou, ainda, *A questão do negro na sala de aula*.

Com *Claros sussurros de celestes ventos* a história é ainda mais intrigante e apaixonada. Nesse novo romance, dois personagens reais, de carne e osso, se

---

67. HISTÓRIA intrigante. *Jornal Notícias do Dia*, Florianópolis, SC, p. 15, 18 dez. 2012.

misturam numa confluência existencial, dialogando, interagindo no espaço urbano, nas ideias e na literatura. O autor, neste livro, reúne o carioca Lima Barreto e o catarinense Cruz e Sousa numa comunhão só imaginada na inspiração de ninguém menos que Joel Rufino dos Santos. Além de aproximar dois dos mais importantes negros da literatura brasileira, o romancista também transforma a Olga, de *Triste fim de Policarpo Quaresma*, de Lima Barreto, e a Núbia, de *Evocações*, de Cruz e Sousa, fazendo com que todos, criador e criaturas, coabitem e coexistam dentro do mesmo espaço poético e literário.

Essa invenção de Joel Rufino dos Santos, uma nobre faceta de suas obras mais inspiradoras, é o que nos faz percorrer os mais vivos acontecimentos dos séculos 19 e 20. Cruz e Sousa, morto em 1898, e Lima Barreto, em 1922, jamais se encontraram ou se conheceram em vida (pode ser que Lima, aos 17 anos, tenha ouvido falar da morte lenta do poeta catarinense), mas a narrativa de Joel Rufino dos Santos os torna próximos e praticamente amigos.

No entanto, como sabemos, tudo é possível pela pena desse premiado escritor. A atmosfera poética dos poemas do autor de *Broquéis* está inteiramente em *Claros sussurros de celestes ventos*, bem como as sugestivas passagens de sua vida, biografada de forma irregular e anticronológica, mas, mesmo assim, ungida daquelas transfigurações e sinergias que o colocariam na constelação máxima da poesia simbolista brasileira.

Joel Rufino dos Santos, ao transformar Cruz e Sousa e Lima Barreto em personagens intensamente contagiantes de sua narrativa, conta, com isso, como pano de fundo, fatos históricos do Brasil de forma didática e romântica, real e ficcionalizada. É um livro apaixonante, não só para os leitores apaixonados por romances ou obras ficcionais, mas também para aqueles que apreciam esses dois geniais e fantásticos escritores brasileiros, Lima Barreto e Cruz e Sousa.

João da Cruz e Sousa, o poeta negro[68]

"No intuito de esboroar, derruir a montanha negra da escravidão no Brasil, ergueram-se em toda parte apóstolos decididos, patriotas sinceros que pregam o avançamento da luz redentora, isto é, a abolição completa." Cruz e Sousa publicou esse texto em Nossa Senhora do Desterro, em 12 de outubro de 1885, no jornal *O Moleque*, do qual era editor. Tinha o título geral de "Abolicionismo", na verdade uma palestra proferida pelo vate negro na redação do jornal *Gazeta da Tarde*, em Salvador, Bahia, durante a sua passagem pela capital da província como "ponto" da Companhia Dramática Julieta dos Santos, cujo diretor era Moreira de Vasconcelos.

O texto, que comoveu a diversificada e seleta plateia provincial, representa um dos exemplos importantes da militância de Cruz e Sousa no processo abolicionista, tanto em Santa Catarina quanto no Ceará, Pernambuco, Bahia, Rio Grande do Sul, Rio de Janeiro, São Paulo e Belém do Pará, certamente parte da consciência política do poeta que, ao se afirmar como negro, filiava-se às ideias políticas mais avançadas do seu tempo. Inclusive, retornou ao tema em artigo do jornal *Regeneração*, em 22 de junho de 1887, intitulado "O abolicionismo" (ver trecho no final deste artigo).

Embora imortalizado como o grande poeta do Simbolismo brasileiro, inaugurador e criador de uma escola (aliás, o único autor negro a criar uma escola literária no Brasil, enquanto Teixeira e Sousa, outro negro, foi o criador do romance entre nós, em 1843, ao publicar *O filho do pescador*, bem como do primeiro folhetim), sua trajetória como abolicionista e político, defensor

---

68. JOÃO da Cruz e Sousa, o poeta negro. *Ô Catarina!*, nº 75, p. 4-5, 2012.

da república, da liberdade, igualdade e fraternidade entre os homens, à moda da Revolução Francesa, da qual era adepto, é pouco conhecida e estudada por pesquisadores e apreciadores de sua vida e obra.

É preciso que se diga que Cruz e Sousa foi um militante ardoroso. Sua trajetória pela causa da Abolição da Escravatura começou na antiga cidade de Nossa Senhora do Desterro (atual cidade de Florianópolis), onde nasceu a 24 de novembro de 1861, filho de Carolina Eva da Conceição, negra liberta, lavadeira e quituteira, e de Guilherme Sousa, pedreiro e "pobre jornaleiro", segundo documentos da época, escravizado pela família do marechal Guilherme Xavier de Sousa, militar da Guerra do Paraguai, e de Clara Angélica Xavier de Sousa, em cujo sobrado nasceu e permaneceu até o período de sua juventude.

Foi exatamente nesta fase que Cruz e Sousa teve consciência do seu valor e começou a posicionar-se como homem negro e militante. Esse passo foi dado, pela primeira vez, quando aluno do Ateneu Provincial Catarinense, onde entrou graças ao empenho do pai ("pobre jornaleiro, que tudo sacrifica pela educação dos filhos", em um relatório do reitor do Ateneu). Nesse educandário, Cruz e Sousa, pela primeira vez, mostrou os seus dons intelectuais.

Aí fez a diferença, derrubando velhos dogmas e estereótipos preconceituosos e racistas, surgidos e exportados lombrosianamente da Europa, segundo os quais os negros não tinham condições de aprender e intelectualizar-se. Cruz e Sousa, sem dúvida, foi o oposto disso. Começa, logo após, sua árdua e aguerrida atuação como poeta, jornalista, escritor, teatrólogo, conferencista, articulista, professor. No final dos anos de 1870, conhecemos – ao menos pelo que chegou até nós – o seu primeiro texto impresso, que saiu publicado em junho de 1879, num pequeno jornal de sua cidade.

No início, são textos eivados de sentimentalismos, elogios mútuos, alegrias trêfegas, pessimismos: "Ai! que viver mais desgraçado!.../ Que sorte tão crua e desazada!.../ Quem assim tem a vida amargurada/ Antes já morrer, ser sepultado". Para a noiva Pedra Antioquia da Silva, tinha muitos arroubos. O poeta, que gostava de ser chamado de escritor, dizia que iria morrer, mas um dia deixaria um nome na história, e sonhava que governaria Santa Catarina.

Em um depoimento dado muitos anos depois da morte de Cruz e Sousa, em entrevista a um jornalista carioca, Pedra Antioquia, ainda visivelmente apaixonada pelo poeta ("Oh! sim! jamais pude esquecê-lo. E toda a vez que tenho necessidade de falar de Cruz e Sousa, é como o senhor vê: coro!"), revela que o poeta mantinha uma relação estreita com a população negra da Ilha. Segundo ela, Cruz e Sousa "não desprezava os pretos como ele", pelo contrário, "sempre saudava cortesmente e frequentava sociedade e reuniões familiares de gente de cor, onde se fazia ouvir ao piano e ao violão".

Dado extremamente relevante na biografia do poeta catarinense, mas novo, a relação com a comunidade negra nos faz pensar Cruz e Sousa com outro viés e outro papel político e social. A partir desse ponto, fica fácil compreendermos as articulações de sua obra com o processo abolicionista, bem como revê-las com outros olhos. Tanto é verdade que, já a partir do ano de 1885, os textos do poeta se tornam mais contundentes: no livro *Tropos e fantasias*, o texto "O Padre" ("um padre, amancebado com a treva", e "de batina e breviário... horror!") denuncia a situação de um padre escravocrata! De fato, os anos de 1880 marcam o processo da militância, mas, ao mesmo tempo, revelam os textos mais importantes do poeta na defesa da causa contra a escravidão.

O resultado desse Cruz e Sousa engajado é o fechamento de portas ao acesso a cargos do serviço público, a perseguição que a mãe sofria das patroas, que lhe cortavam os serviços de lavagem de roupa, a marginalização do irmão, Norberto da Conceição Sousa, que, embora tivesse formação parecida com a do futuro autor de *Missal* e *Broquéis*, ganhava a vida como tanoeiro (aquele que fazia barricas, tambores para colocar aguardente e conservar água).

Até o ano da Abolição da Escravatura, em 1888, Cruz e Sousa viveu dos minguados ordenados da imprensa, da ajuda dos pais e dos amigos, até se transferir para o centro do país, a cidade do Rio de Janeiro. Na capital da nascente República, outra batalha de vida: o acesso aos jornais, na mão de outro grupo literário (Olavo Bilac, Raimundo Correia, Paula Ney, Arthur e Aluísio Azevedo) e a dura vida de jornalista, e, logo após, de servidor público.

Casando-se com Gavita, em 1893, teve quatro filhos. O preconceito e a carestia da vida tornaram-no um homem cético e desesperançoso: a loucura da esposa, a doença dos filhos, a miséria, as dificuldades de acesso às coisas da vida, a falta de empoderamento. Cruz e Sousa, na sua passagem pelo Rio de Janeiro, foi como um exilado por ser negro e empobrecido. "Artista!" – dizia o poeta em "O Emparedado" – "pode lá isso ser se tu és de África, tórrida e bárbara, devorada insaciavelmente pelo deserto, tumultuado de matas bravias, arrastada sangrando no lobo das Civilizações despóticas…". Essa noção consciente da sua realidade perseguiu Cruz e Sousa até sua morte, de tuberculose, a 19 de março de 1898, na estação de Sítio, Minas Gerais.

Nos 150 anos de seu nascimento, João da Cruz e Sousa nos oferece a grande oportunidade de repensar a sua presença na terra, o seu papel como homem e intelectual e o seu posicionamento literário como um dos mais importantes poetas e escritores do século 19 e da literatura brasileira (e catarinense), ao mesmo tempo em que redimensionamos o seu legado como um dos protagonistas do movimento abolicionista no Brasil.

O abolicionismo

(…) Se a humanidade do passado, por uma falsa compreensão dos direitos lógicos e naturais, considerou que podia apoderar-se de um indivíduo qualquer e escravizá-lo, compete-nos a nós, a nós que somos um povo em via de transformação, sem orientação e sem caráter particular de ordem social, compete-nos a nós, dizíamos, fazer desaparecer esse erro, esse absurdo, esse crime.

Não se pense que com a libertação do escravo virá o estado de desorganização, de desmembramento no corpo ainda não unitário do país. Em toda a revolução, ou preparação de terreno para um progredimento seguro, em todo o desenvolvimento regulado de um sistema filosófico ou político, tem de haver, certamente, razoáveis choques, necessários desequilíbrios, do mesmo modo que pelas constantes revoluções do solo, pelos cataclismos, pelos fenômenos meteorológicos, descobrem-se terrenos desconhecidos, minerais preciosos, astros e constelações novas.

O desequilíbrio ou o choque que houver não pode ser provadamente sensível, fatal para a nação. Às forças governistas compete firmar a existência do trabalho do homem tornado repentinamente livre, criando métodos intuitivos e práticos de ensino primário, colônias rurais, estabelecimentos fabris etc.

A escravidão recua, o Abolicionismo avança, mas avança seguro, convicto, como uma ideia, como um princípio, como uma utilidade. Até agora o maior poder do Brasil tem sido o braço escravo: dele é que partem a manutenção e a sustentação dos indivíduos de pais dinheirosos; com o suor escravo é que se fazem deputados, conselheiros, ministros, chefes de Estado. Por isso no país não há indústrias, não há índole de prática social, não há artes.

Os senhores filhos de fazendeiros não querem ler lavradores, nem artífices, nem operários, nem músicos, nem pintores, nem escultores, nem botânicos, nem floricultores, nem desenhistas, nem arquitetos, nem construtores, porque estão na vida farta e fácil, sustentada e amparada pelo braço escravo dos pais, que lhes enche a bolsa, que os manda para as escolas e para as academias.

De sorte que, se muitas vezes esses filhos têm vocação para uma arte que lhe seja nobre, que os engrandeça mais do que um diploma oficial, são obrigados a doutorarem-se porque se lhes diz que isso não custa e que poderão, tendo o título, ganhar mais facilmente e até sem merecimento, posições muito elevadas; e mesmo porque, ser artista, ser arquiteto, ser industrial etc. é uma coisa que, no pensar acanhado dos escravocratas, dos retrógrados e dos egoístas, não fica bem a um nhonhô nascido e criado no conforto, no bem-estar, no gozo material da moeda dada pelo braço escravo."

Zózimo Bulbul: um cineasta de ação[69]

Se depender do nome, o homem já é um eleito. Porque Zózimo, no sentido bíblico, quer dizer "guerreiro abnegado", e em grego, tem o significado de "vida". Uma coisa tem a ver com a outra, com certeza. Por incrível que pareça, esta é a imagem que carrego comigo toda vez que me encontro com o cineasta, ator, diretor, produtor e roteirista Zózimo Bulbul (1937-2013) - ou simplesmente, pelo batismo, Jorge da Silva -, naquele seu acolhedor injó, incrustado no coração da velha Lapa, como a encarnar a lendária figura de um *griot* moderno, contemporâneo, que sabiamente olha para frente, e diz sempre muita coisa, dizendo tudo em apenas poucas palavras.

Imagem saliente do mundo da cinematografia brasileira, tendo atuado ao lado de grandes nomes da arte e do cinema nacional, como Glauber Rocha, Cacá Diegues, Léon Hirszman, Leila Diniz e Norma Bengell, ícones do Cinema Novo, Zózimo Bulbul deu início a sua carreira de ator no revolucionário Centro Popular de Cultura da UNE, nos idos dos anos 60 do século passado.

É bom que se diga, os grandes nomes da cultura brasileira, ou da arte dramática, de um modo geral, passaram, de alguma forma, pelo CPC da UNE. Zózimo Bulbul foi desses astros iluminados que bebeu na fonte da efervescência cultural de uma geração de artistas altamente profícua em realização de obras e no modo de transformar o mundo a sua volta.

Completamente integrado ao ápice de um período de grandes mudanças políticas e sociais do país, Zózimo constitui-se no elo de ligação, na

---

69. *Informe – Centro Afro Carioca de Cinema*, Rio de Janeiro, RJ, edição n° 1, p. 2, abr. 2010.

voz corrente, uma espécie de fenda aberta entre duas classes: a dominante, eminentemente branca, de poder aquisitivo do alto; e a classe do proletariado, na sua maioria absoluta formada por homens e mulheres negros e negras, menos aquinhoados econômica e socialmente. O Brasil, desde a Abolição, e, mais especialmente, após a decretação do Estado Novo, com Getúlio Vargas, em 1937, no ano do seu nascimento, passava por momentos de grandes turbulências e transformações, as quais iriam desencadear, posteriormente, no famigerado regime de exceção, que foi a ditadura militar de 1964. Nessa quadra da vida é que começa, efetivamente, a atuação e a participação de Zózimo como artista multifacetado e como ator engajado e aguerrido. Na sua cabeça, toda luta torna-se difícil quando não se conhece aquele que o oprime. Militante dos movimentos social e político, sua presença nos palcos passou a ser quase obrigatória, dando margem a uma inserção maior sua tanto no cinema, quanto na televisão, que ainda engatinhava entre nós. Contracena com as mais importantes personalidades artísticas do momento, representando para filmes, que até hoje, são lembrados como verdadeiros marcos de nossa cinematografia: *Transe em transe, Em compasso de espera, Cinco vezes favela, Ganga Zumba, A deusa negra, Natal da Portela, Quilombo, A compadecida, Pureza proibida, Filhas do vento*, entre tantos outros, em um universo fílmico de mais de 30 películas, atividade iniciada no ano da graça de 1962 e atualmente ainda em pleno curso.

    Quem é este homem, afinal? Que mistério ele carrega? Na sua pousada da velha Lapa, ele não tem papas na língua. Fala o que quer e para quem quiser ouvir. E toda gente o escuta. Sua voz, que sai do fundo de uma caverna ancestral, dita a sabedoria de um tempo que já passou, mas que ativa o nosso pensamento e ilumina a nossa memória. Este é Zózimo Bulbul, que parece encarnar a figura daqueles velhos operários africanos, preso ao seu mágico cajado, sentado na soleira da porta a observar em silêncio o movimentar do vento e do bailado dos pássaros de asas coloridas.

    Como aglutinador, transformador da realidade, contestador do sistema em que vive, Zózimo é como aquele raro vinho tinto, que vai se purificando com o passar do tempo. Hoje a agitação cultural toma conta de sua vida, plena de Biza Viana, repleta pelo Centro Afro Carioca de Cinema – formas propulsoras que o erguem da cama todos os dias.

Pura energia, é um incansável lutador, ou, mais do que revolucionário e inovador. Vem daí a ideia que temos desse homem inquieto, aguerrido, cujo olhar miúdo corta fundo e penetra na carne da hipocrisia. Da mesma forma representar, de lidar com o público, como se fosse a coisa mais importante de sua vida.

Um pouco de tudo isso o guindou para trás das câmeras e para o cinema. Não bastava ter uma ideia na cabeça e uma câmera na mão; era preciso ir mais além. Zózimo queria ser personagem de si mesmo, transcender o seu quilombo urbano, mas como o pioneiro de um modo de dizer coisas novas e ser entendido.

Sempre procurou derrubar rótulos e estereótipos – de galã negro dos anos 70 a contestador da realidade televisiva, a perlongar com um telespectador petrificado, sem ansiedade do mundo moderno. Ele não! Não se submeteria; se o mundo era de fato um moinho, alguém precisava soprar suas hélices ou girar o seu eixo.

Não é preciso muita elucubração para saber aonde chegou essa abolição de valores. Coerente da sua sina, Zózimo sabe, como poucos, olhar dentro da alma das pessoas. Isto faz parte de sua trajetória. Ele sempre teve que olhar primeiro para dentro de si: o descobrir-se e o revelar-se antes, é um mérito que ele aprendeu com os percalços da vida.

Na sua atual jornada, distante da curva do tempo, o que se vê no trajeto incandescente, cada qual demarcando o feixe de uma biografia, que dimensiona o pulsar de emoção do seu maior personagem. É a história de uma vida, história de um grande personagem: guerreiro, combatente, desbravador, curtido pela longevidade e pela sabedoria, sem jamais ser mais ou melhor do que ninguém. É apenas a encenação de uma ansiedade que quer tornar o mundo mais habitável e mais humano de se viver.

Cruz e Sousa – o poeta do Desterro[70]

Sylvio Back tem dado provas do grande talento que robustece a sua longa carreira de cineasta, com a realização de filmes festejados pelo público e pela crítica, embasados numa firme argumentação e na qualidade cinematográfica que norteiam os mesmos, enquanto projetos de cultura e obras de arte genuínas.

É o caso de *Cruz e Sousa – o poeta do Desterro*, filme que conquistou o coração de cinéfilos ardorosos e dos amantes da literatura brasileira, especialmente da poesia vaga, nebulosa e recheada de som e cores como a do genial talento que foi o poeta simbolista catarinense.

No filme de Sylvio Back, o contato com a tela grande nos remete a um espectro real de uma cidade contagiada pela *belle* époque finissecular, projetando nossas emoções e sentimentos num ambiente de ruas povoadas de coches e tílburis, vitrines vistosas, mulheres encantadoras, enfeitadas confeitarias, livrarias e redações de jornais.

O poeta está em meio a tudo isso, tendo a visão da maravilha de outro mundo, no trato do dia a dia com outras gentes, com fariseus, no choque de cultura com a filáucia urbana e citadina, ou no contato com a vida familiar, com a dedicada esposa, Gavita, rosa negra do seu deslumbramento.

Cruz e Sousa é o visionário de uma realidade particularizada, e Back, através do seu filme, torna essa particularidade do poeta ainda mais excêntrica e maravilhosa, quando enfeixa no seu trabalho textos autobiográficos que

---

70. CRUZ e Sousa – o poeta do Desterro. *Secretaria de Estado da Cultura de Minas Gerais*, MG, nº 65, p. 11, nov. 2000. Suplemento Literário.

remetem diretamente à experiência de vida de um dos mais extraordinários poetas da língua portuguesa de todos os tempos.

Do fundo de tensão vivido pelo drama de uma vida fadada ao infortúnio da tuberculose, das vicissitudes da ronda da miséria em torno de si e dos filhos, passando pela ingratidão do meio literário que teima em não reconhecer o seu valor, o filme de Back é um espelho fiel do paradigma existencial de um autor marcado pelo ferro em brasa do destino.

No filme, imagem e fotografia surpreendem, bem como os principais atores: Maria Ceiça, no papel de Gavita, Kadu Carneiro, no de Cruz e Sousa, e Dani Ornellas, como a noiva sonhadora do poeta. Esta tríade perfaz a sintonia que encanta a todos pela perfeição do talento de dirigir e conduzir a trama, uma especialidade do sempre polêmico Sylvio Back.

A origem de Cruz e Sousa[71]

Sempre houve dúvidas a respeito dos antepassados de Cruz e Sousa, poeta maior de Santa Catarina, que os biógrafos muito mal conhecem na figura de seus pais: o mestre pedreiro Guilherme e a quituteira Carolina. Mas, a partir da certidão de casamento do casal, levantada recentemente pelo arquivo da Cúria Metropolitana da Arquidiocese de Florianópolis, subscrita pelo secretário Ênio de Oliveira Mattos, a 24 de março de 1987, tudo começa a se esclarecer, pois há nela dados reveladores sobre a família do poeta catarinense. Guilherme, segundo a certidão, era filho de João, antigo escravizado do "finado Francisco de Souza Fagundes" e de Luiza Rosa da Conceição, "natural e batizada na Igreja Matriz desta cidade", a de Nossa Senhora do Desterro.

A raiz ou a origem da árvore genealógica do poeta Cruz e Sousa, na verdade, teve início remoto, em qualquer ponto obscurecido pelo tempo da África negra, no longínquo século 18 ou 19, a partir do *cafre* bantu, da espécie de indivíduos que no Brasil-Colônia foram cognominados: "angolas, cabindas, benguelas, congos, moçambiques" – conforme a nação (algo parecido como um reinado africano) que marcava as suas origens. Os bisavós de Cruz e Sousa devem ter chegado provavelmente em algumas destas viagens, num destes chamados "navios negreiros", tão frequentes naqueles tempos, que por tantos anos singraram os mares rumo às costas brasileiras.

O casal Carolina e Guilherme teve apenas dois filhos: João da Cruz e Sousa e Norberto da Conceição Sousa. Norberto, antes mesmo do decreto

---

71. A ORIGEM de Cruz e Sousa. *Jornal Diário Catarinense*, SC, p. 6., 17 set. 1990.

da Abolição, em 1888, percorreu o estado de Minas Gerais e depois São Paulo, radicando-se em Santos, de onde jamais enviou notícias, apesar dos protestos insistentes da mãe. Sua descendência é, portanto, desconhecida. Já Cruz e Sousa casou, no Rio de Janeiro, com Gavita Rosa Gonçalves, filha de Thomé Luiz Gonçalves e Luiza Rosa, tanto ela quanto a mãe "pertencentes a uma geração de negras escravas" do magistrado Antônio Rodrigues Monteiro de Azevedo. Gavita e Cruz, casados desde 1893, tiveram quatro filhos: Raul, Guilherme, Rinaldo e João. Dos quatro, dois morreram logo após o pai (Raul e Rinaldo); Guilherme morreu em seguida, porém antes da mãe, falecida em 1901.

João, o último filho do casal, sobreviveu até 1915. Órfão, foi amparado pelo casal Alexia Monteiro de Azevedo (filha de Antônio) e Eurico Mancebo, que o educou ajudado por Tibúrcio de Freitas, único amigo que se preocupou pela família do desditoso poeta.

Afilhado de Nestor Victor, Joãozinho da Cruz, como era conhecido, consorciou-se, em 1913, com Francelina Maria da Conceição, menina de cor criada por dona Alexia, tendo nascido, desta união, Sílvio, havido a 21 de janeiro de 1914 e falecido em 1955. Hoje, é remanescente do legado existencial de Cruz e Sousa uma extensa família. O casal Silvio e Erci, com quem ele casou, gerou seis filhos: Dina Teresa, Marli, Sílvio Henrique, Marilda, Sílvia Alex e Maria Evangelista, todos ainda vivos, gerando 36 netos e 14 bisnetos, todos descendentes diretos, carregando não somente o sangue negro de origem senzalista, mas a marca maior de um nome que promete, como os de Homero e Camões, se perpetuar na História, acima da vida e da glória.

Os noventa anos de *Faróis*[72]

Há noventa anos, precisamente, publicava-se, no Rio de Janeiro, a primeira edição do livro de poemas *Faróis*, de autoria de Cruz e Sousa, o qual o poeta negro destinava à publicação, antes de falecer em 19 de março de 1898. A iniciativa partiu do crítico literário e amigo do autor Nestor Victor, e dos poetas Gustavo Santiago e Oliveira Gomes. A esses moços – especialmente a Nestor Victor – deve-se, em grande parte entre nós, a imortalidade do nome do maior poeta catarinense de todos os tempos e, outrossim, o reconhecimento do valor da obra literária do grande escritor simbolista brasileiro.

No manuseio da edição, já amarelecida, pois nonagenária, do livro de Cruz e Sousa (Pharoes, 179 p., Typ. Do Instituto Industrial, 1900) nota-se, da parte dos organizadores, a original preocupação no que diz respeito ao cuidado e apuro editorial. Os poemas estão distribuídos de maneira didática no volume, com os textos avançando legitimamente, sem, no entanto, explorar em demanda os espaços limítrofes das páginas. Além dos poemas e sonetos, que somam 49 textos em seu total, o livro de Cruz e Sousa traz ainda uma "nota", escrita à guisa de introdução pelo organizador geral Nestor Victor.

O crítico paranaense procura sintetizar, em poucas linhas, os critérios adotados para a publicação da obra, começando por descrever aspectos um tanto pessoais, sobre a amizade dele, Nestor Victor, pelo bardo negro: "Cruz e Sousa confiou-me antes de partir para a estação de Sítio, onde três dias depois faleceu, todos aqueles de seus manuscritos que ele destinava à

---

72. OS NOVENTA anos de Faróis. *Jornal Diário Catarinense*, SC, p. 6, 4 jun. 1990.

publicação". Noutro tópico arrolava: "Foram eles três livros, dos quais ainda em vida sua, começou-se a tratar de publicar 'Evocações'", diz. O mesmo só veio à lume no ano de 1898/99, graças ao empenho financeiro e material do jovem poeta Saturnino de Meirelles. O terceiro livro da coleção foi *Últimos sonetos*, publicado em Paris, França, em 1905.

No caso de *Faróis*, o seu segundo livro do conjunto recebido, Nestor Victor revela, na "nota" que escreveu no final do livro publicado em 1900, que Cruz e Sousa não chegou a deliberar sobre o nome da obra; "em todo caso" – informa Nestor Victor – "este que resolvi adotar ("Faróis") foi lembrado por ele, embora num tom consultivo, em conversa, entre ele, o nosso amigo comum Artur de Miranda e eu". "Achei que bastava tal indicação da parte do autor para impedir-me de continuar a preocupar-me com a escolha de um título ao livro."

Ao entregar os manuscritos dos três livros ao amigo e compadre (Nestor Victor era padrinho de João da Cruz e Sousa Filho), nas horas precedentes à sua ida para a estação de Sítio (atual Antônio Carlos, Minas Gerais) - onde falecera da causa da tuberculose, que o acompanhou nos momentos mais difíceis e dramáticos de sua vida -, transferiu-lhe também a grande responsabilidade da manutenção de sua memória e obra. E o crítico paranaense do Simbolismo tomou para si inteiramente tal compromisso, a ponto de ter a liberdade para dizer: "Nesta edição de 'Faróis', que pude revisar da primeira à última página, o que não ocorreu com as 'Evocações', leves modificações foram feitas, e num ou dois pontos ligeira alteração da palavra para a correção do metro". Esse mesmo procedimento adotou Nestor Victor na edição de *Últimos sonetos*, feita em Paris, como já ficou comprovado.

Se o que há de expressivo na escola simbolista brasileira foi escrito por Cruz e Sousa – vide *Broquéis* e *Missal* –, eu diria que em *Faróis*, que não chega a ser uma continuidade linear dos *Broquéis*, encontra-se um dos pontos marcantes desse movimento lírico no Brasil. O ineditismo temático e poético do livro em questão transformara-o em peça chave à compreensão do simbolismo proposto pelo autor. Em *Faróis*, além de Cruz e Sousa complementar a sua linguagem-símbolo, ele a ratifica em potencial praticamente único.

Daí concebermos *Faróis* como um livro arrojado, fadado a revolucionar a estética e os "emparedamentos" da forma. "Vozes veladas, veludosas vozes,/ Volúpias dos violões, vozes veladas,/ Vagam nos velhos vórtices velozes/ Dos ventos vivas, vãs, vulcanizadas" (Violões que choram...). Visto deste prisma, *Broquéis* seria um estudo, senão a introdução, quiçá o prefácio-manifesto da obra póstuma (e prima) do autor simbolista. Porque *Últimos sonetos*, por muito que trazem de real, dor e sofrimento, trazem de perfeição. Cruz e Sousa tem provado que possui estreitas afinidades. É só ler (e ver) a sua obra.

Sendo assim, não é difícil de concluir, imediatamente, sobre a importância desse livro, *Faróis*, para a obra madura e hegemônica cruz-e-sousiana, uma vez que o livro, hoje completando 90 anos, está ligado como uma condensação propulsora de força que revitalizou a arte do poeta e engrandeceu a cultura brasileira.

Cruz e Sousa e a negritude[73]

Quando Cruz e Sousa (1861-1898) deixou na redação da *Gazeta da Tarde*, do Rio de Janeiro, os originais do seu livro *Cambiantes*, para ser entregue a José do Patrocínio, ele tinha como certo que a obra agradaria o tribuno da Abolição e, naquele momento, um dos maiores jornalistas negros do país.

A iniciativa de Cruz e Sousa foi amplamente válida, mas a sorte é que lhe foi ingrata: Patrocínio, no curso de sua primeira viagem para a Europa, sequer teve tempo de manusear o livro, restando ao autor de *Crianças negras* e *Consciência tranquila*, como única alternativa, aguardar o retorno do dono do jornal, na esperança de que, ao ler o livro de poemas, ele indicasse um editor ou patrocinasse a publicação da obra.

Este é apenas um dos pontos que se pode elucidar a respeito da atuação de Cruz e Sousa no processo abolicionista brasileiro. Pelas características da personalidade do poeta, julgamos que não deveria ser outra a sua postura, em face de sua grande consciência racial e de sua predestinação para as causas do espírito.

É patético, nos dias de hoje, esse tema em Cruz e Sousa, sobretudo depois das últimas descobertas de documentos sobre a sua militância, se pode assim dizer, pela causa abolicionista. Filho de uma Carolina, negra forra, e de um velho escravizado de nome Guilherme, e nascido em 24 de novembro de 1861, Cruz e Sousa cresceu vendo de perto a agonia da população negra, da qual fazia parte ele, o irmão e seus pais, que como outros

---

73. CRUZ e Sousa e a negritude. *Ô Catarina!*, Santa Catarina, p. 16, 1998.

da raça eram igualmente submetidos aos mandos e desmandos das "sinhás" e "sinhozinhos" da Casa Grande.

Esta convivência diária, arranhada, lá e cá, pelo preconceito, pela instabilidade da vida, pela falta de perspectiva para o futuro, calou, na consciência ainda jovem do poeta, aquele instinto de revolta silenciosa, que mais tarde, já no Rio de Janeiro, Nestor Victor, seu melhor amigo, atribuiu como uma característica do caráter de homem difícil, desconfiado, pronto para o ataque e para a guerra. Seria, de certo modo, um fator do "homem apocalíptico", que lança fundas sobre seus adversários apenas com o poder do olhar e nas frases do tipo: "detesto essa gente!".

As impressões psicológicas que feriram a retina do poeta nessa época estão expostas, em carne viva, em textos como: "Consciência tranquila", "O padre", "Emparedado", "Dor negra", e ainda, dentre outros, em dois textos com títulos idênticos: "Abolicionismo", um deles até agora ausente da obra completa de Cruz e Sousa. Na poesia, destacam-se: "Crianças negras", "Aureola equatorial", "Escravocratas", "Grito de Guerra", "Titãs negros", "À pátria livre". Sem contar a série de correspondências trocadas com abolicionistas, sobretudo no Desterro, onde a libertação de escravos é encarada como ponto de honra para o poeta catarinense.

Acrescenta-se a esse feixe de obras, os textos de "História simples", não só pela sua coerência temática, e sentido estético e didático, mas também pela visão de mundo que os mesmos encerram.

É evidente que o resultado do trabalho desenvolvido por Cruz e Sousa em favor da Abolição da Escravatura é reflexo do meio em que ele viveu. Pertencente à origem de homens que conheceram apenas o jugo e o eito como postos de acesso na vida, o poeta, diante das oportunidades que lhe caíram nas mãos (cabe dizer, para melhor frisar, com o suor e o esforço do pai, "pobre jornaleiro"), soube aproveitar, como ninguém, e dimensionar estes conhecimentos em arte, poesia e protesto.

Dessa cultura de situações contraditórias, em que ele se insere a um só tempo como elemento derrotado (vítima do racismo por ser negro) e como elemento derrotador (partícipe do processo de libertação da raça negra), é que se forma a negritude do poeta. E, evidentemente, é a partir da transformação do seu espírito, posto que de frente às circunstancialidades de uma cidade ainda provinciana, de um homem educado à luz dos dogmas científicos do Velho Mundo, que o autor dos *Broquéis* teceu suas armas, afiou seus discursos poéticos e pôs o seu escudo, broquel, com que então enfrentou, entre pedradas e metralhas, a vida e a morte.

Otelo, o grande[74]

Um dos momentos mais marcantes da convivência com Grande Otelo ocorreu há cerca de dois ou três anos, quando do lançamento de um livro meu no salão da Academia Brasileira de Letras. O evento, marcado para uma sexta-feira, foi antecipado pelo ator, por um erro de leitura no convite. Grande Otelo chegou à ABL na tarde de quinta-feira, portanto um dia antes, e foi recebido pelo então presidente Austregésilo de Athayde, prefaciador da obra, que no ano seguinte ganharia um prêmio da Casa de Machado de Assis.

A secretária da instituição literária, dona Maria Carmem, sem saber como proceder, ligou-me nervosa, para logo dizer: "Meu caro amigo, o que eu devo fazer? Está no horário do chá".

Os acadêmicos presentes, nesse dia, se divertiram a valer com o instigante contador de histórias e "causos" e relembraram com boas gargalhadas os tempos das chanchadas, quando Grande Otelo era o "máxime" dos comediantes brasileiros. No dia seguinte, porém, a imprensa registrou o fato com bastante hilaridade, e Otelo, pelo seu compromisso comigo e pontualidade britânica, retornou à Academia no dia marcado para prestigiar o evento.

Agora, com a sua morte, morre um pedaço de todos nós, e o céu azul do nosso Brasil, que paira solene sobre nossas cabeças, amanhece nublado, como a chorar, de grande tristeza, por perda tão irreparável. Grande Otelo,

---

74. Este texto acabou não sendo publicado. Não me recordo das razões. Fui amigo, entre os últimos quatro anos de vida, desse grande ator. Ele morreu em Paris, no dia 26 de novembro de 1993, aos 78 anos. Realizamos seu velório do Salão Nobre do Palácio Gustavo Capanema. Essa foi a nossa despedida. É a vida.

ou Sebastião Bernardes de Souza Prata, de garoto pobre nascido em terras mineiras, passou à História como uma das maiores expressões das inteligências artísticas nacionais. O seu nome está ligado, de forma insubstituível, ao teatro, ao cinema, à televisão, à literatura – enfim, à arte de um modo geral. Seu papel como ator, diretor e produtor da cultura brasileira e grande criador. A sua morte representa um pouco da perda que este país precisa urgente reparar. Embora respeitado e admirado pelo público – na sua maior parte espectadores e telespectadores que o acompanharam por mais de meio século de vida artística – Grande Otelo morreu como um homem magoado com a sua terra e seus governantes.

Com o desastroso desmantelamento da cultura brasileira, especialmente do cinema nacional, Grande Otelo foi obrigado a engavetar muitos dos seus projetos originais, como a realização do filme *Elite Club*, verdadeiro libelo sobre a sua existência, cuja concepção vem datada desde os anos de 1950. Por trás de toda a sua visão de mundo, do seu ímpeto pela justiça, do seu furor contra o racismo, escondia-se um verdadeiro homem simples, um autêntico cidadão, como há poucos. De compleição baixa e estatura mediana, Grande Otelo tinha nos olhos o brilho que exprime com exatidão de palavras a definição feita por Orson Welles, que o qualificou de "gênio", quando o cineasta o dirigiu no inacabado (salvo engano) "It's all true".

Após estrear filmes que lotaram as salas de cinema nas áureas décadas de 1950 e 1960, ao lado de Oscarito, Grande Otelo renasceu com *Macunaíma*, dirigido por Joaquim Pedro de Andrade, em 1969, baseado no livro homônimo de Mário de Andrade. Ator revolucionário, músico inteligente e sensível poeta, mas, sobretudo, comediante e criador, o velho Tiãozinho, como era carinhosamente chamado ao tempo em que, desde menino, mambembava pelo país, depois que deixou Uberlândia, em Minas Gerais, pelo país. Na altitude dos seus 78 anos, ainda era – como continuará sendo – a referência histórica de nossa cultura. Como poeta, nas suas poesias, falava da agonia que tinha de viver em uma nação onde a atividade cultural – no seu sentido lato – não é respeitada como expressão mais digna do povo brasileiro. O seu isolamento voluntário, com raras aparições na TV, motivado pelo injusto esquecimento dos "donos" da cultura, serviu para ir deixando triste essa grande figura carismática que tão bem soube representar os anseios de milhares de cidadãos espalhados por todo o território brasileiro.

    Trabalhador e batalhador incansável da cultura, Grande Otelo simboliza, no papel de uma personagem que encorajou muitas plateias nos palcos do mundo, com a dramaticidade de seus choros e de suas alegrias. Manipulador de tipos variados, era todo trejeitos na figurinha franzina. A hilaridade de Romeu e Julieta, cena do filme *Carnaval no fogo* (1942), quando ele representou o papel de Julieta, é digna de uma seleção antológica da cinematografia pátria. E com isso, fique o exemplo de Grande Otelo como a expressão maior do seu povo. Sua imagem, refletida e abençoada por aqueles que tanto o admiraram, há de ficar eternamente impressa e moldada nas nossas memórias e dentro de nossas vidas.

Uma África notável[75]

Ao contrário do Brasil, o continente africano já conquistou 17 prêmios Nobel, pela Academia Sueca, desde que foi criado, em 2001, pelo seu destaque nas áreas da Literatura, Medicina, Paz e Química. A despeito de todos os atrasos que lhe são conferidos, os países africanos, muito embora não sejam os recordistas como os Estados Unidos ou Reino Unido, na conquista de tão prestigiada láurea, estão hoje entre os 70 países que já foram contemplados no rol dos agraciados. A distinção recebeu o nome do filantropo e milionário sueco Alfred Nobel (1833-1896), considerado o inventor da dinamite.

Cabe destacar que, quando falamos dos países dos continentes africanos, estamos nos referindo à grande concentração da população negra mundial, origem da humanidade e estados fomentadores da cultura e do saber. E, ao destacarmos esta particularidade africana, deixamos de destacar, ao mesmo tempo, e chamamos involuntariamente à atenção para o problema, que o Brasil, embora desponte como uma das maiores economias do planeta, e tenha grandes parques tecnológicos e instituições respeitadas na comunidade científica, está no atraso intelectual e cultural da humanidade, atrás da Letônia, Trinidad e Tobago, Tibete, Lituânia, Croácia, Azerbaijão, Argélia, além de dezenas de outros países ou estados-nação, pouco representativos no contexto econômico e social do mundo.

Torna-se emblemático pensar que, sendo o Brasil um país com tanta dimensão e importância, não tenha sido agraciado com um Nobel ou um

---

75. Este texto saiu publicado em alguma edição da revista *Raça Brasil*, mas não consegui encontrá-lo, assim como outros, que gostaria de ver enfeixados nessa coletânea.

Oscar, da Academia de Cinema, por exemplo. Mas um dia chegaremos lá, penso eu.

Já os países africanos, origem de boa parte de nossa população e nacionalidade, estão não só à frente do Brasil, mas no topo da concentração mundial dos pensadores e homens e mulheres intelectualizados.

Não há como deixarmos de refletir sobre isso com base no contexto da inserção dos países africanos no panorama mundial do saber e da cientificidade, logrado junto ao campo mais diverso do conhecimento humano. No centro dessa situação, só podemos inferir que, ao contrário do que pensamos, o adiantamento mental da África, como um todo, está muito acima das nossas presunções ocidentais. Podemos concluir que, na comunicação, o suposto atraso mental dos países africanos é, antes de tudo, uma falácia descabida para encobrir e subjugar, feita de forma direcionada pelo sistema racista, reforçando dogmas do escravismo dos tempos da Idade Média. É nós estamos de fora de sistema perverso.

Mas como o Brasil e a África andam, como bem o sabemos, de mãos dadas e atadas, cabe aqui referenciar que, longe do que se possa imaginar, não há comparação de valor (até porque não é o tom deste artigo, nem há a intenção para isso) entre um e outro, muito pelo contrário. Tanto o Brasil, quanto os brasileiros, devem um posicionamento de respeito, sem o qual não se supõe a recíproca.

No caso específico dos prêmios Nobel aos intelectuais, artistas, escritores e cientistas africanos, a grande referência são as distinções ganhas em favor da luta pela paz, oito no total. Neste aspecto, o arcebispo Desmond Tutu e o ex-preso político e ex-presidente da África do Sul Nelson Mandela despontam como os grandes ícones de defesa da democracia e dos direitos à liberdade naquele Continente. Mas, não há como ignorar, em se tratando da luta pela paz, a figura exemplar de John Luthuli, considerado "o Gandhi africano", que recebeu o prêmio em 1960, mesmo ano em que o governo racista declarou ilegais todos os movimentos nacionalistas e ordenou a prisão dos seus principais líderes, acirrando, com isso, ainda mais, o temido apartheid.

Ainda receberam o Prêmio da Paz: Anwar al-Sadat, nascido no Egito, Frederik Willem de Klerk, que o dividiu com Mandela, Kofi Annan, de Gana, Wangari Maathai, do Quênia, morta em 2011, e Ellen Johnson-Sirleaf, da Libéria.

No campo da literatura, as distinções não foram diferentes. No total, até agora, quatro africanos receberam a láurea, sendo os nomes mais divulgados e conhecidos os do célebre poeta e dramaturgo Wole Soyinka, da Nigéria, que já esteve algumas vezes viajando pelo Brasil, e da renomada romancista e polemista Nadine Gordimer, que em 2007, participou como palestrante da Flip – Festa Literária Internacional de Paraty. Mas o Nobel de Literatura também agraciou notoriedades como Naguib Mahfouz, em 1988, do Egito, e John Coetzee, da África do Sul, outro que conhece as terras brasileiras, tem livros bastante traduzidos por aqui.

Não só pela sua dimensão e reconhecimento, mas o ganhador do prêmio Nobel é visto no mundo inteiro como um intelectual de ponta ou um cientista destacado, passando a ser foco das atenções, não só da chamada grande mídia, mas igualmente despertando a curiosidade das pessoas, que lhe vasculham a vida e devoram seus escritos.

Esse olhar sobre os africanos também foi distinguido, pela Academia Sueca, igualmente na Medicina e Química. Essas duas áreas notáveis do conhecimento, sem sombra de dúvida, já notabilizaram cinco gênios do continente africano. Na Medicina, um dos primeiros foi o microbiologista Max Theiler, que, embora tenha vivido nos Estados Unidos, onde trabalhou no Departamento Tropical da prestigiada Universidade de Harvard, em Boston, não esqueceu suas origens. O "crème de lá crème" do seu trabalho resultou na descoberta da vacina contra a febre amarela, principal motivo, pelo qual, lhe foi concedido o prêmio Nobel. Ainda neste campo, destacam-se: Allan Cormack, também sul-africano, com uma extraordinária carreira internacional, que partilhou o prêmio com o inventor inglês Sir Godfrey Newbold Hounsfield, sem contar a contribuição do biólogo Sydney Brenner, ganhador em 2002, outro sul-africano que temos o dever de destacar.

Em Química, o nome de Aaron Klub, notável cientista, nascido na região de Transvaal, África do Sul. Suas pesquisas foram na direção da combinação da microscopia eletrônica e de princípios de difração. Ao mesmo tempo em que avançava nessa área, conseguiu fazer descobertas que o levaram a soluções de problemas, como os das estruturas do vírus do mosaico do tabaco, o chamado RNA de transferência e a cromatina. Através de Aaron Klub ocorreu a possibilidade da determinação do Código Genético. Seu prêmio foi conferido em 1982.

Outro gênio na Química, que ganhou o prêmio em 1989, foi Ahmad Zuali. Nascido no Egito, em 1946, seus estudos foram realizados em escolas de Al-Nahda e Dusuq, se licenciando na Faculdade de Ciência de Alexandria. Um dos seus grandes feitos está no avanço científico no campo do laser ao conseguir fotografar o nascimento da molécula com uma velocidade vertiginosa, numa escala de tempo medida em femtossegundos, um excelente feito para a época.

No campo da Medicina, cabe destacar o papel desempenhado pelo etíope Legesse Wolde Yohannes e seu contemporâneo Ueshull Wolde-Yohannes, a quem, em 1989, se atribui o "Prêmio Nobel Alternativo", por terem trabalhado para encontrar um remédio para bilharziose, doença que destrói o fígado de milhares de gerações de africanos todos os anos.

Narrativa com discurso feminino[76]

Análise hegemônica, muitas vezes masculinizada, com fundamentação rasa, vem rotulando a obra literária de Ana Paula Maia no campo das literaturas escritas por homens, não por uma mulher. É tão evidente o preconceito rasteiro imbuído nessa perspectiva, como se uma mulher e escritora, com raro talento para a descrição de enredos e com forte dom imagístico, não pudesse escrever um romance como *Assim na terra como embaixo da terra*.

Simplesmente olhar o trabalho de Ana Paula Maia apenas por esta perspectiva deixa transparecer o grau de exotismo muito próprio daqueles que ainda veem a produção artística feminina, no campo do gênero, como um subproduto da cultura brasileira, submetendo-a a uma redoma muito parecida com os cintos de castidades dos famigerados tempos idos.

Penso completamente o oposto dessas falas hegemônicas. Ao mergulhar nas páginas de *Assim na terra como embaixo da terra*, o primeiro baque que se tem é o de que, ao longo de uma brilhante carreira em que já se incluem pelo menos outros cinco importantes romances – entre os quais os festejados *Entre rinhas de cachorros e porcos abatidos* e *De gados e homens* –, a tal suposta narrativa de feições masculinas, por ter só homens no enredo, brutalidade e violência, se for encarada pelo viés histórico do conceito de raça e classe, é, na verdade, uma espécie de pano de fundo de um forte discurso feminino ou feminista que posiciona a autora no total domínio da trama, de vida e destino de cada personagem.

---

76. Este artigo foi destinado ao Segundo Caderno do jornal *O Globo*, mas acabou não sendo publicado. Resgato aqui para conhecimento de todos os amantes de Ana Paula Maia.

A voz poderosa que permeia os ecos das falas dos homens dos seus muitos romances, e via de regra dos seus personagens, é ainda a fala da condução da narradora-mãe, ou seja, da própria autora, que traz, nas letras dos seus teclados e no fio da memória dos seus dedos, a trajetória percorrida e as peripécias de cada componente do seu enredo, independente do seu estado psicológico, que muitas vezes se confunde, por se misturar, como homem e como fera.

Quando partimos desse pressuposto, não só temos a nossa visão aclarada, como também a lógica do romance muda pela radicalidade da perspectiva, e passamos a interagir com a autora e a dimensionar de fato a sua importância entre as vozes mais possantes na romanística brasileira.

Pouco tempo atrás, a premiada escritora Conceição Evaristo, autora de *Beco da memória* e *Ponciá Vicêncio*, fez um desabafo pela imprensa, com forte repercussão nas redes sociais masculina e feminina, lamentando que só agora, aos 71 anos de idade, está sendo reconhecida e valorizada como escritora pelo grande público leitor e pelas instituições do gênero.

Talvez Conceição nos dê a melhor pista para entendermos o que se passa no expresso julgamento a uma escritora do talento de Ana Paula Maia, notadamente festejada no Brasil e no exterior – seus livros já foram traduzidos, entre outros, para o alemão, inglês, francês e italiano (ou sete países até a presente data, salvo engano nosso). De todo modo, é reflexivo pensar o quanto é pertinente a discussão entre nós desse lugar de fala a que está submetida a mulher na sociedade brasileira, como acertadamente já escreveu a socióloga Djamila Ribeiro.

No caso específico de Ana Paula Maia, sobretudo em *Assim na terra como embaixo da terra*, o que nos tira do chão não é, na verdade, o papinho se ela escreve como homem ou com a cabeça ou a lógica e o pensar masculinos, mas como é impactante a descrição de uma sociedade degenerada, em constante destruição de valores, sem perspectiva e em total desesperança, algo bem flagrante na trajetória de cada um dos personagens.

A história de vida de Melquíades ou de Bronco Gil, a grosso modo, nenhum valor tem nesse contexto se não a trouxermos para a nossa dura realidade ou não olharmos o quanto a atual sociedade se embrutece, o quanto se animaliza, o quanto se transforma pela deformidade das próprias ações e suas atitudes.

Nesse aspecto, realmente a narrativa de Ana Paula Maia cumpre, na literatura, um papel histórico, de dar lugar a um sujeito não oculto, mas pouco explorado ou referenciado, na lógica dos enredos originais, para impactar os corações e as mentes, e preenche, pautando por esta premissa revolucionária, o espaço até então vazio ou esvaziado das autoras (e autores) que têm a imagística bem longe dos castelos das princesas ou das fábulas fabulosas que campeiam, ainda nos dias de hoje, muito dos romances escritos à moda de capas e espadas.

Maria Firmina dos Reis – I[77]

Revisitada por diversos estudos e novas edições de sua obra literária, a maranhense Maria Firmina dos Reis é hoje uma autora praticamente renovada no campo editorial e biográfico. Pilar de sua literatura, o romance *Úrsula* (1859) teve 13 edições em apenas um ano (2017-2018), e em termos biográficos, a autora teve o ano de seu nascimento corrigido – de 1825 para 1822.

Tais fatos têm profundo significado no campo dos estudos firminianos: ela, ao lado de Carolina Maria de Jesus (1914-1977), está na ordem do dia entre as autoras negras brasileiras mais festejadas pelo público e pela imprensa.

Nessa onda de revisita e festejos é que vem sendo publicada a obra completa da escritora, a quem Josué Montello chamou, sem exageros, de a "primeira romancista brasileira". O reaparecimento de Maria Firmina dos Reis vem carregado de mistérios e enigmas: ainda pouco se sabe sobre sua vida, vivida na sua totalidade na cidade maranhense de Guimarães – terra do amigo e coestaduano Gonçalves Dias (1823-1864). Nos dois volumes que chegam às livrarias (cognominados *Memorial de Maria Firmina dos Reis*), cuja publicação teve início em 2017, ano do centenário de nascimento da escritora, e que se concluiu agora com o segundo livro, editado em março deste ano, a obra da romancista maranhense é reeditada, acompanhada de vasto material biográfico e rica iconografia.

---

77. Este é outro artigo destinado às páginas do Segundo Caderno do jornal *O Globo*, mas que acabou saindo em outra versão, parte aproveitada dessa. Mas esta tem informações que não constam da publicada no jornal.

No primeiro livro, o organizador e apresentador Lucciani M. Furtado, um estudioso da obra de Firmina, reúne os textos dos romances de *Úrsula*, tido como uma das primeiras narrativas de temática feminista e antiescravista da literatura brasileira, obviamente escrito por uma mulher negra em pleno período da escravidão, e *Gupeva* (1861) – que retempera a temática indianista através do olhar e das emoções de uma afrodescendente, professora primária e que não viveu as atrocidades do cativeiro. O livro traz mais: os contos "A escrava" e "Elvira", também desconhecido.

As grandes novidades desse primeiro volume das obras de Maria Firmina dos Reis, e que nos leva a ir atrás de sua leitura, são os textos desconhecidos do romance *Gupeva* e do conto "Elvira". No geral, Firmina é reconhecida nos meios literários e acadêmicos pelo seu romance, *Úrsula*, que está completando 160 anos da primeira edição, e pelo significativo conto "A escrava", publicado originalmente em 1887, há um ano da Abolição da Escravatura. Estas duas obras já serviriam para consagrar definitivamente a sua autora na história da literatura brasileira.

Do ponto de vista estético, *Gupeva* vale mais como documento literário. Ou seja, é uma produção literária, da escritora que se intitulava "uma maranhense" (numa correlação direta com Manuel Antônio de Almeida (1830-1861) – que chegou a assinar "um brasileiro"), que pouco acrescenta valor à sua fortuna crítica. Referido como "romance brasiliense" pela própria autora, *Gupeva*, na verdade, é um grande conto ou uma novela (tem cerca de 60 páginas). Sua história se desenvolve a partir da paixão avassaladora de um jovem português, o oficial Gastão, por uma indígena brasileira, de nome Épica, espécie de nova Paraguaçu das letras. A narrativa é um enlear crescente entre as juras de amor do jovem mancebo com a filha do velho cacique nas terras da Bahia.

Gupeva, como narrativa, é um estado de espírito menor diante da força criativa que já se conhece em Maria Firmina dos Reis. Além disso, frente a toda valorização da sua obra ficcional, é um contraponto marcante por tratar de um assunto adverso ao tema da escravidão – sua profissão de fé, referenciada como denúncia contra o cativeiro, o racismo e o sentido de fala da mulher e do homem escravizados. Fechando o livro, o conto desconhecido "Elvira", que está no mesmo patamar de *Gupeva* do ponto de vista da novidade narrativa.

Já o segundo livro da obra completa publica as crônicas, charadas, composições musicais, um "álbum íntimo" e o volume de poesias "Cantos à beira-mar", de 1871. Depois dos textos em prosa, é a obra mais importante de Firmina como poeta: tem este livro certa unidade pelo desenvolvimento organizacional do volume e pela temática escolhida. Dedicado à memória de sua mãe, o livro é um mosaico de coloridos sentimentos moldados pela saudade e pelo ardente desejo pela vida. Firmina, que não se casou nem teve filhos naturais – somente adotivos -, e como bastarda, viveu sob o influxo da mãe e de uma tia, foi uma voz atuante que condenou a escravidão e os seus malefícios. Escreveu sobre as mazelas do mundo – a mendicância, a dor, a proscrição, sobre cismas e queixas. Como musicista, compôs letra e música à tradição do bumba-meu-boi e um hino à liberdade dos escravos.

A mente não pode se escravizada

O pioneirismo de Maria Firmina dos Reis ressalta, apesar do pouco que conhecemos de sua vida, a sua vasta produção literária. A edição dos seus livros e os estudos biográficos que aparecem por toda a parte deixam cada vez mais evidente a importância da autora e do seu legado. Ela, que lecionava para meninos e meninas na mesma sala de aula, e que no final da vida morreu cega e empobrecida, dizia que a mente não podia ser escravizada. Era uma mulher à frente do seu tempo, como demonstram os diversos estudos publicados em *Maria Firmina dos Reis: faces de uma precursora*, organizado por um quarteto da pesada: as professoras Constância Lima Duarte, Luana Tolentino, Maria Lúcia Barbosa e Maria do Socorro Vieira Coelho.

Este é um trabalho que investiga os diversos ângulos da vida e da obra de Firmina, sobretudo pelo aspecto da negritude de sua literatura e da sua militância. Mesmo não sendo uma obra abrangente – não estuda narrativas como *Gupeva* ou mesmo a parte "miúda" da obra firminiana, como suas charadas, crônicas etc. –, o livro traz valiosas contribuições, em termos de análise, que avaliam, como marco do romance e da ficção brasileiros, os textos de *Úrsula* e de "A escrava". Resgata o trabalho inovador de Zahidé Lupinacci Muzart, professora morta em 2015 e sócia da editora Mulheres, e outros, como o ótimo "A mulher Maria Firmina dos Reis: uma maranhense", de Dilercy Aragão Adler, que estabelece a data exata do nascimento de Firmina, e "*Úrsula* e a desconstrução da razão negra ocidental", de Eduardo de Assis Duarte, que trabalha os conceitos europeus da ideia do "bon nègre" contra a do "bon sauvage". Há artigos igualmente interessantes escritos por Rafael Balseiro Zin, Rosangeli de Fátima Batigniani e Bárbara Simões, entre outros.

Estes trabalhos, apesar de pequenos deslizes referentes à obra em si de Firmina e sua biografia, são bem-vindos e tendem a preencher, pela natureza de cada um, uma lacuna importante no campo dos estudos literários e da pesquisa biográfica, para apreciadores e historiadores. Monteiro Lobato escreveu que Firmina lhe despertou "as horas de mais intenso gozo espiritual" quando a leu. Está lançado o desafio, é o que esperamos.

Maria Firmina dos Reis – II

Maria Firmina dos Reis continua sendo um enigma, mas nos últimos anos está sendo revisitada por uma série de estudos e pela republicação de suas obras, boa parte completamente desconhecida do grande público e até mesmo inédita. A autora do celebrado romance *Úrsula*, publicado há 160 anos, e durante muito tempo olvidado do mercado editorial brasileiro e da crítica especializada, tem agora sua obra completa publicada em dois impecáveis volumes ricos de ilustrações e estudos atuais sobre sua vida.

"No fim desta história estou certo que a minha amável discípula já deu com a letra encantada", assim escrevia, com estas palavras, da Alemanha, em dezembro de 1857, o poeta Gonçalves Dias para sua amiga "D. Maria", ou, melhor dizendo Maria Firmina dos Reis. A história que une os dois hoje ilustres maranhenses tem um laço forte: por um lado, a herança da escravidão – ele, mistura de negro com europeu; ela, filiada diretamente à senzala – e, por outro, a poesia, a literatura, os livros.

A vida dessa mulher ainda é uma incógnita na história da literatura. Até pouco tempo o dia, mês e ano do seu nascimento eram festejados como se ela tivesse nascido em 1825. Em 2017, a pesquisadora Dilercy Aragão Adler encontrou, nos arquivos eclesiásticos maranhenses, o processo confirmando que a romancista nasceu de fato em 1822, e era filha de mãe forra, portanto ex-escrava, e pai negro, mas que não a perfilhou.

Outro mistério totalmente desfeito sobre ela é a imagem que se divulga de Maria Firmina dos Reis. Embora tenha vivido até os 95 anos, exercendo intensa atividade literária na imprensa do seu estado natal, onde publicava prosa e poesia, não deixou sequer um único retrato seu que se conheça. O que há sobre Firmina nos chegou pela descrição familiar, sobretudo de um dos filhos adotivos: "rosto arredondado, cabelo crespo, grisalho, fino, curto, amarrado na altura da nuca; olhos castanho-escuros; nariz curto e grosso; lábios finos; mãos e pés pequenos; meã; morena".

Esta descrição, no entanto, se choca frontalmente com a pseudoimagem atribuída a ela, desde 2011, em que aparece a figura de uma mulher, também elegante, mas branca, que na verdade é um bico de pena retratando "Délia", pseudônimo da escritora gaúcha Maria Benedita Câmara Bormann (1853-1895). Nos sites de consulta, vê-se a mesma imagem representando o perfil de uma e da outra escritora.

O enigma, todavia, não para por aí. Embora pouco se saiba da sua educação regular, apenas que era prima, pelo lado materno, do famoso gramático Francisco Sotero dos Reis, Maria Firmina foi aprovada em concurso público e nomeada professora primária na vila de São José de Guimarães, na cidadezinha de Viamão. No dia da posse, a mãe, Leonor Reis, orgulhosa do feito da filha, contratou um palanquim, a famigerada cadeirinha carregada nos ombros pelos escravos, para conduzi-la solenemente até o Palácio do Governo. Firmina recusou com veemência a oferta da mãe, mas os escravos, obedientes a sua dona, Tia Henriqueta Reis, insistiam em carregar a régia professora. Irritada, Maria Firmina então os inquiriu: "negro não é animal para se andar montado nele", e foi a pé.

Com base nessas idas e vindas das confusões históricas, "uma onda" firminiana tem tomado conta de estudar e publicar Maria Firmina dos Reis nos últimos anos. Resgatado em 1962, por Horácio de Almeida, em um sebo do Rio de Janeiro, o livro *Úrsula*, assinado por "Uma maranhense", logo foi identificado como sendo da escritora. Surgiu, então, a indagação necessária: Quem era? Por que não assinou a obra? O que teria feito além desse romance estranhamente olvidado pela crítica e tão longamente esquecido do público?

Por estas e outras é que Maria Firmina dos Reis vem sendo resgatada, não apenas como a primeira romancista genuinamente brasileira, mas como uma voz latente e gritante em prol do combate ao sistema de escravidão no Brasil. *Úrsula*, seu romance de estreia, publicado em 1859, antecede na genealogia literária *As vítimas-algozes*, de Joaquim Manoel de Macedo, e o clássico *A escrava Isaura*, de Bernardo Guimarães, e, entre um e outro, *O navio negreiro*, de Castro Alves, e ousa tocar a tecla abolicionista pela escrita feminina de uma mulher negra, e, além de tudo isso, dando voz potente aos seres escravizados.

Pioneirismo em literatura de expressão negra

Maria Firmina dos Reis, nascida e criada no seio de uma sociedade escravocrata e conservadora, foi uma mulher à frente do seu tempo. Sua literatura reza, na cartilha de uma militância antiescravista e feminista, ancorada para combater e denunciar, já naquela época, o regime de desigualdades sociais. Isto é o que os últimos estudos sobre ela têm trazido à tona. Parte dessas revelações vem com base na esteira de publicações como o *Memorial Maria Firmina dos Reis*, saído em dois volumes (2017; 2019), que reúne não só "a prosa completa e poesia" da escritora maranhense, mas uma rica iconografia, um ótimo material bibliográfico, muitas imagens, reproduções de publicações originais e um longo e minucioso estudo biográfico sobre a produção firminiana – que inclui crônicas, romances, poesias, charadas, composições musicais, como o "Hino à liberdade dos escravos", de 1888, e uma importante fortuna crítica. A Câmara dos Deputados, por sua vez, através de sua editora, também publicou, no final de 2018, com vista no ano do centenário de morte da autora (1917-2017), um interessante volume com suas principais produções – o romance *Úrsula*, a novela *Gupeva* (1861-62) e as poesias intituladas "Cantos à beira-mar" (1871). Chama a atenção nos volumes do *Memorial...*, trabalho tão valioso, organizado pelo professor Lucciani M. Furtado, os erros de data relativos ao dia, mês e ano (1825), ainda não atualizados, embora estes dois livros sejam as melhores obras até agora publicadas sobre a escritora nas últimas décadas, e que, certamente, servirão de fonte para muitos estudiosos e pesquisadores.

Outro trabalho que merece menção é *Maria Firmina dos Reis: faces de uma precursora*, pertencente a um grupo dedicadíssimo – Constância Lima Duarte, Luana Tolentino, Maria Lúcia Barbosa e Maria do Socorro Vieira Coelho. Esta obra reúne os melhores estudos firminianos da atualidade. Nela se destaca "Maria Firmina dos Reis: uma maranhense", de Dilercy Aragão Adler, que põe por terra qualquer ensejo de controvérsias sobre a identidade da histórica romancista. Há aí também "Corpos e mentes: a loucura nas obras firminianas", de Rosângela de Fátima Batigniani, e "A poesia como guardiã do corpo", de Imaculada Nascimento, entre outros. Neste conjunto, a sétima edição "revista e aumentada" de *Úrsula*, incluindo o conto "A escrava", com texto esclarecedor do professor Eduardo de Assis Duarte, ele que é o autor referência de um livro revelador sobre Machado de Assis afrodescendente.

Sobre este resgate de Maria Firmina, cumpre identificar três baluartes desse processo pioneiro: Graça Aranha, José Nascimento Moraes Filho e Josué Montello. O primeiro trouxe à baila a memória de um Maranhão do século 19 para o século 20; o segundo foi o incansável batalhador, aquele que "correu atrás" para tornar Firmina dos Reis o que ela é hoje, pondo-a no pedestal merecido; e o terceiro, pelo artigo lapidar, de 1975, no qual faz referência à romancista, nos termos da memória póstuma e sua inovação, ao dizer que "Maria Firmina dos Reis dá pretexto a estudos e discursos, e conquista o seu pequeno espaço na história do romance brasileiro – com um nome, uma obra, e a glória de ter sido uma pioneira". Foi um visionário na palavra e no contexto.

Memorial que homenageia o poeta Cruz e Sousa vira caso de justiça e está abandonado por causa da burocracia[78]

O legado de João da Cruz e Sousa pode estar ameaçado por uma questão burocrática e governamental. Passados 121 anos da sua morte, os restos mortais do poeta, maior nome do Simbolismo brasileiro, continuam sem ter o seu merecido descanso. Mesmo na sua terra natal. O que deveria ser uma bela homenagem ao mais famoso e importante representante da literatura simbolista do país, virou uma dor de cabeça para o governo do seu estado, Santa Catarina, e para a população catarinense. Tudo teve início quando, em 2007, o governo resolveu repatriar os restos mortais do poeta, do mausoléu da família no cemitério do Caju, no Rio de Janeiro, para a cidade de Florianópolis, onde seria construído o Memorial Cruz e Sousa, para ser instalado nos jardins do palácio que leva o nome do poeta e homageá-lo.

A proposta e o projeto, no entanto, saíram como um soneto de pé quebrado. Construído e finalmente inaugurado quase três anos depois de anunciado, cercado de pompa e circunstância, no mesmo ano o espaço foi interditado pelo Deinfra (Departamento de Engenharia e Infraestrutura), órgão do estado responsável pela fiscalização de obras. À época, o que os técnicos do Deinfra alegaram para impetrar a interdição era que o local

---

78. Esta reportagem foi escrita para ser publicada no Segundo Caderno do jornal *O Globo*, em fevereiro de 2019, mas caiu de última hora e nunca mais entrou em pauta, enquanto a situação dos restos mortais do poeta continua na mesma.

ofereceria "riscos aos usuários". Fechada então desde 2010 ao público, a obra construída para abrigar uma cafeteria, uma livraria e painéis narrando a trajetória do saudoso poeta, está completamente abandonada e deteriorada, tendo como companhia muitas ferrugens nas estruturas metálicas e apodrecimento do piso emadeirado devido à ação do tempo.

O relatório de avaliação técnica feito em 2012, que a reportagem teve acesso, realizado pelo arquiteto Diego Fermo, gerente de patrimônio cultural, ligado à Fundação Catarinense de Cultura (FCC), órgão responsável pelo Memorial, condenou integralmente a construção. Para Fermo, os problemas causados indicam erros "graves por parte da empresa na execução das obras". De acordo ainda com o técnico, o projeto arquitetônico não apresentou "todos os elementos necessários para a adequada realização da edificação". Ele destaca que a Múltipla Engenharia e Consultoria Ltda., empresa responsável pela execução da obra do Memorial, "desconsiderou uma série de aspectos propostos no projeto", como, por exemplo, a adoção de medidas não "previstas pelos técnicos projetistas". Em 2016, um laudo pericial para fins judiciais, contratado pela FCC, concluiu que as falhas do projeto foram devido "a vícios construtivos".

Órgão do estado, que tem por obrigação administrar e manter os bens culturais, como o Memorial e o Palácio Cruz e Sousa, a FCC informa que, após inúmeras tentativas de acordo extrajudicial com a empresa Múltipla Engenharia e Consultoria, ajuizou, em 2015, ainda ação dentro do prazo legal, ou seja, antes de a empresa abrir falência, "uma Ação de Produção Antecipada de Prova e uma Ação de Reparação de Danos". Com esta última ação, a FCC visou recuperar o montante pago à empresa no valor de R$ 254.818,76, usado na execução da edificação que não funciona. O Estado ganhou a ação em 2017, mais ainda não recebeu o dinheiro investido.

No entanto, Ana Lúcia Coutinho, nova presidente da FCC, corrobora com os pareceres dos técnicos e lamenta a morosidade de ambos os lados e o desperdício do dinheiro público. Ana Lúcia estuda um modelo de gestão e revitalização para o espaço que possa contemplar uma proposta de "parceria público-privada", diversa da adotada nas gestões anteriores.

— Creio ser uma forma bastante interessante. Considerando a necessária revitalização do espaço, frente à falta de recursos financeiros, a possibilidade de uma concessão do espaço à iniciativa privada está sendo estudada, pois há que se ter critérios muito bem definidos a fim de não se perder a essência do espaço, uma deferência ao poeta Cruz e Sousa.

Mas ressalta que a ideia ainda precisa do aval do governador Comandante Moisés, que, no momento, anda mais preocupado com a finalização da montagem do governo, que leva em conta a parte política e financeira, visando uma dura reforma administrativa, com a extinção de algumas secretarias, inclusive a Secretaria de Esporte, Turismo e Cultura, à qual a fundação presidida por Ana Lúcia Coutinho está vinculada.

"Não há falha técnica", diz a empresa

A empresa contesta a versão do governo, ou seja, da FCC, embora reconheça que está sendo processada, mas se diz inocente. "A obra foi inaugurada a toque de caixa para satisfazer o governo, sob forte pressão de vários lados, mas o fiscal da Deinfra à época atestou positivamente todas as notas do empenho", reclama Cristiano Gio Ortiz, engenheiro responsável e sócio da Múltipla Engenharia. E complementa: "o problema da obra, até os dias de hoje, foi sua manutenção, que não foi feita, não falha técnica".

— A obra foi sendo aditivada durante o processo, com promessa de pagamento, mesmo sem o devido empenho. O que ocorreu é que a Múltipla desembolsou 50 mil que até hoje não recebeu. Achar hoje um culpado é fácil. Se pagarem o que devem, com os ajustes e as correções, a empresa volta lá e faz a manutenção. Se tivesse tudo sido pago, conforme prometido, a manutenção teria sido realizada e o Memorial estaria funcionamento para o público normalmente.

Tempos de incertezas

Para a população da Ilha, no entanto, a coisa está sendo vista de outra maneira. Segundo o historiador Fábio Garcia, estudioso do poeta, e coordenador do Fórum de Cultura Negra de Florianópolis, lamentavelmente o governo ignora a importância do poeta Cruz e Sousa para a cidade e o estado.

— Eu acredito que o novo governo não tem prioridade em ações como a do Memorial, que tem a ver com a valorização da memória e muito menos da cultura negra, mesmo sendo um nome como o do poeta Cruz e Sousa, que não é visto pela importância que merece ter.

De acordo ainda com Garcia, um memorial com equipamentos estranhos à arte e à poesia não homenageia o poeta. "O Memorial precisa, antes de tudo, ter a cara de um memorial. Uma espécie diminuta do Museu da Língua Portuguesa, mas, é claro, nos moldes da ilha".

Para o escritor Amílcar Neves, autor de oito livros e membro da Academia Catarinense de Letras, da qual Cruz e Sousa é patrono, desde o início a construção do Memorial em homenagem ao poeta se resume "a uma jogada política, feita de forma não planejada". Ele alega que o projeto de valorização "é uma grande papagaiada" do governo estadual, pois "faltam as condições próprias para valorizar o poeta na terra onde ele nasceu".

— Não vejo perspectivas, acho que vai continuar a bateção de cabeça sobre esta questão do Memorial. Os tempos são de incertezas. Empresários não apostam dinheiro nem na saúde, quanto mais em cultura. Estou muito descrente diante de tudo o que está acontecendo.

Posição semelhante é partilhada pelo presidente do Conselho Estadual de Cultura, Marcondes Marchetti, que nutre ainda o gosto amargo de derrota: "Conseguiu-se o impensável: transformar a homenagem a Cruz e Sousa num caso de investigação judiciária, mas, no entanto, sem responsáveis".

Quem também comentou o assunto foi o ator JB Costa, que encena a vida e a declama as poesias de Cruz e Sousa há duas décadas no estado. JB diz estar com "um sentimento de muita tristeza".

— Precisamos pensar nas novas gerações. Que país é este que não cuida do seu legado, que não preserva a sua memória histórica? Cruz e Sousa é o maior nome literário do nosso estado e do nosso país. Se fazem isto com ele, meu Deus. É muito triste.

Os herdeiros do poeta, que residem no Rio de Janeiro, não foram localizados para comentar sobre o assunto. Enquanto isso, os restos mortais do escritor continuam sem o descanso merecido.

Memória simbolista

João da Cruz e Sousa nasceu na antiga cidade de Nossa Senhora do Desterro, atual Florianópolis, ilha de Santa Catarina, a 24 de novembro de 1861. Filho de pais alforriados, mestre Guilherme e dona Carolina – ambos ligados ao Marechal Guilherme Xavier de Sousa, herói da guerra do Paraguai, de quem a família do poeta herdou o sobrenome. Teve educação esmerada, graças aos esforços do pai, "pobre jornaleiro, que tudo sacrifica pela educação dos filhos", como se referem documentos da época.

Viajou o país como ponto de uma companhia dramática, até mudar-se definitivamente, em 1890, para a cidade do Rio de Janeiro. Iniciou suas atividades literárias e jornalísticas ainda na província natal, onde editou jornais, como *Colombo*, e o primeiro livro de poesias, em 1883, seguido de *Tropos e fantasias*, de contos, parceria com Virgílio Várzea, obra que despertou a atenção do severo crítico literário Araripe Júnior (1848-1911).

Uma vez na capital da República, casou-se com a negra Gavita Rosa Gonçalves, com quem teve quatro filhos, mortos prematuramente. No mesmo ano lançou, ou seja, 1893, *Missal*, em prosa, e *Broquéis*, em versos, livros inauguradores do Simbolismo no Brasil.

Morreu tuberculoso aos 36 anos, no dia 19 de março de 1898, em Minas Gerais. Seu corpo chegou à estação da Central do Brasil num trem que fazia transporte de gados para os matadouros públicos. Segundo Roger Bastide, crítico francês, Cruz e Sousa faz parte de uma tríade simbolista mundial, ao lado se Stéphane Mallarmé e Stafen George. Antônio Cândido o classifica como o único poeta "eminente de pura raça negra na literatura brasileira".

PARTE III

Cruz e Sousa, poeta simbolista e as suas raízes africanas[79]

I – Os primeiros tempos

Os primeiros homens a pisarem em terra catarinense, na contagem linear do tempo, chegaram nela pelos primórdios do descobrimento do Brasil, aí nos idos dos anos de 1500. Nessa bela terra aportaram, por exemplo, o português Henrique de Montes e o castelhano Melchior Ramirez, que sobreviveram à expedição do navegador espanhol João Dias de Solis, entre 1515 e 1516.[80] A esse propósito se refere textualmente o escritor Virgílio Várzea, em sua obra a respeito de sua terra natal:

> Descoberta em 1515 por João Dias de Solis, navegante espanhol, em viagem pelo sul do Brasil, a Yjuriré-mirim [em guarani, "boca pequena d'água"] dos selvagens foi visitada ainda por outros pilotos dessa nação, ou que navegavam debaixo da sua bandeira: Sebastião Caboto, em 1525; Diogo Garcia, em 1527; e Álvaro Nunes Cabeza de Vaca, em 1540. Alguns anos depois, em 1554, abordou-a também outra frota castelhana que ia para o Prata, e que, forçada por um temporal, ali arribara para refrescar.[81]

---

79. Este texto foi publicado, com leves modificações, em algumas oportunidades, todas em publicações acadêmicas, uma das quais, em: OLIVEIRA, Jurema (Org.). *Africanidades e brasilidades*: culturas e territorialidades. Dialogarts Publicações, 2015, p. 57-90.

80. VÁRZEA, Virgílio. *Santa Catarina, a Ilha*. Florianópolis: Editora Lunardelli, 1984, p. 5.

81. Op. cit., 1984, p. 5.

De alguma forma, não eram homens comuns, tinham conhecimento de contar e escrever, ou seja, eram "letrados". Eles, pois, de acordo com os testemunhos, "sabiam ler, escrever e contar".[82] Isto não quer dizer, todavia, que por ela, pela ilha, anos antes, não tenham passado outros navegadores, talvez mesmo espanhóis[83].

Mesmo em 1538, estiveram de passagem também por ela os frades franciscanos Bernardo de Armenda e Afonso Lebron (assim, com r), estabelecendo-se na região conhecida como Porto dos Patos, em um sítio denominado Ibiaçá, por cerca de três meses, praticando a catequese junto aos habitantes locais, no caso os indígenas.[84]

De acordo com a estudiosa Olívia da Maia Mazzolli, entre 1553 e 1597, a Ilha pode ter recebido mais alguns sacerdotes: os padres Leonardo Nunes (a Aba-ré-bebê, ou seja, o "padre que voa" na língua nativa), com o propósito de "recolher algumas senhoras castelhanas", da expedição de João Salazar, Agostinho de Mattos e Custódio Pires.[85] Além deles, neste mesmo período, Santa Catarina pode ter recebido ainda os irmãos Pedro Corrêa, João de Sousa e Fabiano Lucena, cuja ação "teria sido violentamente combatida pelos caçadores de escravos vermelhos"[86].

---

82. MAZZOLLI, Olívia da Maia. O ensino em Santa Catarina, de 1515 a 1834. *Revista Atualidades*, jan./fev. 1949.

83. Virgílio Várzea, em nota à página 7 do seu citado livro, diz: "Há dúvidas sobre a origem desta denominação dada à Ilha e às terras do continente a que pertence. Almeida Coelho, na sua Memória, bem como outras crônicas são concordes em afirmar que a Ilha recebeu o nome depois de erecta a ermida sob a invocação citada, por sua vez ocorrera a Velho Monteiro [Francisco Dias Velho] por se chamar Catarina a filha de sua predileção. Mas não há sobre o fato o menor documento. Depois existe a versão de que esse nome fora dado à Ilha por Gonçalo Coelho (ou Cristóvão Jacques) em 1501 ou 1502, na sua viagem de exploração pelas costas do Brasil, pois que esse navegante, aos pontos da costa visitados, ia dando o nome do santo ou santa a quem era consagrado o dia em que a frota avistava ou abordava esses pontos. Essa versão parece-nos a mais provável. Em todo o caso, nada há até hoje de definitivo a respeito".

84. BOITEUX, Lucas Alexandre. Instrução Pública em Santa Catarina. *Jornal do Commercio*, mar. 1944.

85. *Ementário da Legislação do Ensino do Estado de Santa Catarina, 1835 a 1979*. Florianópolis: IOESC, 1980, p. 10.

86. Op. cit.

Em todos os tempos, a igreja, através de seus missionários, é que assume a missão de tentar povoar a terra inóspita e praticamente sem habitação do homem branco, a não ser um e outro desembarcado ou abandonado em terra à própria sorte, ou seja, náufragos, deserdados, que viviam ao léu, sem destino. Contudo, vindo de Roma, por meados do século 17, o padre Fernão Cardin buscou esse objetivo, envidando esforços para cumprir resolução superior, que era a de criar "missões", e se possível "fundar residência na região dos Patos".

Até a essa época e um pouco mais adiante, não há registro de escravos africanos em terras catarinenses. Pelo menos que o sabemos. Conforme citam os fatos históricos, ainda não havia, nessa época, pois não se estabelecera qualquer tipo de tráfico com a costa da África, mas sim tendo indígenas reduzidos à esta condição "pelos santistas e vicentistas, que eram os maiores escravocratas da costa brasileira".[87] Passado algum tempo, ou seja, ainda pelo século 17, com efeito, pela pequena colônia fundada pelo bandeirante Francisco Dias Velho, que veio aportar na Ilha por volta de 1651, em companhia da mulher, dos cinco filhos e de cerca de 500 índios, já totalmente adaptados à convivência com os brancos. Virgílio Várzea[88] e outros historiadores de sua época dizem ainda que o corajoso colono trouxe também "dois padres da Companhia de Jesus e um agregado de nome José Tinoco, cuja família se compunha de um filho e duas filhas". Não há citação de escravos negros ou africanos. É mais do que provável a existência de escravos negros africanos ou traficados de outras regiões para Santa Catarina, acreditamos nós, desde os primórdios do Descobrimento. Mesmo Dias Velho, segundo Fernando Henrique Cardoso[89], citando Afonso d'E.

---

87. CABRAL, Oswaldo Rodrigues. *Nossa Senhora do Desterro* – Vol. 2 Memória. Florianópolis: Editora Lunardelli, 1979, p. 379.

88. VÁRZEA, Virgílio. *Santa Catarina – a Ilha*. Editora Lunardelli, 1985, p. 7.

89. CARDOSO, Fernando Henrique. *Negros em Florianópolis*: relações sociais e econômicas. Florianópolis: Editora Insular, 2000, p. 46.

Taunay, "deixou na sua herança 25 escravos pretos", de acordo com o que se infere do seu inventário.[90] Versões dão conta que Francisco Dias Velho, ao contrário do que afirma Virgílio Várzea, só estivera na Ilha anos depois de 1651. Então, vejamos:

> Finalmente, coube a Francisco Dias Velho fixar-se na Ilha, fundando nela uma póvoa.
> Francisco Dias Velho, paulista, de ilustre prosápia e que, na sua mocidade, acompanhara o pai em incursões feitas ao gentio dos Patos, recebeu-a. Havia sido ele Alaceide e juiz ordinário na sua vila natal, onde se casou com Maria Pires Fernandes, da poderosa família dos Pires e de cujo matrimônio teve doze filhos.
> Em 1678, o paulista requereu ao Governador da Capitania duas léguas em quatro de terras na Ilha de Santa Catarina, onde já tinha igreja de Nossa Senhora do Desterro e culturas, além de outras mais em terra firme, sendo, assim, provável que, antes dessa data, possivelmente em 1675, já tivesse fixado moradia na Ilha, para a qual se transferira com a família, agregados e escravos, época em que teria dado início a todos aqueles trabalhos que alegou para obter a doação.[91]

A existência de uma população escrava, no Desterro, de acordo com Oswaldo Rodrigues Cabral, "data dos dias do seu fundador", ou seja, Francisco Dias Velho. Mas esse historiador trata ainda de escravos vermelhos. Em outra parte do seu volumoso trabalho, diz textualmente: "No começo do século 18, é provável que já houvesse um ou outro negro, mas sem a condição de escravo"[92].

---

90. Não há certeza se o sobrenome Velho, de forte estirpe paulista, venha do parentesco de Domingos Jorge Velho, o bandeirante que passou à história como o assassínio de Zumbi, o líder negro do Quilombo dos Palmares, em 1695.

91. CABRAL, 1979, op. cit., p. 41.

92. Ibid, p. 379.

Logo a seguir, nesse mesmo capítulo, se refere Oswaldo Rodrigues Cabral que "Frezier viu no Desterro, em 1713, alguns homens de cor e assinala que eram livres. Em 1763, Dom Pernetty, da expedição de Baugainville, confirma a existência de escravos. Dizia ele que os escravos viviam seminus, na sua maioria cobertos com um simples chalé em torno dos ombros, sendo raros os que usavam camisa e se vestiam; já as mulheres, andavam também nuas, a não ser quanto a uma espécie de faixa carga, que lhes ia da cinta ao joelho".[93]

O historiador nos informa que pelos relatos do desbravador Langsdorff, já no começo do século 19, este detinha-se a contar fatos sobre os negros que encontrou em sua passagem pela Ilha: seminus ou inteiramente nus, deitados no chão, pelas travessas e ruas do seu depósito, à espera dos compradores. Segundo a mesma fonte, mal cobriam "as vergonhas" com trapos de zuarte. Procediam dos mercados do Rio de Janeiro, pois não havia comércio de escravos, diretamente, da Costa d'África com Santa Catarina.

Ao findar do século 18, mais precisamente em 1796, de acordo ainda com dados fornecidos pelo historiador Oswaldo Rodrigues Cabral, "o quadro populacional da Vila do Desterro, segundo estatística levantada pelo Governador João Alberto Miranda Ribeiro, somava uma população branca de 2652 indivíduos de ambos os sexos e de todas as idades, aos quais se ajuntavam, forros, 75 pardos e 35 pretos; os escravos eram 206 pardos, de ambos os sexos, e 789 negros, homens e mulheres. Em resumo, 3757 pessoas, das quais 995 eram escravos, formam aproximadamente 26, 5%, mais de um quarto da população.

No Livro de Registro de Óbitos de Escravos da Matriz de Nossa Senhora do Desterro, havia o registro de 776 falecimentos de escravos, entre 1779 a 1811, provando desta forma o grande povoamento dessa população em substituição à indígena, e a elevada mortalidade desses indivíduos, sendo a maioria dos negros cativos do grupo Banto, como no resto do país, dos

---

93. Ibid.

que chegaram no Brasil, denominados Cabinda, Congo, Moçambique, Cassanges, Benguelas; já do grupo Sudanês, estes mais raros, achavam-se na Ilha Minas, que eram nagôs, Cabo Verde e Songas.

Pela valiosa pesquisa de Oswaldo Rodrigues Cabral, temos as seguintes informações:

> Em 1811, encontrei um Manoel Cabo-Verde, que foi vendido no Desterro e, em 1817, uma Baldina, da mesma nação, que obteve o preço de 153 mil réis, mais do que o soldo anual de um Coronel. Dos Minas, encontrei mais duas ou três vendas anuais, cinco em 1810, variando o preço entre 102 e 192 mil réis, exceto um deles, arrematado em praça por 54 mil réis. Dos Songas, em 1811, outra Balbina e o seu filho, crioulo, de nome Gabriel, foram vendidos por 166 mil réis; por um Antônio se pagou apenas 85, mas, em 1820, por um Dogo houve quem desse 224 mil réis. Mas, o número de peças de tais nações foi sempre pequeno. Já não acontecia assim com os do grupo Banto, mais numerosos. Os Benguela eram bem cotados, em 1810, valendo de 150 a 200 mil réis. Eram os mais numerosos, não só aqui como no Rio de Janeiro, seguidos dos Congos, cujo valor oscilava entre 130 e 140 mil réis, mas muitas vezes, o seu preço elevava-se, mesmo, a 200 mil réis – preço que também chegava a ser pago pelos Angolas, igualmente numerosos. Em 1815 surgem compras de Cabindas e Monjolos, valendo estes mais do que aqueles. Em menor número seguiam-se os Quissanmãs, os Camundongos e os Moçambiques.[94]

Por esse período, 1817, já trafegava, pelas ruas esburacadas da pequena cidadezinha, a carruagem que pertencia à elegante mulata do Governador D. Luís Maurício da Silveira[95] (1805-1817), um fidalgo, que tinha a patente

---

94. Op. cit., p. 381.

95. CABRAL, Oswaldo Rodrigues. *Nossa senhora do Desterro. Vol. I – Notícia*, p. 163.

de tenente do Regimento de Vieira Teles, de Lisboa.[96] Ela era uma espécie de Chica da Silva do Desterro; ele, um João Fernandes, e gozaram da delícia do amor e da intriga da população recatada e preconceituosa da época. A cidade que se povoava, ao mesmo tempo era ocupada pelos escravos, cada vez mais numerosos.

Na verdade, pelos números censitários, os primeiros registros da população de escravos se dão a partir de 1803, quando se localizam cerca de 4215 indivíduos, para um total de "brancos e libertos" de cerca de 13628, ou seja, os escravos representavam, àquela época, 23,5% do total da população. O primeiro censo populacional se deu de fato em 1712, com que se aferiu a módica numérica de uma população de 500 pessoas, mas sem qualquer referência sobre "brancos e libertos" ou "escravos" ou de porcentagem desse grupo étnico. Portanto, naquele ano, não podíamos assegurar se já haviam negros em Santa Catarina (embora acreditemos que sim), muito menos na cidade do Desterro. Mas de acordo com o historiador Walter F. Piazza, um profundo conhecedor da história de Santa Catarina, entre 1750 e 1780, cerca de 326 escravos foram batizados ou tiveram óbitos na cidade, enquanto esse número, entre 1781 e 1800, era de 837, de 1801 e 1830, de 2240, e de 1394 entre 1831 a 1850, e de 1212, entre 1851 a 1880. Isto apenas no Desterro. Os escravos, segundo Piazza, chegavam por "vias indiretas", isto é, vindos dos portos do Maranhão, Recife e Olinda, Salvador e Rio de Janeiro, ou "por via direta", ou seja, dos portos de Angola ou de Moçambique, "como se pode constatar em pesquisas arquivais".[97]

De fato, o período colonial, pelo menos em Santa Catarina, é um dos mais pobres em dados estatísticos sobre o número de escravos, mesmo nos arquivos paroquiais, o que só vai ter uma sensível mudança com

---

96. CABRAL, Oswaldo Rodrigues, *História de Santa Catarina*, p. 99. Uma aquarela da coleção do prof. Newton Carneiro, do Paraná, adquirida em Lisboa, reproduzida no livro *Nossa Senhora do Desterro, Notícia*, p. 163, dá uma ideia dessa mulata na carruagem andando pela cidade.

97. PIAZZA, Walter F. *A escravidão negra numa província periférica*. Florianópolis: Editora Unisul/Garapuvu, 1999, p. 11. Citando também de sua autoria: *O escravo numa economia minifundiária*, São Paulo: Resenha Universitária, 1975, p. 36-39.

a chegada da Família Real, a partir de 1808, que aporta no Rio de Janeiro vindo de Portugal.

De certa forma, só após este período é que os mercadores de escravos catarinenses começam a intensificar, pelo que parece, os seus pedidos de mão de obra escrava, numa clara percepção dos benefícios pecuniários advindos desta forma de exploração humana. Na província, mesmo no período colonial (até por volta de 1800), o uso de escravos era direcionado, em geral, para as áreas de pesca ou nos serviços das embarcações. Piazza assinala que, no período colonial, a província "possuía pequeno número de propriedades agrícolas de grande extensão", o que, de certo modo, estimulava "o processo de recompra de escravos para as áreas do país de economia de exportação, desenvolvendo-se, então, um comércio interprovincial de escravos."[98] Afora o trabalho de embarcação, sobretudo na pesca da baleia, o escravo era usado para a faina dos serviços domésticos, no caso das mulheres, que se prestavam a tarefas de engomadeiras, doceiras, amas-secas ou amas-de-leite; enquanto os homens, além da atividade de pesca, ou de construção civil, como pedreiros, exerciam outros ofícios manuais, como tanoeiros, marceneiros, vendedores ambulantes, carpinteiros, estivadores, lavadores de vidros e artífices de um modo geral.

II – Resistências escravas

Não se pode dizer que a escravidão em Santa Catarina foi branda, como desejam alguns historiadores respeitados. Raimundo Magalhães Júnior cita, em seu livro sobre Cruz e Sousa[99], passagem do texto de Oswaldo Rodrigues Cabral, que diz que os escravos catarinenses ou em Santa Catarina "em geral eram bem tratados" e só "excepcionalmente castigados com vigor ou desumanidade". O biógrafo lembra ainda o historiador catarinense, quando este diz que "quase todas as classes possuíam escravos, inclusive as

---

98. Op. cit., p. 14, 1999.

99. *Poesia e vida de Cruz e Sousa*. Rio de Janeiro: Civilização Brasileira, 1975, p. 2.

irmandades religiosas, e o hospital local, para os seus serviços mais pesados e humildes". Em um texto intitulado "O Padre", publicado no livro *Tropos e Fantasias* (1885), o poeta fala de um padre escravocrata, chamando-o de "o abutre de batina"[100], numa referência às crueldades praticadas pela Igreja no período da escravidão.

Oswaldo Rodrigues Cabral diz textualmente:

> Em geral, por morte dos senhores eram distribuídos aos seus filhos aos quais fossem mais afeiçoados, ou então libertos. Todavia, como tal condição, em geral, lhe acarretaria uma situação de miséria se deixassem a casa do senhor, nelas continuavam como domésticos, mesmo sem ganho algum, salvo o alimento, a roupa escassa e o teto, sendo poucos os que iam tentar a vida fora[101].

Walter Piazza, em livro já referido[102], parece não corroborar com as informações de que a escravidão em terra catarinense era suave, o que, em tese, seria uma contradição, pois a escravidão, por si só, já uma violação, já um roubo, já é uma violência. De acordo com Piazza, existem dados nos arquivos catarinenses comprovando fugas de escravos desde 1769, com a consequente instrução régia a ser dada aos capitães-do-mato para prender os fugitivos ou mesmo matar os negros que resistissem ou insistissem na fuga. O historiador também esclarece que encontrou documentos "sobre a formação de quilombos", quer na Ilha de Santa Catarina, ou seja, em Desterro, na região hoje conhecida como Lagoa da Conceição, quer no Continente, na área da freguesia de Nossa Senhora do Rosário de Enseada de Brito[103].

---

100. *Cruz e Sousa. Obra Completa* – Vol. 2, Prosa. Florianópolis: Fundação Catarinense de Cultura, 2008, p. 26.

101. *História de Santa Catarina*, p. 168, 1970.

102. *A escravidão negra numa província periférica*, p. 19.

103. *O escravo numa economia minifundiária*, p. 113-123.

Numa correspondência datada de 2 de setembro de 1769, enviada do Rio de Janeiro, o Conde de Azambuja, então vice-rei do Brasil, se dirigia ao Juiz Ordinário e demais membros da Câmara do Desterro, dando uma ordem:

> [...] a respeito dos negros fugidos aprovo a providência que vossas mercês deram aos "Capitães-do-Mato" os quais e todas as mais pessoas mandadas legitimamente a essas diligências, resistindo-lhes os negros, os podem matar sem nisso incorrerem em crime, porque assim determina em geral a Ordenação a respeito de todos os criminosos, e pelo que toca aos negros fugidos.[104]

Os quilombos, mesmo com toda a repressão, continuariam a se proliferar em Santa Catarina, sobretudo na cidade do Desterro, onde no ano da Independência, em 1822, registra-se um na Lagoa e outro na Enseada do Brito. Outras freguesias também farão suas queixas sobre a presença de formação de quilombos, como Canasvieiras, Santo Antônio, Rio Vermelho e São José. Alguns capitães-do-mato se tornam conhecidos nessa época, por nomeação oficial: Francisco Joaquim Fumaça e Jerônimo Lopes de Carvalho.

Data desse período, talvez, a grande aceleração do comércio de escravos para Santa Catarina, possivelmente com grande entrada para Desterro, visto que a cidade começava a ser tornar o centro propulsor de toda a província, corporificando-se em sua capital, como é até o presente momento. A ascensão do número de cativos na província, no entanto, se deve, segundo Oswaldo Rodrigues Cabral, à "evidente melhoria das condições econômicas dos moradores".[105] Mais tarde, por volta de 1831, com a abolição do tráfego de escravos, comunicado por um Aviso Imperial, datado de 17 de janeiro, a situação não mudaria, porque Santa Catarina não recebia "escravos de

---

104. Arquivo Histórico do Rio Grande do Sul, Porto Alegre. Núcleo Ouvidoria Geral de Santa Catarina. L 2 do Registro Geral da Ouvidoria de Santa Catarina, 1767-1792, folhas 60.

105. *Nossa Senhora do Desterro* – Vol. II Memória, p. 383.

fora", diretamente das fontes exportadoras, "sempre os obteve no mercado interno", o que não provocou nenhuma alteração no quadro vigente na província, pelo contrário, o Aviso Imperial apenas fez elevarem-se os preços dos mesmos, sem diminuir a demanda. Esse mesmo historiador relata que, coincidentemente, o que as estatísticas revelam é um aumento no número da entrada de escravos na região, sendo que, em 1840, este número atinge a casa de 12.511; em 1844, ele chega a 14.382; em 1853, alcança 15.025; e em 1857, totaliza 18.187. Após esse período, essas porcentagens vão se reduzindo drasticamente, mas por uma razão bastante peculiar, como assinala em seu trabalho Oswaldo Rodrigues Cabral:

> Desse ano em diante, inicia-se o decrescimento, devido, principalmente, à venda de cativos para fora da Província, consequência não só da extinção do tráfego, inicialmente burlada mas depois energicamente fiscalizada e mantida pelos navios ingleses, como da maior procura de peças, no mercado interno, para suprir as necessidades da lavoura, em expansão, nas grandes províncias, como para os trabalhos domésticos nas grandes cidades. Os pequenos centros foram sendo paulatinamente esvaziados.[106]

Diz mais adiante o historiador que Santa Catarina procuraria obstar a saída de escravos para fora dos seus limites, ainda que muito pouco pudessem representar para a sua economia esses indivíduos, como fatores de produção, dada a exiguidade do seu número com dedicação nas fainas agrícolas, então ainda muito pouco desenvolvidas, estando a maioria aplicada aos trabalhos pertinentes à navegação e, principalmente, aos serviços domésticos e urbanos. Entre os anos de 1852 e 1859, saíram da província, talvez por meio ilegal, cerca de 1.071 escravos.

O século 19 foi, certamente, o que mais contou com a mão de obra escrava em terras catarinenses, substituindo, de uma vez por todas, a mão

---

106. CABRAL, Oswaldo Rodrigues, Op. cit., p. 383.

de obra indígena, que era bastante numerosa nos primeiros tempos, conforme já vimos.

De certa forma, não foi nada fácil tal convivência. As condições difíceis, as doenças, os maus-tratos, o clima frio (inóspito, sobretudo, para quem vinha chegado da Costa da África ou dos centros urbanos quentes como o Rio de Janeiro), a pobreza, a falta de convívio com filhos ou parentes separados pelas circunstâncias da vida, tudo isso tornava a existência pesada e bastante custosa, provocando não só desânimo, mas uma ansiedade de querer sempre revoltar-se, rebelar-se, dos escravos. Mesmo os pretos livres, que conquistaram a custo suas alforrias, sofriam a discriminação pela cor da pele, que os estigmatizava pela vida afora, sem direitos, sem cidadania, sem méritos, e vistos com desconfiança.

Mesmo os libertos eram proibidos de frequentar as escolas, conforme um dos decretos da época.[107] Quando isso não acontecia, o preconceito não permitia o seu ingresso, ou as famílias brancas não queriam que seus filhos habitassem os mesmos espaços que os negros conviviam. Num despacho chegado ao governo da província e oriundo do Ministério da Agricultura, que ficava na Corte, solicitava informações se havia em Santa Catarina "estabelecimentos ou associações apropriadas à educação dos filhos livres de mulheres escravas".[108] Em resposta ao Ministério da Agricultura, talvez diretamente ao seu ministro da época, a Câmara do Desterro disse, textualmente:

> [...] infelizmente, nenhum estabelecimento existe no Município, nem lhe consta que os hajam em toda a Província, em condições de prestar-se à educação daqueles ingênuos, nem lhe parece provável que, por iniciativa particular se consiga a fundação deles, ou de associações de semelhante ordem, atendendo à falta de elementos para levá-los a efeito.[109]

---

107. Art. 12, $$ 1º e 2º da Lei nº 716, de 22 de abril de 1874, a mesma que mandava restaurar o educandário Ateneu Provincial.

108. *Nossa Senhora do Desterro* – Vol. II Memória, p. 408.

109. Op. cit., p. 409.

Ora, se não os havia para os brancos, por uma falta absoluta de preocupação com o ensino da prole, muito menos com os negros, fossem escravos ou forros. E esta era uma realidade que mais facilmente podia existir no Rio de Janeiro, ou em outra região também desenvolvida do país, como São Paulo, Bahia ou Pernambuco.[110]

Assim se daria a vida escrava e dos escravos até, pelo menos, 13 de maio de 1888, com a Abolição oficial da Escravatura no país.

III – As origens de Cruz e Sousa

As bases da origem africana do poeta Cruz e Sousa, no Desterro, se estabelecem entre o final do século 18, pela década de 1790, ou talvez pelo início do século 19, entre 1800 e 1810. De certo modo, é um período de franca ascensão do aumento do número de escravos na província, que passam a servir, sobretudo, às irmandades religiosas e aos hospitais de caridade, para os serviços mais ordinários. São trabalhos que estabelecem também uma nova hierarquia profissional entre essa população. Os que trabalhavam nos centros urbanos - seja nas embarcações de pescadores, na lavoura ou no comércio dos seus senhores, na forma de negro de ganho - eram vistos de maneira diferente dos outros negros que trabalhavam no âmbito doméstico, em termos de relacionamentos amorosos.

Numa passagem do seu livro, Oswaldo Rodrigues Cabral relata que, até certo ponto, "as crioulas nem sempre se derretiam para os machos da casa". Segundo ele, quando amavam,

> [...] era quase sempre algum cabra de boa figura, lustroso nos músculos, alvo nos dentes, bem encarapinhado, forte, com bodum penetrante a acender-lhes o cio, negro que passava sorrindo sob um fardo de carne

---

110. No Rio de Janeiro, em 1853, por exemplo, existe a experiência do professor Pretextato, que abriu em sua casa uma escola destinada a meninos pretos e pardos. In: SILVA, Adriana Maria P. da. *Aprender com perfeição e sem coação*. Rio de Janeiro: Plano Editora, 2000.

seca, ou outro gênero qualquer, e não o pobre crioulo que via sair de casa, debaixo do barril de titica, à noite, para ir levá-lo à praia.[111]

Cruz e Sousa nasceu no dia 24 de novembro de 1861, na cidade do Desterro. A data antecipava-se em dez anos à promulgação da Lei do Ventre Livre (1871), quatorze anos à Lei dos Sexagenários (1875) e 27 anos à Lei Áurea (1888), que decretou a Abolição da Escravatura do Brasil. Seus pais viviam sob o jugo do coronel Guilherme Xavier de Sousa, soldado valoroso que em várias ocasiões serviu o império do Brasil nas mais distantes regiões do território nacional. Quando o poeta nasceu – em plena vigência do regime escravista –, o pai, conhecido como Mestre Guilherme, era escravo do coronel e trabalhava como pedreiro; a mãe, Carolina Eva da Conceição, era alforriada e convivia na casa-grande, onde trabalhava certamente nos serviços domésticos, lavando e cozinhando para a família dos senhores do marido, com quem ainda não era casada oficialmente, ou seja, no papel, no religioso, o que só aconteceria em 1871, após a morte do militar, estranhamente.

Pela ascendência paterna, o poeta era neto de João, "escravo que foi do finado Francisco de Sousa Fagundes", e de Luiza Rosa da Conceição, que era "natural e batizada na Matriz desta Paróquia", e do lado materno, era neto de Eva, sendo a genitora do poeta também "natural e batizada na Matriz desta cidade."[112] Por falta de outras informações não contidas na certidão de casamento dos pais de Cruz e Sousa, não ficamos sabendo quando os mesmos nasceram, ou igualmente quanto a João, Luiza e Eva[113]. Este seria um dado importante para estabelecermos uma data cronológica para uma leitura do tempo de vida e época de cada um, em especial.

---

111. *Nossa Senhora do Desterro* – Vol. II Memória, p. 407.

112. Certidão de Casamento de Guilherme e Carolina. Arquidiocese de Florianópolis. Arquivo da Cúria Metropolitana. Paróquia de Nossa Senhora do Desterro, livro 18, folhas 26, 16 ago. 1871. (*apud* SOARES, Iaponan. Florianópolis: Editora Ufsc, 1988, p. 69).

113. Paschoal Apóstolo Ptisica, em *Numa fonte cristalina* (1997, p. 185), diz que Cruz e Sousa poderia ter tido um tio, de nome José, alfaiate de profissão.

Mas os documentos nos dão uma certeza: os pais do poeta já nasceram no Desterro, o que nos induz a pensar que pelo menos não foram trazidos de nenhuma outra região do país, como o Rio de Janeiro, ou mesmo da Costa da África, como talvez os avós do poeta. Outra certeza é que não passaram pelo processo de vendagem ou de transferência de cidade, como era costume da época. Francisco de Sousa Fagundes era da família da esposa do coronel, Clara Fagundes Xavier de Sousa, talvez seu pai. Com a morte dele, em 1861 (aliás, no mesmo ano do nascimento do poeta), já octogenário, pode ser que seus escravos tenham sido transferidos, por testamento, aos herdeiros, talvez seus filhos ou irmão.

Sobre Francisco de Sousa Fagundes, consta que, pelo final do século 18, a pedido do governador Silva Paes, teria recebido a incumbência de transportar açorianos para Santa Catarina, em substituição ao antigo transportador, que, no transporte feito, levou quase à morte toda a tripulação e passageiros, fazendo com que muitos desistissem da viagem, temendo a morte, que era quase certa, em troca do povoamento da província, de acordo com que determinavam as instruções reais. Não sabemos se Francisco de Sousa Fagundes era do ramo de transporte, pois, de qualquer forma, era preciso ter experiência para cruzar o Atlântico, numa viagem que podia durar até três meses. O que de fato conhecemos dele é que fora músico notável, discípulo de José de Almeida Moura, o primeiro a ensinar música em Santa Catarina, tendo ficado conhecido, sobremaneira, por ter aperfeiçoado "a arte musical em Santa Catarina"[114], superando o seu mestre, com "a aplicação de regras ignoradas até então". Da sua geração, ficaram Luis e Antonio de Sousa. Em 1850, mantinha um colégio, no qual ensinava piano e canto, escola que ficava no largo que, mais tarde, recebeu o nome de Brigadeiro Fagundes, em homenagem ao seu irmão João de Sousa Fagundes, herói da guerra do Paraguai, que apesar de perder um braço no campo de batalha, em função dos ferimentos recebidos, retornou à atividade militar.[115]

---

114. CABRAL, Oswaldo R. História de Santa Catarina, Editora Laudes, p. 180
115. CABRAL, Oswaldo R. *Nossa Senhora do Desterro,* Editora Ufsc, 1972, p. 57.

Como ditam os documentos, nada muito certo sobre o estabelecimento da origem do poeta, mas Santa Catarina, sobretudo a cidade do Desterro, era o ponto de confluência para a convivência de sua família, ligada, a princípio, à família Fagundes de Sousa, antes do que, nos parece, da ligação com o coronel Xavier de Sousa. De qualquer maneira, o pedreiro Guilherme continuaria sendo, após o nascimento do filho João da Cruz, escravizado no solar, então residência do militar, local que passou a ser conhecido como Chácara do Espanha. Na condição de escravo, teve dois filhos – o outro era Norberto da Conceição, nascido no ano de 1864[116]. Filho de escravo, era certamente escravo, embora a mãe fosse forra, ou liberta, de acordo com as informações vigentes, o que não garante que ela proviesse do mesmo grupo de escravos de Francisco de Sousa Fagundes.

De qualquer maneira, Mestre Guilherme só alcançaria a condição de liberto após a morte do Guilherme Xavier de Sousa, já nessa época marechal de campo, patente conquistada pelos seus feitos na guerra do Paraguai, de onde veio bastante doente, falecendo no ano de 1870. De qualquer forma, antes disso, com testamento ou não, deve ter alforriado o seu escravo. Só assim Guilherme pôde finalmente se casar, direito conferido aos ex-escravos ou por autorização do seu senhor ou por ordem da igreja[117].

Tanto é verdade que Mestre Guilherme fora libertado com a morte do marechal de campo Guilherme Xavier de Sousa, pois ao falecer sua viúva, em 1875, Clara Fagundes Xavier de Sousa, ainda possuía nove escravos, os quais possivelmente lhe servissem de empregados na grande chácara. Numa nota ao pé de página, Raimundo Magalhães Júnior nos informa que poucos

---

116. Era afilhado de Henrique Schutel, grande animador musical do Desterro, e também grande músico, ligado a Francisco de Sousa Fagundes, em cuja casa, Cruz e Sousa frequentaria na juventude, sobretudo para mostrar seus versos.

117. Com o casamento, ocorrido em agosto de 1871, foi feito um apontamento na certidão de batismo do filho João da Cruz: "Pai Guilherme Sousa, por subsequente matrimônio", que até então não tinha, conforme regulamento da época.

[...] haveres deve ter deixado o marechal, pois a 23/5/1871 um decreto atribuía à viúva pensão mensal de cento e oitenta mil-réis, "sem prejuízo do meio soldo", acrescentaria outro decreto, a 8/7/1871 pela Regente, D. Isael, e o Ministro do Império, João Alfredo. D. Clarinda pouco proveito tirou dessa pensão, pois morreu em 1875, tendo, em testamento, libertado os nove últimos escravos que lhe restavam.[118]

O poeta, nessa época, tinha 15 anos de idade. Estudava no Ateneu Provincial Catarinense, instituição de ensino onde cursava Humanidades, ao lado do irmão, Norberto da Conceição Sousa. É provável que Guilherme Sousa e Carolina, sua esposa, tenham permanecido ao lado da viúva do militar; mas também pode-se aventar que eles tenham mudado de residência em algum momento desse período, embora esta hipótese seja pouco viável. Data dessa época, no entanto, o início do relacionamento de Cruz e Sousa com a jovem Pedra Antioquia da Silva, a quem dedica seus poemas, e a quem endereçou, alguns anos depois, uma poesia intitulada "Amor", que tinha essas estrofes iniciais:

> Amor, meu anjo, é sagrada chama
> Que o peito inflama na voraz paixão,
> Amo-te muito eu t'o juro ainda
> Deidade linda que não tem senão!

Em entrevista a um jornalista carioca, Mário Hora[119], Pedra disse que conheceu Cruz e Sousa quando ele morava na parte térrea do sobrado do marechal Guilherme Xavier de Sousa, e ela, mocinha, era empregada de uma casa em frente a dele, residência do professor Anfilóquio Nunes Pires, que dava aulas no Ateneu Provincial e conhecia bem o poeta e seus familiares. Ele nascido em 1861; ela, então, em 1862.

---

118. Poesia e vida de Cruz e Sousa, p. 7.
119. A NOIVA de Cruz e Sousa. *A Noite*, 7 set. 1915.

Não existem grandes informações sobre o relacionamento dos pais do poeta com os seus senhores. Boa parte dos biógrafos tem asseverado que todos conviviam pacificamente, sem sobressaltos. Depoimentos de alguns amigos de Cruz e Sousa – como Virgílio Várzea, por exemplo – atestam que a família do poeta sempre foi bem tratada pelos seus senhores. Quando o Marechal Guilherme retorna da guerra do Paraguai, no final de 1869 ou início de 1870, já doente, combalido, relatam os biógrafos que o menino, de oito anos, o recebe vivamente, lendo-lhe alguns versos, de sua própria lavra. O militar, espantado, criva o moleque de perguntas que são respondidas com todo o acerto. Foi aí, então, que proferiu uma frase que tem sido repetida com bastante frequência e retórica: "Tens inteligência, crioulo!", para logo depois refletir: "Ora, para que havia de dar esse crioulo!".

Esta história foi divulgada pela primeira vez pelo biógrafo Abelardo F. Montenegro, em livro publicado em 1954.[120] O historiador conta também que a esposa do Marechal Guilherme foi quem ensinou as primeiras letras ao futuro poeta e que "lhe tomava as lições na mesa do jantar". Em seguida, diz que a esposa do militar matriculara o menino na escola primária. Pode ser que sim, pois a família de D. Clara Fagundes Xavier de Sousa possuía uma pequena escola, na qual também se ensinava música e canto, muito embora o poeta Araújo Figueiredo, em suas memórias ainda inéditas, intituladas *No caminho do destino*, diz que viu o poeta negro pela primeira vez, quando menino, exatamente numa sala de aula. Relata ele:

> Conheci Cruz e Sousa quando eu tinha seis anos e ele oito e estudava as primeiras letras em casa da professora Camila, à Rua dos Ilhéus, hoje Visconde de Ouro Preto, ao lado esquerdo de quem sobe. A professora era comadre de minha mãe e morava numa casa de nossa propriedade. Um dia, em que lá chegamos, encontramos sentado, em companhia de outros rapazes e raparigas, numa esteira ao meio da sala, um crioulinho

---

120. *Cruz e Sousa e o movimento simbolista brasileiro*. Fortaleza: A. Batista Fontelene, 1954, p. 30. De acordo com o autor, a revelação foi feita por D. Emília Schutel.

muito simpático, de testa espaçosa, olhos vivos e atraentes, lábios grossos e dentes de uma alvura de marfim brunido. Soaram as doze badaladas do meio-dia; e ele e todos os seus camaradas levantaram-se um a um, deram suas lições, rezaram em coro um Pai Nosso e saíram, para voltarem de novo às duas horas.[121]

Logo em seguida, continua o memorialista, dizia a professora: "Viu comadre Bela aquele crioulinho de olhos muito vivos, que acabou de sair?" [diante do espanto da comadre] "Pois é o mais estudioso dos discípulos e o mais obediente." Araújo Figueiredo, que seria um dos mais dedicados amigos do poeta negro, relata mais adiante que a mãe não imaginava o quanto ia adiantada a educação daquele menino, "não tardando muito a retirar-se da escola por não ter a sua professora mais o que lhe ensinar".

Como já aludimos, não acreditamos que houvesse uma relação desencontrada entre os escravos e seus senhores. Mas muitas informações prestadas pelo historiador Abelardo F. Montenegro requerem ser avaliadas. É verdade que documentos sobre a educação de Cruz e Sousa praticamente não existem. Tudo que se sabe, pelo relato do seu livro, no geral, foi baseado em depoimentos, quando muito de pessoas já idosas, cuja memória podia mesmo falhar. Assim é também a história da herança deixada pelo Marechal Guilherme, que faleceria a 20 de dezembro de 1870, menos de um ano após sua volta da guerra, em que chegou a substituir Caxias no comando do exército brasileiro. Não cremos ser verdadeira a história da herança, tendo em vista a situação financeira da viúva.

São muitas as histórias que requereriam mais tempo para serem explicadas e esclarecidas. De qualquer maneira, do nascimento do poeta e até a sua fase adulta, é bem provável que muita gente tenha concorrido para tornar a sua vida mais amena, coadjuvando os esforços dos pais, que muito se sacrificaram

---

121. O manuscrito dessas memórias, que estavam sob a guarda da filha do poeta, Isabel de Araújo Figueiredo, moradora dos Coqueiros, hoje falecida, está depositado no Setor de Manuscritos da Biblioteca Nacional do Rio de Janeiro, desde o início da década de 1990.

pela sua educação e vida profissional. Ao tempo de sua entrada para Ateneu Provincial Catarinense, em 1874, não antes[122], notamos os esforços do pai, através de um documento que ficou durante muito tempo esquecido nos arquivos do Governo do Estado de Santa Catarina. Nesse documento, é visível que Mestre Guilherme intercede legalmente por uma matrícula no educandário para os seus filhos menores. Eis o documento, assinado pelo diretor do Ateneu Jacinto Furtado de Mendonça Paes Leme, que já conhecia cada um dos filhos do solicitante, que não sabia ler nem escrever:

> Directoria do Atheneo Provincial / Desterro 17 de junho de 1874 / Ilmo. Rmo Snr. / Em cumprimento ao que V. Rmª de mim exige em Ofício de hontem datado acompanhado as petições (que ora devolvo) de D. Genoveva Maria Capistrano, Emilio Caetano Marques Aleixo e Guilherme de Sousa, passo a expor a V. Rmª o meo juízo a respeito. O menor José Francisco da Paz de que trata a petição de D. Genoveva Maria Capistrano, foi um dos melhores alunos do Collegio da Conceição, não só pela sua inteligência e aplicação como pelo exemplar comportamento e bons costumes de que deo sempre exuberantes provas, e por isso julgo-o, mais do que nenhum outro no caso de merecer todo o favor concedido pelo Artigo 13 do acto de 23 de Maio ultimo, acrescendo mais que é órfão de Mái e Pai tendo este, falecido na Campanha do Paraguai. Os menores de nome João e Norberto filhos de Guilherme de Sousa, são dous meninos muito aproveitaveis, este, pela sua vivacidade, e aquele pela aplicação; ambos forão alumnos do Collegio da Conceição aonde sempre estudarão com aproveitamento e por isso, sabendo mais do que o pai, pobre jornaleiro, tudo sacrifica pela educação desses dous meninos, julgo-os no caso de serem favorecidos. / Quanto à petição de Emilio Caetano Marques Aleixo, apenas posso afirmar que conheço-o como

---

122. Abelardo F. Montenegro diz, erradamente, à página 30 do seu livro: "É provável que, notando a ineficiência do ensino primário, dona Clarinda – a viúva do Marechal Guilherme – matriculasse o negrinho no Ateneu".

empregado provincial, há muitos annos, pobre e chefe de numerosa família. – nada podendo diser sobre seo filho Athanasio porque apenas o conheço de vista. / Deus guarde a V. Rmª / Ilmo Rmº Snr Cônego Joaquim Eloy de Medeiros / Jacinto Furtado de Mendça. Paes Leme / Director do Atheneo Proval.

A transcrição do documento é longa, mas necessária, pois foi uma oportunidade não desperdiçada pelo pai do poeta, "pobre jornaleiro", muito menos pelo próprio poeta, que foi um dos alunos mais brilhantes. Sobre sua fase de estudante, depôs Firmino Costa, condiscípulo do poeta no Ateneu, quando o recém-empossado presidente da província, João Capistrano Bandeira de Melo, resolveu, como é de praxe, arguir os alunos, na presença dos professores e talvez do próprio reitor da escola. Após algum tempo, ao término dos exames escritos, o presidente verificou que o aluno negro João da Cruz e Sousa era o que melhor havia se apresentado nas respostas. Não acreditando no que presenciara, recomendou ao examinador da turma a autorização necessária para fazer, no exame oral, algumas perguntas ao estudante. Narra, então, o jornalista:

> As perguntas feitas pelo presidente foram todas respondidas com acerto. Não contendo o entusiasmo, o chefe do Poder Executivo Catarinense levantou-se da cadeira em que se achava para abraçar o estudante negro, e, dirigindo-se depois disso ao presidente da banca examinadora, recomendou, com a necessária reserva, que desse a tão aplicado estudante a nota de distinção e aos demais a de reprovação. E assim foi feito.[123]

O pesquisador Iaponan Soares, que estudou o período, diz que falhou a memória do velho jornalista. Ele apurou que na edição do jornal *O Conservador*, de 26 de novembro de 1875, além de Cruz e Sousa, foram

---

123. COSTA, Firmino. Cruz e Sousa. *Revista do Instituto Histórico e Geográfico de Santa Catarina*, 17-18, ano 1919.

aprovados os estudantes Carlos Augusto Pereira Guimarães e Francisco Agostinho de Sousa e Mello. Como reconhece o pesquisador, a educação do poeta e do irmão foi uma difícil conquista pessoal do pai, "um ex-escravo que teve sensibilidade suficiente para não querer para os filhos o caminho incerto dos que não tinham instrução". Portanto, se o Marechal Guilherme Xavier de Sousa e sua esposa contribuíram para essa educação, isso se deu só na fase de alfabetização do pequeno João da Cruz.

Com uma educação esmerada, e aproveitando dela da melhor maneira possível, para orgulho do Velho Guilherme, e da mãe, Carolina, que chegava a ouvir impropérios nas ruas e perdeu serviço de algumas senhoras, a carreira do filho ia de vento em popa. O certo é que das salas do Ateneu Provincial, após terminar o curso de Humanidades, passou a ministrar aulas, tanto em sua casa, como quer Abelardo F. Montenegro[124], quanto no centro da cidade.[125]

Dos bancos escolares para a cátedra, foi um pulo; daí para as páginas dos jornais, são outras histórias.

IV – A militância estética e abolicionista

O poeta deu uma grande guinada em sua vida após a saída do Ateneu Provincial Catarinense. Sob a influência dos amigos e sob o efeito dos ótimos resultados escolares obtidos, para destacar-se nos eventos realizados na cidade, ora como orador, ora como declamador das suas próprias composições. Era como se precisasse aparecer, marcar presença, dizer que existia. Era preciso mostrar para o povo da cidade que o filho de um pedreiro humilde podia se diferenciar da casta seleta que há tantos anos dominava o cenário da ilha, em termos políticos e intelectuais. No seu depoimento à imprensa, para falar do poeta, Pedra Antioquia da Silva chegou a dizer que

---

124. Op. cit., p. 32

125. D. Machado, em artigo intitulado "Reminiscências", publicado no jornal *República*, de 18 de abril de 1923, diz que nesse tempo Cruz e Sousa dava aulas noturnas na Rua do Ouvidor, hoje Deodoro, "cujos alunos pagavam ao abalizado mestre uma ninharia mensal".

o então noivo Cruz e Sousa chegava a declarar, quando estava ao seu lado, que um dia ia governar Santa Catarina e que também haveria de morrer, mas iria deixar nome.

A consciência intelectual de Cruz e Sousa começa, sem dúvida, nos bancos escolares, na fase acadêmica do Ateneu Provincial Catarinense. Talvez de tanto ver seu nome publicado nos jornais, na divulgação das notas que recebia nas disciplinas, tomou gosto pelo jornalismo. Esta é uma hipótese. Outra é pela convivência. No Ateneu foi colega de Oscar Rosas, José Artur Boiteux, Hercílio Luz, Firmino Costa, entre tantos outros, que passariam à história ou como grandes jornalistas ou políticos.

Em um dos seus primeiros textos publicados, um sonetilho de 1879, o nascente poeta faz um lamento da vida (em terceira pessoa, mas poderia ser a dele mesmo), em que ele diz que anda cansado da "mundana lida", e que tem a "lira toda espedaçada / A alma de suspiro retalhada". Em outra passagem ele grita: "Ai! Que viver mais desgraçado!...", para dizer que "Quem assim tem a vida amargurada / Antes já morrer, ser sepultado". O poeta fala de "feras dores", que se encontra envolvido "no véu dos dissabores", fechando o soneto com este terceto, igualmente desesperador:

> Oh! Cristo eu não sei se só a mim
> Deste essa vida d'amargores,
> Pois que é demais sofrer-se assim!

Falando ou não de si, Cruz e Sousa marca sua estreia literária na imprensa (este é, na verdade, o seu segundo texto publicado), e se destaca por um alto grau de simbolismo, que é a sua força dose de amargura, talvez advinda pela constatação dolorosa da grande carga do conhecimento, que não acompanha, no seu caso, os progressos sociais da sua vida e dos seus país, ou diante do esclarecimento que o saber ou a ciência tenha lhe trazido, após passar pelos bancos escolares.

Seja em um caso ou em outro, Cruz e Sousa, a partir desse momento de sua vida, será cada vez mais contundente nas suas críticas sociais, no seu modo de ver o mundo, bem como no seu posicionamento perante os poderosos do Desterro.

Militante da imprensa, não deixa de lado suas raízes africanas, e é por causa dela, sobretudo, que se lança ao ardente fogaréu abolicionista, travando, na trincheira de combate, a luta aguerrida pelo seu fim, consequentemente com a liberdade dos seus irmãos de cor (para não dizer de raça, coerente com as contradições do seu novo conceito). As ruas e as redações dos jornais são o seu palco, da mesma forma que os palcos dos teatros e as tribunas armadas para tal fim específico. Usa do poder de sua palavra e da força de sua pena para dizer o que pensa sobre o regime que escraviza seres humanos, como até pouco tempo atrás escravizou os seus pais, seus avós e outros parentes seus.

Nos seus versos prega a redenção de sua gente, apelando até mesmo para as situações miraculosas, como se lê no trecho da poesia "Entre Luz e Sombra", publicada em setembro de 1882:

> Lançai a luz nesses crânios
> Que vão nas trevas tombando
> E ide assim preparando
> Uns homens mais p'ro porvir!
> Fazei dos pobres aflitos
> Sem crenças lares, proscritos,
> Uns entes puros, benditos
> Que saibam ver e sentir!...

No jornalismo, seria uma espécie de arauto: não daria trégua aos poderosos, que quase sempre estavam ligados à empresa da escravidão. Cada vez mais agressivo, cada vez mais tomado pela emoção, pelo deboche, pela ironia. O sistema escravista teria nele um fiel inimigo, que não daria descanso aos próceres escravocratas. Tinha consciência plena do seu papel social, e sabia que, a sociedade, hipócrita como é, o esmagaria assim que tivesse condições. Para evitar isso, tentava se adiantar, apelando para as consciências como um bom brasileiro:

> Esperemos, tudo embora!...
> Pois que a sã locomotiva,
> Do progresso imagem viva
> Não se fez a um sopro vão!...
> Aguardemos o momento
> Das mais altas epopéias,
> Quando o gládio das idéias
> Empunhar toda a nação!...[126]

Em textos em prosa, denunciava os escravocratas da capital de sua província, que trabalhavam unidos para manter o nefando comércio de gente. A um determinado senhor de escravos, um tal de Estevão Brocardo, que preferia maltratar o seu escravo a libertá-lo, contrariando a opinião geral, disse ele, textualmente, com coragem: "O sr. Estevão Brocardo tem um escravo que debaixo do ódio, vermelho e terrível o seu senhor, do seu dono, tem suportado as calamidades atrozes da dor, do desespero e da perseguição". Não querendo vender o escravo, o seu senhor mantinha-o sob o látego e o eito:

> S.s.s.s. deveriam saber que antes do mais estava a justiça e a verdade, desde que o escravo encontrou quem o abonasse, o sr. Brocardo e os dignos britadores do erro, ao menos para alardear magnanimidade a crença abolicionista, deviam consentir nesse abono, precisamente; e ainda isso, dentro da circunstância precisa da particularidade especial, do mau trato que recebe o escravo.[127]

Não satisfeito, o poeta finaliza o texto falando do "fato tremendo e repugnante", lamentando não poder "dar um pontapé vigoroso na alma

---

126. CRUZ E SOUSA. Sete de Setembro. *Regeneração*, Desterro, 10 set. 1882. In: *Obra Completa*. Nova Aguilar, 1995, p. 336.

127. *O Moleque*, Desterro, 3 mai. 1885.

pequenina do Sr. Estevão Brocardo", mas resolvia bater "palmas por lhe darmos hoje no seu vulto de escravocrata essa bonita e franca bofetada... de luz".

Nem mesmo os chefes de polícia e outras autoridades policiais, a quem ele dizia estarem irmanados "nessa grande opereta canalha do deboche social"[128], passavam ilesos à sua mordente pena:

> Triolé fura essa pança
> Do Delegado – és um russo;
> Revolução nessa dança...
> Triolé fura essa pança,
> Fura, fura como a lança
> Ou como no boi um chuço;
> Triolé fura essa pança
> Do Delegado – és um russo.[129]

Com essa pena desabrida, Cruz e Sousa, editor de *O Moleque*, passou a ser visado pela burguesia local. Num banquete realizado na Ilha pela colônia francesa, que acontecia no Grande Hotel, toda a imprensa foi convidada, juntamente com seus respectivos editores, menos o editor de *O Moleque*. A reação de Cruz e Sousa não deixou *recado* para ninguém:

> Uma vez que O Moleque não é um trapo sujo do monturo, um caráter enluvado com sífilis moral por dentro, um pasquim ordinário e safado, um bêbado de todas as esquinas ou um leproso de todas as lamas, havia obrigação... de ser O Moleque considerado como gente... Só não se distribuiu convite para O Moleque é porque o seu redator-chefe é um crioulo e é preciso saber que esse crioulo não é um imbecil.[130]

---

128. Idem.

129. *O Moleque*, Desterro, 10 mai. 1885.

130. *O Moleque*, Desterro, 12 jul. 1885.

Em outra passagem, Cruz e Sousa mantém o seu tom de reprovação ante a atitude da sociedade catarinense perante à sua pessoa:

> O Moleque não é o esfola-cara das ruas, na frase de Valentim Magalhães, nem o abocanhador peralta e atrevido que salta à noite os muros altos para lançar a prostituição no seio das famílias, não é o garoto das praças públicas, o gamin das latrinas sociais, o tartufo ensacado e enluvado que arrasta a sua imbecilidade córnea pelos clubes, pelos teatros, pelas reuniões, pelos passeios. É um jornal moço; moço quer dizer nervoso; moço quer dizer sanguíneo, cheio de pulso forte, vibrante, evolucionista, adiantado.

Mesmo não sendo chamado para solenidades, mesmo criticado, chamado nas ruas de "neguinho mau rimador" ou "pretinho de água doce".[131] Pelas colunas dos jornais, apelidavam-no de "Costada" ou "Cruz da Ideia", patrono, com Virgílio Várzea e Santos Lostada, dos "micróbios da terra, satélites do sol presidencial" (numa referência a Gama Rosa, presidente da província, entre 1883 e 1884), "pobres meninos ou tristes águas condoreiras". Levar um editor negro a sério era algo bastante difícil de se supor. Mas o poeta não esmoreceu, continuando no seu périplo contra os escravocratas e os poderosos da terra. Numa página ainda desconhecida do poeta negro, intitulada "O abolicionismo"[132], Cruz e Sousa ampliou sua crítica, num texto que é bem significativo de sua produção nesse período, condenando a empresa da escravidão. Disse ele:

> A onda negra dos escravocratas tem de ceder lugar à onda branca, à onda de luz que vem descendo, descendo, como catadupa de sol, dos altos cumes da ideia, propagando a pátria para uma organização futura mais real e menos vergonhosa. Porque é preciso saber-se, em antes de

---

131. MONTENEGRO, Abelardo F. Cruz e Sousa e o Movimento Simbolista Brasileiro. FCC Edições, 1988

132. *Regeneração*, Desterro, 22 jun. 1887.

se ter uma razão errada das coisas, que o abolicionismo não discute pessoas, não discute indivíduos nem interesse; discute princípios, discute coletividade, discute fins gerais.

Num outro trecho, continuou o poeta negro:

Não se liberta o escravo por pose, por chiquismo, para que pareça a gente brasileira elegante e graciosa ante as nações disciplinadas e cultas. Não se compreende, nem se adaptando ao meio humanista a palavra "escravo", não se adapta nem se compreende da mesma forma a palavra "senhor".

Para o poeta, a humanidade do passado, por uma falsa compreensão dos direitos lógicos e naturais, "considerou que podia apoderar-se de um indivíduo qualquer e escravizá-lo", ao mesmo tempo em que via como única maneira de eliminar este sistema a conscientização de todos no objetivo de fazer "desaparecer esse erro, esse absurdo, esse crime". Para ele, militante ardoroso, colaborador da Sociedade Carnavalesca Diabo a Quatro, entidade de luta pela abolição da escravatura, dirigida pelo sapateiro Manuel Joaquim da Silveira Bittencourt, também conhecido como Artista Bittencourt, o desfecho estava próximo:

A Escravidão recua, o Abolicionismo avança, mas avança seguro, convicto, como uma ideia, como um princípio, como uma utilidade. Até agora o maior poder do Brasil tem sido o braço escravo: dele é que parte a manutenção e a sustentação dos indivíduos de pais dinheirosos; com o suor escravo é que se fazem deputados, conselheiros, ministros, chefes de Estado. Por isso no país não há indústria, não há índole de vida prática social, não há artes.

Como não mede palavras, a sua "pena deslustrada", como ele mesmo gostava de dizer, ia fundo na raiz do problema, atingindo em cheio o alvo de suas críticas:

> Os senhores filhos de fazendeiros não querem ser lavradores, nem artífices nem operários, nem músicos, nem pintores, nem escultores, nem botânicos, nem floricultores, nem desenhistas, nem arquitetos, nem construtores, porque estão na vida farta e fácil, sustentada e amparada pelo escravo dos pais, que lhes enche a bolsa, que os manda para as escolas e para as academias.
>
> De sorte que, se muitas vezes esses filhos têm vocação para uma arte que lhes seja nobre, que os engrandeça mais do que um diploma oficial, são obrigados a doutorarem-se porque se lhes diz que isso não custa e que poderão, tendo o título, ganhar mais facilmente e até sem merecimento, posições muito elevadas, e mesmo porque, ser artista, ser arquiteto, ser industrial, etc., é uma coisa que, no pensar acanhado dos escravocratas, dos retrógrados e dos egoístas, não fica bem a um nhonhô nascido e criado no conforto, no bem-estar, no gozo material da moeda dada pelo braço escravo.

Das contribuições desse período, esta é uma das mais representativas e críticas de suas páginas jornalísticas. Quem mais sofreu cargas fortes devido às desabridas contribuições de Cruz e Sousa na imprensa desterrense, por incrível que pareça, foi a mãe do poeta, Carolina Sousa, "grande e muscular, lavadeira-engomadeira que também fazia comida pra fora"[133]. Há registros que muitas senhoras da cidade deixaram de lhe dar serviços em suas casas por causa da petulância do filho que queria escrever nos jornais, como os brancos.

Não pararia mais de alfinetar os poderosos, sua altivez cada vez mais aumentava, na medida que era desafiado para novos embates. Cruz e Sousa sabia que, com o passar dos anos, sua situação na província ia ficando mais insustentável. Tentou sair algumas vezes, empregando-se numa companhia de teatro, viajando o país, com pousos em diversas províncias do império, angariando simpatias literárias, nada mais. De alguma forma, era reconhecido

---

133. VÁRZEA, Affonso. Paixões de Cruz e Sousa. *O Jornal*, 5 fev. 1956.

como um autêntico abolicionista, como um homem ligado às causas humanitárias, socialistas. Sua produção fala dos pobres, dos miseráveis, dos rotos, que, àquela época, semelhavam "a flores dos esgotos". Na capital da Bahia, onde esteve de passagem, chegou a ser ovacionado publicamente, pelos clubes de abolicionismo Libertadora Baiana e Luis Gama. Um dos seus diversos, na ocasião, teve grande concorrência e repercussão, a ponto de um homem do povo se oferecer para destinar tudo o que tinha em dinheiro em troca de sua alforria. Em sua fala, da tribuna, dizia sob os aplausos da grande assistência:

> A Abolição, a grande obra do progresso, é uma torrente que se despenca; não há mais pôr-lhe embaraços à sua carreira vertiginosa. As consciências compenetram-se dos seus altos deveres e caminham pela vereda da luz, pela vereda da Liberdade, Igualdade e Fraternidade, essa trilogia enorme, pregada pelo filósofo do Cristianismo e ampliada pelo autor das – Châtiments – o velho Hugo. Já é tempo, cidadãos, de empunharmos o archote incendiário das revoluções da ideia, e lançarmos a luz onde houver treva, o riso onde houver pranto, e abundância onde houver fome.

No texto desse mesmo discurso, divulgado pelo *O Moleque*, em 1885, a mira de Cruz e Sousa também atinge os monarcas, pregando, com isso, a redenção da República no Brasil:

> É aí que desaparecem, na noite da história, os Carlos I e Luis XVI, as Maria Antonieta e Rainha Isabel, é aí que desaparece o cetro, para dar lugar à República, a única forma de governo compatível com a dignidade humana, na frase de Assis Brasil, no seu belo livro República Federal.

Infelizmente só a primeira parte do discurso foi publicada na imprensa, no caso o jornal *O Moleque*, que deixou de circular logo em seguida. Mas a mensagem, mesmo que fragmentada, dá uma ideia do pensamento do poeta negro Cruz e Sousa para a época.

V – Tópicos finais

Seria extensivo continuar propalando a militância de Cruz e Sousa no campo da luta antirracista, antipreconceituosa, antiescravagista do final do século 19, sobretudo na branca e praticamente europeia então província de Santa Catarina.

Com familiares fortes, com respeito às raízes africanas, sobretudo na figura do pai e da mãe, Cruz e Sousa galgou as escadarias do mundo do saber, do conhecimento, sem perder a sua essência. Sua obra completa pode ser cotejada para afirmar esse propósito, em suas páginas estão impressos os versos, poesias, sonetos, os textos em prosa, que demonstram o papel desempenhado, pelo poeta negro, com relação a sua participação nesse importante processo político de nossa história.

É preciso lê-lo para julgá-lo melhor. Os paradigmas do passado precisam ser derrubados, para dar lugar a novas análises à luz dos novos documentos que surgiram nos últimos anos. Visões inovadoras precisam obter a chance de se mostrar para também terem a oportunidade do julgamento dos leitores.

Não podíamos fechar este rápido estudo sem mencionar um trabalho curioso, porém com alguns pontos de confluência com relação à origem africana do poeta, sobretudo no que diz respeito ao cafre bantu. Joaquim Ribeiro, um professor de grandes méritos, em um estudo pouco divulgado e conhecido dos biógrafos de Cruz e Sousa, faz um levantamento da linguagem usada na obra do poeta negro catarinense. Para ele há um parentesco que liga Cruz e Sousa a suas origens africanas. Diz ele que o uso de aliterações é um fator, antes de mais, de aproximação de Cruz e Sousa com o falar dos negros bantus, citando diversos exemplos nesse sentido.

Joaquim Ribeiro diz, logo a princípio, que não "é possível separar Cruz e Sousa de sua herança étnica". Para ele, em Cruz e Sousa o estilo do poeta pode ter confluência com a sua raça. "Estilo é raça", diz o estudioso. Ele sabia acertadamente que Cruz e Sousa, por ser negro, "devia trair, na sua linguagem, algo de sua ascendência racial". Em outro tópico, ele assevera que se procurarmos essa conexão entre a raça do poeta e o seu estilo, "vamos encontrar a 'chave' de uma das mais predominantes características do estilo de Cruz e Sousa". As aliterações, para Joaquim Ribeiro, é a chave dessas aproximações e o caminho para interpretar Cruz e Sousa pelo seu lado racial. De acordo com o estudioso, os negros bantus da África, na sua incipiente gramática, conhecem a concordância aliterada, que é, aliás, um fator capital de sua estrutura fraseológica. Daí ele passa a enxergar "vestígios" na obra de Cruz e Sousa dessa linguagem ou do falar bantu. Cita, para exemplificar, um ilustre africanólogo, de nome Bently, através dessa frase:

O matadi mama mampembe mampewa i man mama twamwene.

Para ele o prefixo *ma* que aparece no substantivo *matadi* vem obrigatoriamente nos adjetivos, verbos e pronomes que ao substantivo se referem: *mama*, mampembe. Num outro exemplo, tirado de uma referência fornecida pelo professor João Ribeiro, ele confirma o que vem falando:

Z'êre z'mandou z'dizê.

Ou seja, "ele mandou dizer". Em seguida dá diversos trechos da obra de Cruz e Sousa para mostrar a força da aliteração e confirmar os tais "vestígios" da cultura bantu na obra do poeta negro brasileiro. Como por transcrever as estrofes famosas do poema "Violões que choram…":

Vozes veladas, veludosas vozes,
Volúpias dos violões, vozes veladas,
Vagam nos velhos vórtices velozes
Dos ventos vivas, vãs, vulcanizadas…
***

Ricos e raros resplandecem…
***

Tentálicas tentações de seus braços tentaculosos
***

Pomos pomposos de pasmos sensibilizantes

***

Finos frascos facetados

***

Orça fina e fria

***

Velho vento vagabundo

***

Leva ao longe este lamento

***

Frusco e bronco biombo

***

Soberbos e solenes soberanos

***

Langue lesma

***

Raras rosas

São inúmeros os exemplos que poderiam ser pinçados da obra de Cruz e Sousa, como uma reflexo da língua negro-africana "apenas filtrado através do estilo literário do poeta negro"[134]. Cruz e Sousa, sem dúvida, era um negro autêntico, sem mescla de sangue europeu, talvez seja o caso mais proeminente de um negro, cujos pais tenham saído da senzala, que tenha alcançado o mais alto domínio do idioma e se elevado por meio dele.

Logicamente sua vida e sua obra ainda necessitam de estudos mais condizentes com o papel histórico de sua luta e de sua militância abolicionista, política e republicana. Vamos esperar que tais estudos, afinal, apareçam.

---

[134]. RIBEIRO, Joaquim. Vestígio da concordância bantu no estilo de Cruz e Sousa. *A Manhã*, Rio de Janeiro, 16 jan. 1947. Autores & Livros, Suplemento Literário.

Referências bibliográficas

ALVES, Uelinton Farias. *Cruz e Sousa:* Dante Negro do Brasil. Rio de Janeiro: Pallas Editora, 2008.

BUENO, Alexei. *Catálogo da Exposição – 100 anos de morte*. Rio de Janeiro: Fundação Biblioteca Nacional, 1998.

CABRAL, Oswaldo R. *História de Santa Catarina*. 3ª ed. Florianópolis: Editora Lunardelli,1987.

_____. *Nossa Senhora do Desterro*. Volumes I – Notícia e II – Memória. Florianópolis: Editora Lunardelli, 1979.

COUTINHO, Afrânio. *Cruz e Sousa*. Fortuna crítica. Seleção de textos de Afrânio Coutinho. Rio de Janeiro: Civilização Brasileira/MEC, 1979.

CRUZ E SOUSA, João da. *Obra completa*. Organização, introdução, notas e bibliografias por Andrade Muricy (1961), atualizada por Alexei Bueno. Rio de Janeiro: Nova Aguilar, 1995.

_____. *Obra completa*, dois volumes. Organização, atualização, introdução por Lauro Junkes. Florianópolis: Academia Catarinense de Letras/Fundação Catarinense de Cultura, 2008.

MAIA, Olívia da. O ensino em Santa Catarina, de 1515 a 1834. In: *Ementário da Legislação do ensino do Estado de Santa Catarina (1835 – 1979)*. Florianópolis: Imprensa Oficial do Estado de Santa Catarina, 1980.

MAGALHÃES, Raimundo Júnior. *Poesia e vida de Cruz e Sousa*. 3ª ed. Rio de Janeiro: Civilização Brasileira/MEC, 1975.

MONTENEGRO, Abelardo F. *Cruz e Sousa e o movimento simbolista no Brasil*. 3ª ed. Florianópolis: Fundação Franklin Cascaes/UFC Edições, 1998.

MUZART, Zahidé Lupinacci. Papel branco, tinta negra: Cruz e Sousa, jornalista. In: Continente Sul Sur, *Revista do Instituto Estadual do Livro*. Porto Alegre: Instituto Estadual do Livro, 1998, p. 101.

PIAZZA, Walter F. *A escravidão negra numa província periférica*. Florianópolis: Garapuvu/Editora Unisul, 1999.

RABELLO, Ivone Daré. *Um canto à margem:* uma leitura poética de Cruz e Sousa. São Paulo: Edusp/Nankin Editorial, 2006.

SOARES, Iaponan. *Ao redor de Cruz e Sousa*. Florianópolis: Editora da UFSC, 1988.

VÁRZEA, Virgílio. *Santa Catarina:* a Ilha. Florianópolis: Editora Lunardelli, 1985.

Verbetes biográficos

Os Verbetes biográficos compõem um conjunto de alguns nomes citados durante algumas matérias deste livro. Obviamente que não está completo, nem tive a intenção para isso. Não se trata aqui de contar a história desses personagens, embora mereçam. Mas este não é o espaço. A ideia inicial foi dar alguns perfis, ligados à tradição afro-brasileira, de pessoas comuns, históricas ou públicas que pouca gente tem ou teve acesso, no sentido de informações. Foi uma pretensão minha, que espero estar contemplada com o que aí se segue.

Cruz e Sousa (1861-1898)
Poeta catarinense, filho de pais escravizados, lutou pela abolição na sua cidade natal, Nossa Senhora do Desterro, atual Florianópolis. Deixou diversos textos sobre sua luta abolicionista. Na literatura, é considerado o pai do Simbolismo brasileiro. Seus principais livros são: *Missal*, prosa; *Broquéis*, versos; e *Evocações*, prosa, no qual se encontra o poema "Emparedado", um dos mais expressivos de sua obra poética.

Lima Barreto (1881-1922)
Filho de um servidor público e de uma professora, foi romancista, contista e cronista carioca. Um dos mais expressivos nomes de sua geração. Dos autores negros da virada do século, é o único com uma consciência racial forte, assumida em público. Dentre os muitos romances que escreveu, destaca-se *Clara dos Anjos*, que descreve a dura vida de uma família preta e pobre do subúrbio do Rio de Janeiro.

Nhá Chica ou Francisca de Paula de Jesus (1810-1895)

Esta mineira, nascida em São João del-Rei, viveu em Baependi, filha e neta de escravizados. Órfã desde cedo, se tornou uma fervorosa devota de Nossa Senhora da Conceição, e, a pedido da mãe, passou a vida inteira a dedicar-se à caridade. Construiu uma capela para sua santa de devoção, onde seu corpo repousa hoje. Ainda em vida, Nhá Chica passou a ser aclamada pelo povo local de Santa de Baependi, sendo beatificada em 2013 pelo Vaticano.

Gonçalves Dias (1823-1864)

Conhecido pelo clássico "Canção do Exílio", este maranhense foi a grande voz da primeira geração do Romantismo brasileiro, para o qual escreveu obras fundamentais, aclamando também os povos indígenas. Além de poeta, foi advogado, jornalista, teatrólogo e etnólogo, sendo autor do *Dicionário da língua tupi* e de um vocabulário da língua geral falada na Amazônia. Segundo Gilberto Freyre, era filho de português com "uma mulata cafuza", ou segundo Rodrigues de Carvalho, de acordo com Nei Lopes, "filho de uma mulata quase preta, ama em São Luís". Morreu em um naufrágio, esquecido no barco por se achar gravemente doente.

Castro Alves (1847-1871)

Conhecido pelos seus grandes poemas contra a escravidão, este baiano morreu ainda na flor da idade, em Salvador, aos 24 anos. Sua ascendência africana é bem provável pela linhagem da mãe, mas, no poeta, está bem característica nas imagens e fotos da juventude. Sempre em tom exaltado, seus poemas como, "Vozes d'África", "Navio Negreiro" e "Os escravos", são os mais belos e contundentes da língua portuguesa.

Olavo Bilac (1865-1918)

Segundo dois estudiosos, referenciados por Nei Lopes, que são José Honório Rodrigues e Donald Pierson, o poeta, jornalista e escritor carioca é incluído, respectivamente, numa relação categórica de "pretos e mulatos ilustres" e "mulato". Eleito príncipe dos poetas brasileiros, foi o maior poeta da fase parnasiana. O seu lado afrodescendente vem da parte materna.

Machado de Assis (1839-1908)

Carioca, de origem pobre, nascido no Morro do Livramento, este talvez seja o nosso negro mais ilustre de todos, seja dito, como representante das letras brasileiras. Autor de obras monumentais, como *Dom Casmurro*, *Quincas Borba*, entre tantas outras, só após sua morte, veio-lhe o crédito de sua militância, como "um caramujo", contra a escravidão. Machado é autor de poesias, contos, trechos de romances, peças de teatro e crônicas jornalísticas em prol da abolição. Era filho do mulato e pintor de paredes Francisco José de Assis, cujos pais eram negros libertos, e de Maria Leopoldina da Câmara Machado, branca, lavadeira e pobre, de origem portuguesa. Foi fundador e o primeiro presidente da Academia Brasileira de Letras.

Mário de Andrade (1893-1945)

Paulista de nascimento, foi o nome mais importante do Movimento Modernista Brasileiro, sendo um dos principais organizadores da Semana de Arte Moderna, em 1922. Autor de obras capitais, tanto na ficção, quanto no ensaio, publicou poesias, contos, estudos musicais, e romances, com destaque para *Amar, verbo intransitivo* e o seminal *Macunaíma, um herói sem nenhum caráter*. Darcy Ribeiro o classificou como "mulato envergonhado", por considerar que o escritor escondia a sua cor, quando, na verdade, encobria sua homossexualidade.

Maria Firmina dos Reis (1822-1917)

Nascida no Maranhão, Maria Firmina dos Reis era filha de Leonor Filipa, mulata forra, e de João Pedro Esteves, homem de posses, sócio do antigo escravizador da mãe de Firmina. Foi professora, poeta, jornalista, contista e romancista, sofrendo revezes por ser mulher e negra. Foi amiga de Gonçalves Dias, outro negro genial, também apagado da nossa história como negro. Como professora, com sua própria sala de aula, juntou meninos e meninas na mesma alfabetização. Até hoje não se conhece uma fotografia sua. Morreu pobre e cega, mas deixou grande legado na história maranhense e brasileira. Pela erudição, todas as meninas inteligentes eram logo alcunhadas "é uma Maria Firmina". Foi abolicionista precoce e autora do primeiro romance publicado por uma mulher no país, *Úrsula* (1859).

Teixeira e Sousa (1812-1861)

Teixeira e Sousa é o autor de um dos livros que fundamentam a novela brasileira, *O filho do pescador,* o primeiro entre nós, publicado em 1843. O romancista fluminense, autor de dezenas de livros, entre os quais *As tardes de um pintor* e *As fatalidades de dois jovens ou a freira de Mariemburg.* É o pai dos folhetim brasileiro e um dos pioneiros da literatura de ficção. Pouco conhecido, e aceito pela crítica hegemônica, apagado por ser negro, Teixeira e Sousa é um importante autor brasileiro. Ao contrário do que se propaga, foi muito popular em sua época.

José do Patrocínio (1853-1905)

Filho de um poderoso padre de Campos dos Goytacazes, no Norte Fluminense, que não o perfilhou, e uma preta escravizada local, com apenas 13 anos de idade, Patrocínio mudou-se para a capital do Império, onde se formou em farmácia, mas logo ingressou no mundo das letras e do jornalismo. Foi a mais importante voz preta da Abolição da Escravatura, em 1888. Empresário, teve jornais, e ajudou a proclamar a República, que logo o perseguiria. É dele o feito de trazer o primeiro automóvel para o Brasil, depois que viu "o monstro" numa viagem à Europa. Infelizmente não é conhecido pelos seus grandes três romances-reportagens: *Mota Coqueiro ou a pena de morte no Brasil, Os retirantes* e *Pedro Espanhol,* recentemente relançado.

Joel Rufino dos Santos (1941-2015)

Historiador, professor e escritor, Joel Rufino dos Santos é autor de muitos livros importantíssimos para a literatura brasileira. Escreveu quase uma centena de obras, muitas premiadas, com todo tipo de narrativa, acadêmica, infantojuvenil e adulta. É autor também de belos romances, como *Crônica de indomáveis delírios* e *Claros sussurros de celestes ventos*, que tem como personagens Cruz e Sousa e Lima Barreto. Entre os não ficcionais, o realmente surpreendente *Quando voltei, tive uma surpresa* e o polêmico *Quem ama literatura não estuda literatura*, um clássico, mas ainda mal compreendido.

Abdias Nascimento (1914-2011)

Ativista histórico, criador do Teatro Experimental do Negro, político com importante mandato no Senado, ator, dramaturgo, poeta, artista plástico, professor, jornalista e escritor, são profícuas as atividades desempenhadas por esse paulista de Franca. Como político pelas causas contra o racismo, Abdias Nascimento teve papel de destaque com obras como *O genocídio do negro brasileiro* e *O negro revoltado*, que era ele próprio. No Senado, como suplente de Darcy Ribeiro, então falecido, marcou época, por seus discursos de forte denúncia contra as desigualdades racial e econômica brasileiras.

Zózimo Bulbul (1937-2013)

Ele nasceu Jorge da Silva, mas seu destino era ser Zózimo Bulbul: ator, produtor, cineasta e roteirista. Com participação em mais 30 filmes, atuando e realizando, com destaque para: *Terra em transe*, de Glauber Rocha, *Compasso de espera* e *Filhas do vento*, de Joel Zito Araújo. Foi um dos homens negros protagonistas na TV brasileira, com a novela *Vidas em conflito*, da TV Excelsior. É dele o filme *Alma no olho*, que foi a sua estreia como realizador.

Nei Lopes (1942)

Principal estudioso das culturas afro-brasileira e africana, do continente e da diáspora, Nei Lopes é também um dos mais importantes artistas do Brasil, como compositor, cantor e escritor. Sambista renomado, parceiro de bambas como Wilson Moreira, entre outros. Desde 1981, tem tido farta produção literária, em contos, poesias, estudos africanos, de cunho pedagógico, dicionários e enciclopédia, mas sobretudo romance.

Conceição Evaristo (1946)

Mineira de Belo Horizonte, Conceição Evaristo teve uma infância dura, mas que lhe deu toda a bagagem literária, tornando-a uma das mais proeminentes vozes de autoria negra do país. É premiada e festejada pelo conjunto de suas obras, que incluem poesias, *Poemas de recordação e outros movimentos*; contos, como *Olhos d'água* (Jabuti de 2015); e romances, entre os quais o festejado *Ponciá Vicêncio* e *Becos da memória*. Recentemente publicou *Canção de ninar menino grande*.

Éle Semog (1952)

Na origem, Luiz Carlos Amaral Gomes, na poesia negra brasileira, é Éle Semog, contista, militante do movimento negro, autor de livros de poesias que marcam a vida literária desde os anos de 1970, através de coletivos como Garra Suburbana e Negrícia – poesia e arte de crioulo. Tem poemas publicados e traduzidos na Alemanha, como em *Schwarze Poesie – Poesia Negra*, de 1988. Ativista, é cofundador do jornal *Maioria Falante*, e publicou livros históricos, entre os quais *Ebulição da escrivatura*, e *O arco-íris negro*, em parceria com José Carlos Limeira, depois repetida em *Atabaques*. É dele também, entre outros, *Curetagem: poemas doloridos* e *A cor da demanda*.

Salgado Maranhão (1953)

Poeta e compositor maranhense, do povoado de Canabrava das Moças, também com passagem por Teresina, no Piauí, Salgado Maranhão veio aportar no Rio de Janeiro, por sugestão de Torquato Neto, que lhe batizou o nome literário (o verdadeiro é José Salgado dos Santos). Duas vezes premiado com o Jabuti, Salgado é um dos mais expressivos poetas da nova geração, destacando-se letrista em músicas gravadas por Amelinha, Elba Ramalho, Ney Matogrosso, Paulinho da Viola, Fátima Guedes, Zizi Possi e Ivan Lins. Tem produção traduzida para o inglês, alemão, italiano, francês, sueco e japonês. Com livre trânsito por universidades americanas, como Harvard e Yale. É dele os premiados *Mural de ventos*, *Ópera de nãos* e *A cor da palavra*.

Nina Silva (1982)

Nina Silva, ou Marina Silva, nascida em São Gonçalo, no Rio de Janeiro, insurgiu na vida cultural como poeta, de viés da poesia erótica, talvez por sempre pensar "fora da caixa", como ela mesma diz. Há mais de dez anos dedica-se à área de TI, estando à frente do Movimento Black Money. Como poeta, publicou em parceria *InCorPoros – Nuances de libido*. Destaca-se entre as 100 mulheres afrodescendentes de até 40 anos mais influentes do mundo, segundo a revista *Forbes*, em 2019.

Délcio Teobaldo (1953)

Délcio Teobaldo tem a sua origem numa batuqueira angolana, numa cirandeira portuguesa e num contador de histórias. Délcio Teobaldo, nascido em Ponte Nova, Minas Gerais, é um talento múltiplo: artista plástico, músico, produtor e diretor de TV, mas é também escritor. Entre os seus livros, destacam-se: *Geração bate-bute*, *Palavra puxa prosa* e *Quatro trancados num quarto*.

Eliana Alves Cruz (1966)

Jornalista e escritora carioca, Eliana Alves Cruz tem se destacado no campo da ficção brasileira após a publicação de três grandes romances: *Água de barrela*, que conta a saga de sua família desde a escravização africana, no século 19; *O crime do Cais do Valongo*, e *Nada digo de ti, que em ti não veja*. É autora de contos, publicados em "Cadernos Negros", e de história infanto-juvenil - *Copa frondosa da árvore*.

Jeferson Tenório (1977)

Carioca, nascido em Madureira, Jeferson Tenório é radicado em Porto Alegre, no Rio Grande do Sul, já é autor de três festejados romances, com os dois primeiros premiados. Estreou na literatura com *Beijo na parede*. Seu último livro, *O avesso da pele*, demonstra a força narrativa das suas histórias. Tem publicado contos e crônicas também como parte de suas atividades literárias.

Paulo Leminski (1944-1989)

Poeta, escritor, crítico literário e tradutor, Leminski teve muita influência da cultura japonesa, sobretudo da forma do haicai ("hai" = brincadeira, gracejo; e "kai" = harmonia, realização"), tendo escrito uma biografia de Basho. Filho de um militar polonês com negra brasileira, nasceu em Curitiba, mas morou um tempo no Rio de Janeiro. Estreou na literatura em 1964, com cinco poemas na revista *Invenção*. Inovador, com jeito próprio de compor, é autor de vasta obra, entre ensaio, letras de músicas, poesia e textos biográficos. Um dos seus livros mais marcantes é *Catatau*, tido como sua obra "maldita". Escreveu também uma biografia do poeta Cruz e Sousa.

Renato Noguera (1972)

Doutor em filosofia, Renato Noguera é um pesquisador na área de estudos afro-brasileiros e filosofia africana. Já escreveu livros como *Mulheres e deuses* e *O ensino de filosofia e a Lei 10.639*, além do mais recente *Por que amamos?*, entre outros. Noguera também é dramaturgo e roteirista de histórias infantis.

Djamila Ribeiro (1980)

Djamila Ribeiro, filósofa, feminista negra e escritora, tornou-se conhecida no país por seu ativismo, com atuação como palestrante e colunista. Um nome conhecido quando se fala em ativismo negro no Brasil, tudo isso sob um espectro pop: presença ativa nas redes sociais, possuindo milhares de seguidores, somente no Instagram. É autora de *O que é lugar de fala?*, *Quem tem medo do feminismo negro?* e *Pequeno manual antirracista*.

Dino Coutinho (1962)

Nascido em Salvador, empresário, Dino Coutinho é bacharel em Ciências Contábeis e Administração.

Philippe Coutinho (1992)

Nascido no Rio de Janeiro, Philippe Coutinho é jogador profissional, com atuações pelo Vasco, Internationale, Espanyol, Liverpool, Barcelona, Bayer de Munique e Seleção Brasileira.

Sobonfu Somé

Filósofa e pensadora africana, Somé é a festejada autora de *O espírito da intimidade*, que fala da experiência da comunidade de Dacara, onde viveu boa parte de sua vida. Faleceu em 2017.

Mário Lúcio Souza (1964)

Mário Lúcio Souza nasceu no Tarrafal, na ilha de Santiago, em Cabo Verde. Devido ao seu destaque intelectual precoce, aos dez anos de idade foi adotado pelo Estado de Cabo Verde, para que pudesse receber uma educação, tendo em conta que era filho de pais pobres. Advogado, músico e parlamentar, Mário Lúcio também é um grande escritor, tendo publicado, entre outros: *Nascimento de um mundo*, *Novíssimo testamento* e *Biografia da Língua*, publicado em 2015.

Ana Maria Gonçalves (1970)

Ana Maria Gonçalves nasceu em Ibiá, em Minas Gerais. Começou a escrever contos e poemas desde a adolescência, sem chegar a publicar. A paixão pela leitura nasceu durante a infância, e desde criança lia jornais, revistas e livros. Abandonou a publicidade em 2020 para escrever o primeiro romance, *Ao lado e à margem do que sentes por mim*. A obra foi lançada de forma independente, mas vendeu toda a edição de mil exemplares. Com *Um defeito de cor*, consagrou-se como uma das mais importantes escritoras brasileiras, tendo conquistado o prêmio Casa de las Americas. Escreve também no teatro, sendo sua última peça *Chão de Pequenos*, encenada pela Companhia Negra de Teatro.

George Floyd (1973-2020)

Floyd nasceu em Fayetteville, Carolina do Norte, e foi criado em Houston, no Texas. Era considerado um "gigante gentil" (*a gentle giant*), e, segundo as informações que constam em sua autópsia, tinha a altura de 1,93m (6,33 ft), pesava 101kg (223 lb) e seu apelido era *Floyd Perry*. Jogava nos times de basquetebol e futebol americano de sua escola, *Yates High School*, e frequentou a faculdade *South Florida Community College* por dois anos, jogando no seu time de basquete, depois se transferindo para *Texas A&M University-Kingsville*, onde também jogou basquete, antes de desistir da faculdade. Voltou para Houston, onde se tornou um personalizador automotivo, e se juntou ao grupo de hip hop *Screwed Up Click*. Após uma condenação por assalto à mão armada em 2007, Floyd fez um acordo judicial em 2009 por cinco anos de prisão. Depois de solto, passou a frequentar um ministério religioso local, a *Resurrection Houston*. Em 2014, mudou-se para o estado de Minnesota, onde teve dois empregos – caminhoneiro e segurança. Em 2017, gravou um vídeo em que solicitava às novas gerações que pusessem fim à violência com recurso a armas. Em 2020, Floyd perdeu o emprego de segurança devido à pandemia de Covid-19. Ele tinha cinco filhos, incluindo duas filhas em Houston, com idades de 22 e 6 anos, e um filho adulto em Bryan, Texas.

Em 25 de maio de 2020, Floyd, suspeito de tentar comprar um produto utilizando uma nota falsificada de US$ 20,00, morreu em Minneapolis, depois que Derek Chauvin, um policial branco, pressionou o joelho no pescoço de Floyd por 8 minutos e 46 segundos, provocando a sua morte. Floyd foi algemado de bruços na rua, enquanto outros dois oficiais o contiveram ainda mais e um quarto impediu os espectadores de intervirem. Durante os três últimos minutos, a vítima ficou imóvel e não tinha pulsação, mas os policiais não fizeram nenhuma tentativa de revivê-lo. Chauvin manteve o joelho no pescoço de Floyd, mesmo quando técnicos médicos emergenciais tentavam tratá-lo. A autópsia oficial descobriu que a morte foi causada por parada cardíaca. Floyd era positivo para Covid-19 no momento de sua morte. A autópsia encomendada pela família descobriu que "as evidências são consistentes com a asfixia mecânica como causa" da morte, com a compressão do pescoço restringindo o fluxo sanguíneo para o cérebro, e a compressão traseira, a respiração.

Henrique Dias (1575(?)-1662)

Considerado por diversas fontes históricas como o primeiro homem negro letrado do Brasil, Henrique Dias lutou no contexto das guerras travadas na invasão dos holandeses em Pernambuco e outras províncias. Foi criador do regimento conhecido como Terço dos Henriques, em função do qual foi nomeado Governador dos Crioulos, Pretos e Mulatos do Brasil. Recebeu a patente de mestre-de-campo e de cavaleiro da Ordem de Cristo, a maior honraria já conquistada por um negro.

Participou de inúmeras lutas, distinguindo-se por bravura nos combates de Igaraçu, onde foi ferido duas vezes; fez parte, ainda, da reconquista de Goiana e, notoriamente, em Porto Calvo, em 1637, quando teve a mão esquerda estraçalhada por um tiro de arcabuz. Sem abandonar o combate, pediu para ter a mão cortada, e decidiu a vitória na ocasião. Seus textos mais conhecidos são cartas escritas ao rei de Portugal Dom João IV. Pela sua dedicação, coragem e liderança, foi escolhido, em 1992, patrono do então 28º Batalhão de Infantaria Blindada (28º BIB), atualmente 28º Batalhão de Infantaria Leve (28º BIL), localizado em Campinas, SP.

Padre Antônio Vieira (1608-1697)

Nascido em um lar humilde, na Rua do Cónego, freguesia da Sé, em Lisboa, Antônio Vieira foi o primogênito de quatro filhos de Cristóvão Vieira Ravasco, de origem alentejana, cuja mãe era filha de africana, e de Maria de Azevedo, lisboeta. Cristóvão serviu na Marinha Portuguesa e foi, por dois anos, escrivão da Inquisição. Mudou-se para o Brasil em 1614, para assumir cargo de escrivão em Salvador, Bahia, mandando vir a família em 1618. Em 1614, iniciou os primeiros estudos no Colégio dos Jesuítas de Salvador, onde, principiando com dificuldades, veio a tornar-se um brilhante aluno. Ingressou na Companhia de Jesus em 5 de maio de 1623. Em 1626, seus talentos como escritor já eram reconhecidos e ficou encarregado de escrever e traduzir para o latim a "Carta Ânua", um relatório anual dos trabalhos da Província da Companhia de Jesus, que era encaminhada ao Superior-Geral da Companhia em Roma. Prosseguiu os seus estudos em Teologia, tendo estudado ainda Lógica, Metafísica e Matemática, obtendo o mestrado em Artes.

Uma das mais influentes personagens do século 17 em termos de política e oratória, em terras brasileiras. Nesta qualidade, Antônio Vieira defendeu incansavelmente os direitos dos povos indígenas, combatendo a sua exploração e escravização e fazendo a sua evangelização. Era por eles chamado "Paiaçu" (Grande Padre/Pai, em tupi). Defendeu os judeus, a abolição da distinção entre cristãos-novos (judeus convertidos, perseguidos à época pela Inquisição) e cristãos-velhos (aqueles cujas famílias eram católicas há gerações), e a Abolição da Escravatura. Criticou, ainda, severamente os sacerdotes da sua época e a própria Inquisição. Na literatura, seus sermões possuem considerável importância no Barroco brasileiro e português. As universidades frequentemente exigem a sua leitura. Antônio Vieira escreveu mais de 200 sermões, 700 cartas, além de tratados proféticos, relações etc.

Rosa Maria Egipcíaca (1719-1778)

Rosa Maria Egipcíaca da Vera Cruz é autora de *Sagrada Teologia do Amor Divino das Almas Peregrinas*, o mais antigo livro escrito por uma mulher negra na história do Brasil. Os dons espirituais levaram Rosa Egipcíaca a ter devotos, inclusive do clero católico, motivo que a levou aos "olhos" da Inquisição. A vida dela inspirou a produção dos livros *Rosa Egipcíaca: uma santa africana no Brasil*, uma biografia de 750 páginas escrita por Luiz Mott, e *Rosa Maria Egipcíaca da Vera Cruz: a incrível trajetória de uma princesa negra entre a prostituição e a santidade*, um romance ficcional escrito por Heloisa Maranhão. A biografia também foi citada e inspirou a produção de vários trabalhos acadêmicos.

Domingos Caldas Barbosa (1740-1800)

Nascido no Rio de Janeiro, em pleno mar, e morto em Lisboa, Domingos Caldas Barbosa foi um sacerdote, poeta e músico brasileiro, autor e divulgador de lundus e modinhas em Portugal, um dos estilos musicais pioneiros da música popular brasileira. Foi membro da Nova Arcádia de Lisboa. É considerado o primeiro nome importante da música popular brasileira e de grande relevância na história da música popular portuguesa. Filho de um português com uma mulher angolana escravizada, estudou quando menino no Colégio de Jesuítas, mas em 1760, já na idade militar, partiu para a Colônia do Sacramento como soldado e enviado para Portugal em 1763, para estudar em Coimbra. Posteriormente, em Lisboa, Domingos celebrizou-se pelas trovas improvisadas ao som da sua viola de corda de arame. Suas composições estão reunidas no livro publicado em 1798, *Viola de Lereno*, pseudônimo que ele adotava. Fez em Lisboa uma vida de padre mundano e, ao mesmo tempo, de músico popular, animando assembleias burguesas, salões fidalgos e até serões do paço real. Fez sucesso a partir da década de 1770 na corte da rainha D. Maria I de Portugal. Em pouco tempo, a modinha tipicamente brasileira passaria por transformações e ganharia ares de música erudita nas cortes portuguesas.

Em sua poesia Domingos tratou das peculiaridades afetivas do povo brasileiro, distinguindo-as das dos portugueses. Aproximou-se, assim, de temas românticos - ainda que de maneira não tão profunda -, e por este motivo, sofreu muitas críticas de eruditos portugueses contemporâneos, como Felinto Elísio, Nicolau Tolentino, Bocage e Antônio Ribeiro dos Santos, que chegou a dizer que não conhecia "poeta mais prejudicial à educação [...] do que este trovador de Vênus e Cupido: a tafularia do amor, a meiguice do Brasil, e em geral a moleza americana, que faz o caráter das suas trovas, respiram os ares voluptuosos de Pafus e Cítara, e encantam com venenosos filtros a fantasia dos moços e o coração das damas".

Silva Alvarenga (1749-1814)

Nascido em Vila Rica e falecido no Rio de Janeiro, Silva Alvarenga era filho de um mulato, Inácio da Silva Alvarenga, músico de profissão e pobre, e de mãe desconhecida, provavelmente de origem africana. Ainda adolescente, foi para o Rio de Janeiro estudar, e, feitos os exames preparatórios, seguiu para a Universidade de Coimbra, onde obteve o Bacharelado em Direito Canônico, sempre com as melhores aprovações, aos 27 anos de idade, em 1775 e 1776. São obras de sua autoria o poema herói-cômico "O Desertor", metendo à bulha o escolasticismo coimbrão, pouco antes desbancado pelas reformas pombalinas, e celebrando estas reformas. Quando do dilúvio poético na inauguração da estátua equestre de D. José I, em 1775, Silva Alvarenga engrossou-o com um soneto e uma ode. O mesmo motivo inspirou-lhe ainda a epístola em alexandrinos de 13 sílabas: "Ao sempre augusto e fidelíssimo rei de Portugal o Senhor D. José I no dia da colocação de sua real estátua equestre". Em folhas avulsas, folhetos, coleções e florilégios diversos, jornais literários portugueses e brasileiros (pois ainda foi contemporâneo dos que primeiro aqui apareceram), foram publicadas muitas de suas obras. É dele ainda, entre outros, o poema madrigalesco "Glaura", considerado erótico, publicado em Lisboa, em 1799.

Paula Brito (1809-1861)

Nascido no Rio de Janeiro, Paula Brito foi um editor, jornalista, escritor, poeta, dramaturgo, tradutor e contista. Trabalhou em diversas tipografias e fundou a "Sociedade Petalógica", que teve como membro ilustre o então jovem escritor Machado de Assis, de quem publicou o primeiro texto poético. A "Sociedade Petalógica do Rossio Grande", nome devido à "liberdade" que Brito alegava que seus membros davam à imaginação (uma peta = uma mentira), e que reunia o movimento romântico de 1840-1860: Gonçalves Dias, Laurindo Rabelo, Joaquim Manuel de Macedo, Manuel Antônio de Almeida. Toda a elite da época, entre políticos, artistas e líderes, reunia-se na "Livraria de Paula Brito".

Francisco de Paula Brito nasceu em uma família humilde, na então Rua do Piolho (hoje Rua da Carioca), no Centro do Rio de Janeiro, filho do carpinteiro Jacinto Antunes Duarte e de Maria Joaquina da Conceição Brito. Aprendeu a ler com sua irmã. Morou em Magé dos seis aos quinze anos, voltando à sua cidade natal em 1824, ao lado do avô, o sargento--mor Martinho Pereira de Brito. Foi ajudante de farmácia, aprendiz de tipógrafo na Tipografia Nacional e, posteriormente, trabalhou no *Jornal do Commercio*, como diretor das prensas, redator, tradutor e contista. Em 1830, casou-se com Rufina Rodrigues da Costa. Em 1848, Brito possuía 6 impressoras manuais e uma mecânica, e expandiu suas instalações para os nºs 68 e 78, esse constituindo sua Loja do Canto, sua livraria e papelaria, e criou filiais em sociedade com Antônio Gonçalves Teixeira e Sousa e

Cândido Lopes, formando com esse último a Tipografia e Loja de Lopes e Cia, em Niterói.

Paula Brito foi ativista político e o primeiro a inserir no debate político a questão racial. Em sua tipografia foram impressas obras como *O Mulato* e o jornal *O Homem de Cor*, o primeiro jornal brasileiro dedicado à luta contra o preconceito racial, colocando-o como precursor da imprensa negra. Há registro de 372 publicações não periódicas feitas por Paula Brito, de temática variada, 83 na área médica, mas a maior parte constituída de dramas. Ele incentivava a literatura nacional. Pode-se considerar que o primeiro romance brasileiro com algum valor literário tenha sido *O filho do pescador*, de Antônio Gonçalves Teixeira e Sousa, publicado por Brito em 1843. Empregou o poeta Casimiro de Abreu e o jovem Machado de Assis, que começou como revisor de provas de Paula Brito e deu início à carreira literária como colaborador de "A Marmota Fluminense". Paula Brito foi o primeiro editor de Machado de Assis.

Em 1857, os acionistas insatisfeitos conseguiram a liquidação da Typographia Dous de Dezembro, e sua firma foi transformada na Typographia de Paula Brito, com apenas um endereço, com o auxílio financeiro do imperador. A publicação de livros caiu, reduzindo-se para 12 em 1858 e 15 em 1861, ano de sua morte. Faleceu em sua residência, no Campo de Sant'Anna, nº 25 em 15 de dezembro de 1861. Sua viúva continuou o negócio em sociedade com o genro até 1867, caindo a produção, e em 1868 a Sra. Rufina Rodrigues da Costa Brito ficou sozinha, transferindo seu negócio para a Rua do Sacramento, nº 10, onde sobreviveu até 1875.

Francisco Sotero dos Reis (1800-1871)

Sotero dos Reis vem a ser primo de Maria Firmina dos Reis. Nascido em São Luís do Maranhão, foi um jornalista, poeta, tradutor, professor e escritor. Ou seja, Firmina tinha a quem se guiar. Deixou uma obra vinculada a assuntos filológicos. Suas incursões temáticas sobre a realidade regional também decorreram num contexto de lutas políticas acirradas e constituintes do jovem Estado Nacional e de uma província inicialmente refratária às proposições separatistas do Brasil. Sotero dos Reis escreveu, também, uma das primeiras histórias literárias no Brasil, o *Curso de Literatura Portuguesa e Brasileira* (1866-1873), fruto de sua experiência docente no Instituto de Humanidades, cujo diretor era Pedro Nunes Leal. Publicou também um compêndio de gramática da língua portuguesa e apostilas de gramática geral aplicada à língua portuguesa pela análise dos clássicos.

Luís Gama (1830-1882)

Nascido livre em Salvador, filho de um nobre português com a lendária Luísa Mahin, Luís Gama foi um abolicionista, orador, jornalista, poeta e, sobretudo, advogado. É considerado Patrono da Abolição da Escravatura do Brasil. Foi, contudo, escravizado aos 10 anos, e permaneceu analfabeto até os 17 anos de idade. Conquistou judicialmente a própria liberdade e passou a atuar na advocacia em prol dos cativos, sendo já aos 29 anos autor consagrado e considerado "o maior abolicionista do Brasil".

Apesar de considerado um dos expoentes do Romantismo, obras como a *Apresentação da Poesia Brasileira*, de Manuel Bandeira, sequer mencionam seu nome. Teve uma vida tão ímpar que é difícil encontrar, entre seus biógrafos, algum que não se torne passional ao retratá-lo - sendo ele próprio também carregado de paixão, emotivo e ainda cativante. Luís Gama foi um dos raros intelectuais negros no Brasil escravocrata do século 19, o único autodidata e o único a ter passado pela experiência do cativeiro. Pautou sua vida na luta pela Abolição da Escravatura e pelo fim da monarquia, contudo veio a morrer seis anos antes da concretização dessas causas. Escreveu para diversos jornais e revistas brasileiras, especialmente de São Paulo e Rio de Janeiro. É autor do livro *Primeiras trovas burlescas*, assinado com o pseudônimo de Getulino.

Luísa Mahin

Talvez nascida no início do século 19 - uma personagem histórica que possivelmente existiu -, uma ex-escravizada de origem africana, radicada no Brasil, Luísa Mahin teria tomado parte na articulação dos levantes de escravos que sacudiram a Província da Bahia nas primeiras décadas do século 19. Não existe, no entanto, qualquer indício de sua participação nas revoltas, o que leva alguns historiadores a considerá-la uma espécie de alter ego do escritor Luís Gama. Sua origem é incerta, não se sabe se teria nascido na Costa da Mina, na África, ou na Bahia. Membro do povo Mahi, de onde vem seu sobrenome, Luísa Mahin comprou sua alforria em 1812. Livre, tornou-se quituteira em Salvador. Era uma mulher baixa, magra, bonita, de dentes "alvíssimos, como a neve", altiva, generosa, sofrida e vingativa, como descreveu o filho poeta e advogado. Luísa esteve envolvida na articulação de todas as revoltas e levantes de escravos que sacudiram a então Província da Bahia nas primeiras décadas do século 19. De seu tabuleiro, eram distribuídas as mensagens em árabe, através dos meninos que pretensamente com ela adquiriam quitutes. Desse modo, esteve envolvida na Revolta dos Malês (1835) e na Sabinada (1837-1838). Seu nascimento e morte são até hoje desconhecidos.

Auta de Souza (1876-1901)

Auta de Souza nasceu em Macaíba, Rio Grande do Norte, filha de Elói Castriciano de Souza e Henriqueta Leopoldina Rodrigues e irmã dos políticos norte-rio-grandenses Elói de Sousa e Henrique Castriciano. Autora de um único livro, *Horto*, foi essencialmente uma poeta, cujos poemas românticos têm forte influência simbolista, e alto valor estético. Segundo Luís da Câmara Cascudo, que lhe dedicou uma pequena biografia, é "a maior poetisa mística do Brasil".

Ficou órfã aos três anos, com a morte de sua mãe por tuberculose, e no ano seguinte perdeu também o pai, pela mesma doença. Sua mãe morreu aos 27 anos, e seu pai, aos 38 anos. Mais tarde, aos 14 anos, Auta recebeu o diagnóstico de tuberculose, e teve que interromper seus estudos no colégio religioso, mas deu prosseguimento à sua formação intelectual como autodidata. Ela veio a falecer em 7 de fevereiro de 1901, a uma hora e quinze minutos, em Natal, em decorrência da tuberculose. Foi sepultada no cemitério do Alecrim, em Natal, mas em 1904 seus restos mortais foram transportados para o jazigo da família, na parede da Igreja de Nossa Senhora da Conceição, em Macaíba, onde nasceu. Em 1936, a Academia Norte-Riograndense de Letras dedicou-lhe a poltrona 19, como reconhecimento à sua obra.

Rodrigues Alves (1848-1919)

Nascido em Guaratinguetá e falecido no Rio de Janeiro, em razão da Febre Espanhola, Rodrigues Alves foi um advogado, conselheiro do império, presidente da província de São Paulo, ministro da Fazenda e quinto presidente da República do Brasil. Governou São Paulo por três mandatos: entre 1887 e 1888, como presidente da província, como quinto presidente do estado de 1900 a 1902 e como nono presidente do estado de 1912 a 1916. Elegeu-se duas vezes presidente da República, cumprindo integralmente o primeiro mandato (1902 a 1906), mas faleceu antes de assumir o segundo (que deveria se estender de 1918 a 1922).

Francisco de Paula Rodrigues Alves nasceu em 7 de julho na Fazenda do Pinheiro Velho, bairro do Machadinho, em Guaratinguetá, terceiro filho de Isabel Perpétua de Marins e Domingos Rodrigues Alves. Passou sua infância no sobrado da família localizado no Largo do Rosário (atual Praça Conselheiro Rodrigues Alves), fazendo os estudos primários em sua cidade natal. Com 11 anos foi enviado para estudar no Colégio Pedro II, no Rio de Janeiro; concluiu os estudos secundários em 1865, ingressando no ano seguinte na Faculdade de Direito do Largo de São Francisco, em 1870.

De volta a Guaratinguetá, Rodrigues Alves foi nomeado promotor interino, sendo depois efetivado. Em 1873, tornou-se juiz municipal e, posteriormente, substituto do juiz de direito da comarca. Nesse mesmo período correu seu primeiro mandato como deputado provincial. Em 11 de setembro de 1875, casou-se com Ana Guilhermina de Oliveira Borges, e mudaram-se para a casa construída anos antes a mando do pai de Ana Guilhermina, José Martiniano de Oliveira Borges, que hoje abriga o Museu Histórico e Pedagógico Conselheiro Rodrigues Alves.

Em 1891, Rodrigues Alves perdeu a filha mais velha, Guilhermina, acometida de tifo, e mais tarde, no mesmo ano, a esposa, falecida durante o parto. Não chegou a se casar novamente, e suas filhas Catita (Ana) e Marieta

(Maria) cumpriram o papel de primeiras-damas em seu mandato como presidente da República. O estilo reservado de Rodrigues Alves lhe trouxe a fama de dorminhoco, o que o fez ser chamado de "Morfeu" e "Soneca" pela sátira política. Outra alcunha era a de "Papai Grande", recebida nos tempos de presidência da República. Por ocasião de sua chegada ao Rio de Janeiro para tomar posse como presidente, a revista satírica *O Malho* não perdoou seu tipo simples, o descrevendo "com as suas calças cor de pinhão, com o seu chapeuzinho de coco, com o seu ar pacatão de provinciano solene. Ninguém diria, se não fosse todo o engrossamento do pessoal, que ali estava o presidente da República: parecia simplesmente o presidente da câmara municipal de Guaratinguetá". A Rodrigues Alves - que teve também mandatos de senador - deve-se as maiores reformas urbanísticas do Rio de Janeiro do século 19.

Domício da Gama (1862-1925)

Domício da Gama é o pseudônimo de Domício Afonso Forneiro, nascido em Maricá, no Rio de Janeiro. Poucos o identificam como homem negro devido aos altos cargos que ocupou, sobretudo na República. Foi jornalista, escritor e diplomata. Fez estudos preparatórios no Rio de Janeiro e ingressou na Escola Politécnica, mas não chegou a terminar o curso. Seguiu para o estrangeiro em missões diplomáticas. A sua primeira comissão foi a de secretário do Serviço de Imigração, e o contato, nessa época, com o barão do Rio Branco, valeu-lhe ser nomeado secretário da missão Rio Branco para a questão de limites do Brasil com a Argentina (1893-1895), a Guiana Francesa (1895-1900) e a Guiana Inglesa (1900-1901).

Domício da Gama foi secretário de Legação na Santa Sé, em 1900, e ministro em Lima, em 1906, onde desenvolveu grande e notável atividade preparatória da política de Rio Branco, coroada pelo Tratado de Petrópolis. Embaixador em missão especial, em 1910, representou o Brasil no centenário da Independência da Argentina e nas festas centenárias do Chile.

Embaixador do Brasil em Washington, de 1911 a 1918, foi o digno sucessor de Joaquim Nabuco, por escolha do próprio barão do Rio Branco.

Ao celebrar-se a paz europeia de Versalhes, Domício, como ministro das Relações Exteriores de Delfim Moreira, pretendeu representar o Brasil naquela conferência, propósito que suscitou divergências na imprensa brasileira.

Domício da Gama era colaborador da *Gazeta de Notícias* no tempo de Ferreira de Araújo e, ainda no início da carreira, escreveu contos, crônicas e críticas literárias. Destacam-se entre suas obras: *Contos a meia-tinta*, de 1891, e *Histórias curtas*, de 1901. É membro-fundador, ao lado de Machado de Assis, da Academia Brasileira de Letras. José Horório Rodrigues e Gilberto Freire atestam sua negritude. E Eça de Queirós, com quem conviveu no período de diplomacia, o chamava preconceituosamente de "o mulato cor-de-rosa".

Solano Trindade (1908-1974)

Poeta, pintor, ator, teatrólogo e militante do Movimento Negro e do Partido Comunista, Solano Trindade nasceu no bairro São José, em Recife/PE, e estudou no Colégio Agnes Americano, onde fez curso de teatro. Morou no Rio de Janeiro, onde faleceu, São Paulo e Embu das Artes. Filho do sapateiro Manuel Abílio Trindade e de Emerenciana Maria de Jesus Trindade, chegou a ser operário, comerciante e também trabalhou na imprensa. Em 1935, casou-se com Margarida Trindade com quem teve 4 filhos. No ano de 1934, idealizou o I Congresso Afro-Brasileiro no Recife e participou, em 1936, do II Congresso Afro-Brasileiro em Salvador, Bahia. Mudou-se para o Rio de Janeiro, nos anos de 1940 e logo depois para São Paulo, onde passou a maior parte de sua vida no convívio de artistas e intelectuais. Participou de um grupo de artistas plásticos com Sakai de Embu, em que integrou na produção artística a cultura negra e tradições afrodescendentes. O poeta foi homenageado com o nome em uma escola e uma rua na região central do município. No Rio de Janeiro, deu nome a um CIEP na Zona Oeste da cidade.

Trabalhou no filme *A hora e vez de Augusto Matrada*, de Roberto Santos. A produção poética publicada por Solano Trindade ficou registrada em um livro organizado por sua filha Raquel Trindade, em 1999. Sua poesia revela a sua biografia marcada pela paixão pelas mulheres, uma identidade racial e social observada em negros e nas classes populares, e o compromisso com a defesa do que convencionou chamar de tradições culturais do seu povo. Poeta genuíno, com forte tom de protesto, destacam-se entre suas obras: *Poemas de uma vida simples*, de 1944, e *Cantares ao meu povo*, de 1963. Foi preso e perseguido por causa de suas manifestações político-culturais e o teor engajado de suas poesias.

Ruth Guimarães (1920-2014)

Ruth nasceu em Cachoeira Paulista, e foi uma poeta, cronista, romancista, contista e tradutora, sendo a primeira escritora brasileira negra que conseguiu projetar-se nacionalmente desde o lançamento do seu primeiro livro, o romance *Água Funda*, em 1946. Com dez anos de idade, publicou os seus primeiros poemas em jornais da terra natal. Com 18 anos mudou-se para a cidade de São Paulo, onde se formou em Filosofia pela USP. Profissionalizou-se como jornalista e colaborou assiduamente na imprensa paulista e carioca, além da seção permanente que manteve durante vários anos na revista *O Globo*, de Porto Alegre. Escreveu crônicas para grandes jornais, como *Folha de S. Paulo* e *O Estado de S. Paulo*. Ela tinha uma coluna semanal de crônicas no jornal *Valeparaibano*, de São José dos Campos.

Ruth Guimarães foi eleita, no dia 5 de junho de 2008, para ocupar a cadeira número 22 da Academia Paulista de Letras. Em 1972, fundou e presidiu, em Cachoeira Paulista, a Academia Cachoeirense de Letras (atual Academia Cachoeirense de Letras e Artes, ACLA), primeira academia de letras da região valeparaibana. Era madrinha da Academia de Letras de Lorena, dando posse aos membros em 16 de agosto de 2009. Sua obra, sobretudo como tradutora, é bem extensa.

Carolina Maria de Jesus (1914-1977)

Nascida em Sacramento, em Minas Gerais, Carolina Maria de Jesus cedo migrou para a cidade de São Paulo, onde chegou em 1937. Trabalhou boa parte da vida como empregada doméstica, tendo deixado esse trabalho pela incompatibilidade do seu sonho de ser artista e escritora, inicialmente poeta. Morou nas ruas da capital paulistana até chegar à favela do Canindé, em 1948. Com três filhos pequenos, Carolina ganhava a vida catando papel para sobrevier. Escrevia em cadernos encontrados no lixo, nos quais produziu narrativas diversas, como romances, contos, dramas e poesias. Dentre estes escritos, estão os diários do seu livro *Quarto de despejo – diário de uma favelada*, de 1960. Com esta obra, alcançou sucesso nacional e internacional, com tradução para 16 idiomas e 46 países. Publicou ainda, sem o merecido grande sucesso: *Casa de alvenaria: diário de uma ex-favelada*; *Pedaço da fome*, romance; e *Provérbios*, ditos populares sobre o cotidiano da vida paulistana e brasileira. Postumamente foram publicadas diversas obras de Carolina, sendo a mais importante *Diário de Bitita*, relato sobre sua infância passada na sua cidade natal.

Jorge de Lima (1893-1953)

Um dos mais inspirados poetas negros da modernidade, Jorge de Lima nasceu em União dos Palmares, Alagoas, e morreu no Rio de Janeiro. Era médico, mas ficou conhecido como poeta, romancista, pintor, biógrafo e tradutor. Seu consultório era ponto de encontro de diversos artistas e intelectuais da época. Mesmo sendo considerado um grande nome do Modernismo brasileiro, sua obra percorre vários movimentos e características.

Com grande destaque na poesia, sua obra máxima, *Invenção de Orfeu*, é marcada pela diversidade de formas, referências e extensão. Publicada em 1952, procura uma nova forma de poesia em uma ilha utópica, onde propõe a superação do individualismo e hostilidade, abrindo espaço a uma nova ordem: mais solidária e sensível. Nesse seu último livro, o exercício poético se volta para o oceano íntimo, em busca da ilha essencial e inacessível aos poderes que governam o seu tempo e o seu mundo. Jorge de Lima publicou o primeiro poema, "Acendedor de lampiões", um ousado soneto alexandrino, aos 14 anos. Logo em seguida, cursou a Faculdade de Medicina em Salvador. É autor de uma vasta obra, entre romances e ensaios, sempre com acentuação na questão negra, como *Poemas negros*, de 1947, em que se lê poesias como os famosos "Essa nega Fulô" e "Ancila Negra".

Romeu Crusoé

Jornalista, romancista e dramaturgo, Romeu Crusoé nasceu no Recife, em 1915, mas se desconhecem a data e o local de sua morte, provavelmente ocorrida em São Paulo. Publicou suas obras entre os anos de 1950 e 1960. Seu livro mais famoso, porém esquecido, é o romance *A maldição de Canaan*, de 1951, prefaciado por Osório Borba, o qual conta a história de um afrodescendente que sofre a discriminação racial praticada no Brasil em meados do século 19.

Anajá Caetano

A escritora e romancista Anajá Caetano é um dos casos mais enigmáticos da literatura brasileira. Era autodidata. Segundo o Portal Literafro, da UFMG, ela nasceu em São Sebastião do Paraíso, sul de Minas Gerais, região cafeeira próxima à divisa com São Paulo. Sua data de nascimento, assim como fotos e demais dados biográficos, permanecem até hoje envoltos em mistério. As poucas informações impressas a que se tem acesso constam dos paratextos presentes no único romance de sua autoria encontrado até o momento: *Negra Efigênia, paixão do senhor branco*, publicado em São Paulo, em 1966, e hoje fora de circulação. Em nota introdutória, a autora se declara "romancista negra", oriunda da nação angolana Quioco, etnia reconhecida pela força de sua arte secular, com acervos importantes nos museus de Neuchâtel, na Suíça, e Dundo, na Angola. Já de início, portanto, a fala autoral explicita seus vínculos com a história dos antepassados africanos, precursores de inúmeros artistas, tanto lá, quanto nas Américas.

Segundo a pesquisadora Eunice Arruda, que assina a orelha do livro, Anajá Caetano teve como mentor e "pai de criação" José de Souza Soares – intelectual empenhado no estudo da formação social e econômica da região desde os tempos coloniais, autor de *São Sebastião do Paraíso e sua história* –, cujos escritos teriam auxiliado a romancista no adensamento do lastro de realidade presente na narrativa protagonizada pela negra Efigênia. Com efeito, o romance se empenha em reconstituir as relações entre senhores e escravizados, no contexto do paternalismo senhorial então vigente. Por sua vez, o poeta e pesquisador Eduardo de Oliveira, no prefácio do romance, classifica a autora como "autodidata" que "envereda pelos ínvios caminhos das 'belas letras' mais por vocação que mesmo por força de eventual diletantismo", e ressalta as qualidades do texto, para ele "uma genial e bem sucedida tentativa de reconstituição histórica".

Paulo Lins (1958)

Nascido no Rio de Janeiro, Paulo Lins é um escritor que ganhou fama internacional com a publicação, em 1997, do livro *Cidade de Deus*, sobre a vida nas favelas do Rio de Janeiro. É autor ainda de outro romance, *Desde que o samba é samba*. Filho de pais baianos, foi morador da favela carioca que deu nome ao seu livro. Começou como poeta nos anos de 1980 como integrante do grupo Cooperativa de Poetas, pelo qual publicou seu primeiro livro de poesia, *Sobre o sol*, em 1986. Graduado no curso de Letras, o autor foi contemplado, em 1995, com a Bolsa Vitae de Literatura. Participou como assistente de um estudo sociológico/antropológico e nesse período escreveu o romance *Cidade de Deus*. Inicialmente foi pensado como um relato sobre a vida de Paulo Lins na comunidade, um trabalho de antropologia sobre a criminalidade. Em 2002, o diretor Fernando Meirelles produziu o filme, com base no livro, que recebeu quatro indicações ao Oscar de 2004 (melhor diretor, melhor fotografia, melhor montagem e melhor roteiro adaptado) e foi indicado para o Globo de Ouro de melhor filme estrangeiro. Após, Paulo Lins fez roteiros para alguns episódios de *Cidade dos Homens*, da TV Globo, e para o filme *Quase dois irmãos*, de 2004, de Lúcia Murat, que recebeu o prêmio de melhor roteiro da Associação Paulista de Críticos de Arte (APCA), em 2005. Adaptou para o cinema ainda *Faroeste Caboclo*, baseado na letra da canção de Renato Russo.

Domício Proença Filho (1936)

Escritor e acadêmico, Domício Proença Filho nasceu na ilha de Paquetá, no Rio de Janeiro. Além da atividade literária, que o alçou à Academia Brasileira de Letras, na qual ocupou a presidência (primeiro negro após

Machado de Assis, morto em 1908), é também professor e pesquisador da língua portuguesa e da literatura. Doutor em Letras e bacharel e licenciado pela Universidade Federal de Santa Catarina e bacharel e licenciado em Letras Neolatinas pela antiga Faculdade Nacional de Filosofia da Universidade do Brasil, atual UFRJ. Domício é titular de Literatura Brasileira e professor emérito da Universidade Federal Fluminense, aposentado após 38 anos de trabalho docente nos cursos de graduação e pós-graduação. Atuou em inúmeros outros estabelecimentos de ensino médio e superior no Brasil e no exterior.

Autor de vasta obra didático-pedagógica, também de ensaios e poesias - como *Dionísio esfacelado (Quilombo dos Palmares)*, de 1984, reeditado em 2018.

Martinho da Vila (1938)

O nome de batismo é Martinho José Ferreira, mais conhecido por Martinho da Vila, nascido em Duas Barras. É cantor, compositor e escritor, com muitas obras de sucesso na música e na literatura. Filho de lavradores da Fazenda do Cedro Grande, mudou-se para o Rio de Janeiro com apenas quatro anos. Quando se tornou conhecido, voltou a Duas Barras para ser homenageado pela prefeitura em uma festa, e descobriu que a fazenda onde havia nascido estava à venda. Não hesitou em comprá-la e hoje é o lugar que chama de "meu off-Rio".

Cidadão carioca, criado na Serra dos Pretos Forros, a primeira profissão de Martinho da Vila foi como auxiliar de químico industrial, função aprendida no curso intensivo do SENAI. Mais tarde, serviu o Exército como sargento burocrata. Nesta instituição ele começou na Escola de Instrução Especializada, tornando-se escrevente e contador, profissões que abandonou em 1970, quando deu baixa para se tornar cantor profissional.

A carreira artística de Martinho surgiu para o grande público no III Festival da Record, em 1967, quando concorreu com a música "Menina Moça". O sucesso veio no ano seguinte, na quarta edição do mesmo festival, lançando a canção "Casa de Bamba", um dos clássicos do cantor. Além disso, outras obras-primas de Martinho são: "O pequeno burguês", "Quem é do mar não enjoa" e "Pra que dinheiro". Na literatura é autor de romances e histórias brejeiras sobre a música brasileira. Como romancista, publicou: *Joana e Joanes, Memórias póstumas de Teresa de Jesus* e *Os Lusófonos*; e entre as dezenas de livros, o ensaio *Vamos brincar de política?* e o livro de crônicas *2018 - Crônicas de um ano atípico*.

Itamar Vieira Júnior (1979)

Nascido em Salvador, na adolescência Itamar Vieira Júnior residiu no Recife e em São Luís. Formou-se em Geografia na Universidade Federal da Bahia, onde também concluiu mestrado. É Doutor em Estudos Étnicos e Africanos pela Universidade Federal da Bahia, com estudo sobre a formação de comunidades quilombolas no interior do Nordeste brasileiro. Em 2018, Itamar venceu o Prêmio LeYa, com o romance *Torto Arado*. Em 2012, publicou o livro de contos *Dias*, e em 2017, *A oração do carrasco*, finalista na mesma categoria do 60º Prêmio Jabuti (2018). A poeta angolana Ana Paula Tavares, membro do júri do Prêmio LeYa, realçou "a capacidade do autor de manter o nível da narrativa" do livro vencedor, exaltando a sua "elegância poética que se mantém do princípio ao fim". E complementou: "As personagens fortes são as femininas, e ele consegue manter essa firmeza, esse recorte, essa violência, a violência exercida sobre as mulheres e das mulheres, entre elas. Está muito bem visto e escrito", afirmou.

Geovani Martins (1991)

Nascido no Rio de Janeiro, no bairro de Bangu, Zona Oeste da cidade, Geovani Martins estudou apenas até a oitava série, trabalhando em seguida como homem-placa e atendente de lanchonete, entre outros. Morou nas favelas da Rocinha e Barreira do Vasco, antes de ir para o Vidigal. Participou das oficinas da Festa Literária das Periferias (Flup) em 2013 e 2015. Em 2015, apresentou na FLIP a revista *Setor X*, que publicava textos seus e de outros escritores de favelas do Rio. O autor foi convidado a voltar a Paraty em 2017, quando assinou contrato para lançar seu primeiro livro, *O sol na cabeça*. Antes mesmo da publicação, a coletânea de contos foi vendida para editoras de nove países, entre elas Farrar, Straus & Giroux (EUA), Faber & Faber (Reino Unido), Suhrkamp (Alemanha) e Mondadori (Itália). Os direitos de adaptação para o cinema também foram negociados.

Nelson Mandela (1918-2013)

Nelson Rolihlahla Mandela nasceu em Mvezo, Joanesburgo, na África do Sul. Foi advogado, preso político, líder rebelde e presidente do seu país, entre 1994 e 1999, quando deixou a prisão, onde permaneceu por 27 anos. Tornou-se o mais importante líder da África Negra, vencedor do Prêmio Nobel da Paz de 1993, e pai da moderna nação sul-africana, onde é normalmente referido como "Madiba" (nome do seu clã) ou "Tata" (Pai). Pertenceu ao Congresso nacional Africano, e seus críticos apontam o fato de seu governo ter sido amigo de ditadores. Em sua vida privada, Nelson Mandela enfrentou dramas pessoais, mas permaneceu fiel ao dever de conduzir seu país. Foi o mais poderoso símbolo da luta contra o regime segregacionista do Apartheid, sistema racista oficializado em 1948, e modelo mundial de resistência. No dizer de Ali Abdessalam Treki, presidente da Assembleia Geral das Nações Unidas, "um dos maiores líderes morais e políticos de nosso tempo".

Paulina Chiziane (1955)

A escritora moçambicana Paulina Chiziane nasceu numa família de protestantes, em que se falava as línguas Chope e Ronga, em Manjacaze, Gaza, e cresceu nos subúrbios da cidade de Maputo, anteriormente chamada de Lourenço Marques. Aprendeu a língua portuguesa em escola de uma missão católica. Iniciou os estudos de Linguística na Universidade Eduardo Mondlane, sem ter concluído o curso. A autora participou da cena política de Moçambique como membro da Frente de Libertação de Moçambique (Frelimo), na qual militou durante a juventude. Deixou de se envolver na política para se dedicar totalmente à escrita e à publicação das suas obras. É a primeira mulher que publicou um romance em Moçambique, com *Balada de amor ao vento*. Iniciou a sua vida literária em 1984, com contos publicados na imprensa moçambicana. As suas escritas vêm gerando discussões polêmicas sobre assuntos sociais, tal como a prática de poligamia no país. Paulina vive e trabalha na Zambézia. O seu romance *Niketche: uma história de poligamia* ganhou o Prêmio José Craveirinha, em 2003. Em 2016, a escritora anunciou que tinha decidido abandonar a escrita porque estava cansada das lutas travadas ao longo da sua carreira, o que felizmente não aconteceu. Em 2017, publicou *O canto dos escravizados*.

Ungulani Ba ka Khosa (1957)

O nome do escritor Ungulani Ba Ka Khosa é, na verdade, o pseudônimo de Francisco Esaú Cossa, nascido em Inhaminga, Moçambique. Khosa fez o ensino primário na província de Sofala e o ensino secundário, parte em Lourenço Marques e parte na Zambézia. Em Maputo, tirou o bacharelado em História e Geografia na Faculdade de Educação da Universidade Eduardo Mondlane e exerceu a função de professor do ensino secundário. Em 1982, depois de trabalhar no Ministério da Educação, Ungulani foi convidado para trabalhar na Associação dos Escritores Moçambicanos (AEMO), da qual é membro. Iniciou a sua carreira como escritor com a publicação de vários contos e participou na fundação da revista *Charrua*, da AEMO. É autor de cerca de 10 livros, entre os premiados *Ualalapi* e *Os sobreviventes da noite*, sendo seu último romance *Gungunhana*.

Oswaldo de Camargo (1936)

Oswaldo de Camargo, poeta, escritor, crítico e historiador da literatura e militante do Movimento Negro, nasceu em Bragança Paulista. Filho de Martinha da Conceição e Cantiliano de Camargo, trabalhadores da lavoura de café, viveu parte da infância no campo. Após a morte dos pais em tenra idade, foi recolhido com seus irmãos Roberto e Jandira ao Preventório Imaculada Conceição. Movido por uma inclinação religiosa, Oswaldo tentou o ingresso em vários seminários, sendo recusado por ser negro. Por fim, foi admitido no Seminário Menor Nossa Senhora da Paz, em São José do Rio Preto, onde estudou música e humanidades e entrou em contato com a poesia parnasiana e a obra de Carlos Drummond de Andrade, passando a escrever poesia. Não prosseguiu na carreira religiosa, e então mudou-se para a capital paulista, onde trabalhou como organista da Igreja de Nossa Senhora do Rosário dos Homens Pretos e colaborou no suplemento literário do *Correio Paulistano*. Em 1959, o escritor assumiu a revisão no jornal *O Estado de S. Paulo* e no mesmo ano publicou sua primeira obra, o volume de poesia *Um homem tenta ser anjo*. Fez amizade com importantes intelectuais da época, como Sérgio Milliet, Clóvis Moura e Florestan Fernandes, aprofundou seus estudos sobre o Modernismo e iniciou um envolvimento com o Movimento Negro, participando ativamente da Associação Cultural do Negro, liderado por Correia Leite, em que conheceu Carolina Maria de Jesus, tendo colaborado com jornais da imprensa negra, como o *Novo Horizonte*, *Níger* e *O Ébano*. Em 1972, Oswaldo publicou seu primeiro livro de contos, *O carro do êxito*, elogiado pelo crítico inglês David Brookshaw como o "primeiro exemplo de literatura baseada na vida urbana negra". Tem vasta obra literária, num conjunto de biografias, contos, romances, e ensaios históricos, como *O negro escrito: apontamentos sobre a presença do negro na literatura brasileira*.

Luiz Cuti (1951)

Luiz Silva nasceu em Ourinhos e é conhecido pelo pseudônimo de Cuti. Graduado em Letras pela Universidade de São Paulo (USP), depois seguiu sólida carreira acadêmica. É escritor, poeta, ensaísta e dramaturgo. Em 1978, foi um dos criadores do jornal literário *Jornegro* e da série de antologias "Cadernos Negros", juntamente com Oswaldo de Camargo e outros. Participou da fundação do grupo Quilombhoje, no qual se manteve até 1993. Da sua obra, são destaques: *Quem tem medo da palavra negro?* e *Contos crespos*, entre muitas outras, incluindo textos na área da dramaturgia.

Cristiane Sobral (1974)

Cristiane Sobral é, na verdade, carioca, mas mora há anos em Brasília. É poeta, tem formação como atriz, dramaturga e escritora. Estudou teatro no SESC do Rio de Janeiro, em 1989. No ano seguinte mudou-se para Brasília, onde montou a peça *Acorda Brasil*. Cristiane foi a primeira atriz negra graduada em Interpretação Teatral pela Universidade de Brasília (UnB). Atuou no curta-metragem *A dança da Espera*, de André Luís Nascimento, e em diversos espetáculos teatrais. Estreou na literatura em 2000, publicando textos nos "Cadernos Negros". Foi crítica teatral da revista *Tablado*, de Brasília. É pesquisadora sobre estéticas nos teatros negros brasileiros. Membro da Academia de Letras do Brasil, seção-DF, na qual ocupa a cadeira 34 e do Sindicato dos Escritores do DF. Premiada no teatro, é autora dos livros de poesias: *Não vou mais lavar os pratos*; *Só por hoje vou deixar o meu cabelo em paz*, e *Terra negra*.

Cidinha da Silva (1967)

Maria Aparecida da Silva é o nome da conhecida escritora, cronista, dramaturga e contista Cidinha da Silva, mineira, nascida em Belo Horizonte. Graduou-se em História pela Universidade Federal de Minas Gerais e presidiu o Geledés – Instituto da Mulher Negra. É fundadora do Instituto Kuanza, que promove ações de educação, ações afirmativas e articulação comunitária para a população negra. Como escritora, Cidinha publicou o livro de contos *Você me deixe, viu? Eu vou bater meu tambor!,* e vários de crônicas, entre os quais: *Cada Tridente em seu lugar e outras crônicas*. É também autora de livro infantojuvenil e de textos para o teatro.

Esmeralda Ribeiro (1958)

Nascida em São Paulo, Esmeralda é jornalista e faz parte da Geração Quilombhoje, que coordena até hoje, ao lado de Márcio Barbosa. Como escritora, é militante do movimento literário negro, participando em publicações e antologias. Individualmente publicou *Malungos e milongas*, seu livro de contos.

Geni Guimarães (1947)

A poeta e escritora Geni Mariano Guimarães nasceu em São Manoel, interior de São Paulo. É uma ativa militante, destacada pela amiga Conceição

Evaristo. Iniciou a carreira literária publicando poemas em jornais da cidade de Barra Bonita, interior paulista. O primeiro livro, *Terceiro filho*, foi lançado em 1979. Na década de 1980, aproximou-se do Movimento Negro e suas obras passaram a refletir a preocupação com a cultura afro-brasileira. Escreveu contos para "Cadernos Negros" e, em 1989, publicou *A cor da ternura*, novela que recebeu o Prêmio Adolfo Aizen.

Lia Vieira (1958)

Lia Vieira nasceu no Rio de Janeiro, em 1958, onde reside. É graduada em Economia, Turismo e Letras. Cursou Doutorado em Educação na Universidade de La Habana (Cuba)/Universidade Estácio de Sá. É pesquisadora, artista plástica, dirigente da Associação de Pesquisa da Cultura Afro-Brasileira e militante do Movimento Negro e do Movimento de Mulheres. A autora se iniciou na literatura na década de 1990 ao participar de coletivos como o Quilombhoje Literatura, de São Paulo, e Vozes Mulheres, de Niterói. Nesse ano, Lia Vieira publicou o livro de poemas *Eu, mulher – mural de poesias*. É dela também o volume de contos *Só as mulheres sangram*, de 2011, que reúne narrativas de afrodescendentes em histórias em tom realista, como "Operação Candelária", o qual aborda o assassinato coletivo de jovens em situação de rua que abalou o Rio de Janeiro no início do século 20, entre outros.

Ana Paula Lisboa (1988)

Como ela mesma diz, Ana Paula Lisboa é a mais velha de quatro irmãos, e filha de dois pretos. Favelada, oriunda do Complexo da Maré, e carioca de nascimento, ela hoje divide a vida entre o Rio de Janeiro e Luanda, província angolana, onde dirige a Aláfia e a Casa Rede, espaços de produção de arte e cultura na cidade. Em 2018, produziu e apresentou o web programa "Querendo Assunto", em que três mulheres dividem um sofá e conversam sobre militância, lugar de fala e vivências. Como escritora, produz desde os 14 anos, e publicou contos e poesias em coletâneas nacionais e internacionais. Uma dessas narrativas se chama "Estrelas vagabundas", publicada na coletânea *26 novos autores*, revelação da Flup – Festa Literária da Periferia. É dela também *Eu me chamo Rio* e *Je suis Favela*. Desde 2016 Ana Paula escreve para a revista feminista *AzMina* e para o Segundo Caderno do jornal *O Globo*.

Miriam Alves (1952)

Miriam Aparecida Alves nasceu em São Paulo. É assistente social e professora. Começou a escrever aos 11 anos, conforme relatou para a revista estadunidense *Callaloo*, em 1995. Na década de 1980, passou a integrar o coletivo Quilombhoje Literatura, responsável pela produção de "Cadernos Negros", no qual fez sua estreia no número 5, de 1982. Em sua apresentação, afirma: "comecei chorando, agora grito palavras e lágrimas, os soluços e as agulhas da opressão que ferem fundo minha pele negra". Seu primeiro livro, *Momentos de busca*, de 1983, é resultado de exercícios e experimentos praticados e reelaborados desde a adolescência e o convívio com o projeto coletivo das duas últimas décadas do século, dialogando com a tradição da literatura negra ocidental. Miriam Alves participou da organização de duas antologias bilíngues reunindo escritos de autoras negras brasileiras: *Enfim nós/Finally Us: Contemporary Black Brazilian Women Writers* (EUA, 1995), em parceria com Carolyn R. Durham; e *Women Righting/Mulheres escre-vendo: Afro-Brazilian Women's Short Fiction* (Inglaterra, 2005), com Maria Helena Lima. É autora de extensa obra literária. Entre seus últimos trabalhos está o romance *Maréia*, de 2019.

Taís Espírito Santo (1987)

Carioca de Campo Grande, Zona Oeste da cidade do Rio de Janeiro, Taís Espírito Santo é filha de Isabel e de Francisco. Graduada em Turismo pela Universidade Federal Fluminense, é poeta e contista. Suas produções constam na coletânea *Olhos de Azeviche*, de 2017, na qual divulga os contos "A pretinha e o pretinho" e "Quando parei para mandar beijos".

Emanoel Araújo (1940)

Emanoel Alves de Araújo nasceu em Santo Amaro da Purificação, na Bahia. É escultor, desenhista, ilustrador, figurinista, cenógrafo, pintor, curador e museólogo. Realizou sua primeira exposição individual em 1959. Em seguida, mudou-se para Salvador e ingressou na Escola de Belas Artes da Universidade Federal da Bahia. Em 1972, Emanoel foi premiado com medalha de ouro na 3ª Bienal Gráfica de Florença, na Itália. Entre 1981 e 1983, dirigiu o Museu de Arte da Bahia. Em 1988, lecionou artes gráficas e escultura no Arts College, na City University of New York. De 1992 a 2002, exerceu o cargo de diretor da Pinacoteca do Estado de São Paulo. Em 2004, tornou-se curador e diretor do Museu Afro-Brasil, onde ainda se encontra.

Januário Garcia (1943)

O mineiro Januário Garcia Filho é natural de Belo Horizonte. Fotógrafo profissional, é responsável pela maior cobertura nas áreas de publicidade, música e documentação de afrodescendentes em âmbitos social, político, cultural e econômico. Além do âmbito profissional, Januário participa de importantes espaços de memória, arte e cultura do povo negro. É autor das fotos de capas de álbuns icônicos de artistas como: Gilberto Gil, Tim Maia, Belchior, Chico Buarque e Leci Brandão. Januário teve seu trabalho exposto em países como Canadá, México, Bélgica, Senegal, Togo (República Togolesa), Nigéria, Estados Unidos, Áustria, Japão e Brasil. Após sair do quartel e sobreviver de outras atividades, ele retornou à fotografia na década de 1970, definitivamente, com uma câmera Pentax Spotimac II, iniciando assim sua carreira profissional, com o incentivo de Ana Maria Felippe, sua esposa, que o alavancou na profissionalização. Januário fotografou para jornais alternativos da época e prestou serviços como freelancer para a grande imprensa, começando pela *Tribuna da Imprensa* e, com o tempo, para *O Globo, Jornal do Brasil, O Dia, A Notícia, Revista JB*, e algumas publicações da Editora Bloch.

Chico Rei (1709-1781)

Francisco Rei ou Chico Rei é um personagem lendário da tradição oral de Minas Gerais. Segundo esta tradição, Chico era o rei de uma tribo no reino do Congo, e foi trazido como escravizado para o Brasil. Conseguiu comprar sua alforria e de outros conterrâneos com seu trabalho e tornou-se "rei" em Ouro Preto. Chico Rei teria sido um monarca africano, nascido no Reino do Congo, onde também era sacerdote, e chamava-se originalmente Galanga. Chegou ao Brasil em 1740, no navio negreiro Madalena, mas, entre os membros da família, somente ele e seu filho Muzinga sobreviveram à viagem. A rainha Djalô e a filha, a princesa Itulo, foram jogadas no oceano pelos marujos do navio para aplacar a ira dos deuses da tempestade, que quase afundaram a embarcação. Todo o lote de escravizados foi comprado pelo major Augusto, proprietário da mina da Encardideira, e foi levado para Vila Rica, juntamente com seu filho. Trabalhando como escravizado, conseguiu comprar sua liberdade e a de seu filho. Adquiriu a mina. Aos poucos, foi comprando a alforria de seus compatriotas. Os escravizados libertos consideravam-no "rei".

Negro Cosme (1800-1842)

Cosme Bento das Chagas ou Negro Cosme nasceu em Sobral, e se notabilizou como um líder quilombola. Em 1830, já alforriado, foi preso em São Luís, no Maranhão, por ter assassinado Francisco Raimundo Ribeiro. Fugiu da prisão e, após um período em que pouco se sabe sobre sua vida, se tornou líder de quilombos. Em 1838, o movimento conhecido como Balaiada eclodiu no Maranhão a partir da invasão da cadeia da Vila da Manga por Raimundo Gomes. Com a repressão efetuada por Luís Alves de Lima e Silva, a resistência só pôde ser mantida com o apoio militar de Cosme Bento e seus mais de três mil comandados à revolta. Cosme adotou o título de "Dom Cosme Bento das Chagas, Tutor e Imperador da Liberdade Bem-Te-Vi" e fundou na fazenda Tocanguira, em Lagoa Amarela, o maior quilombo da história do Maranhão. Após a rendição de Raimundo Gomes em 1841, o movimento foi considerado debelado, mas Cosme só foi preso em Mearim, no dia 7 de fevereiro daquele ano. Condenado por sublevar escravizados e por sua fuga da prisão, foi enforcado em setembro de 1842, em frente à Cadeia Pública de Itapecuru, hoje Casa da Cultura Professor João Silveira.

André Rebouças (1838-1898)

André Pinto Rebouças nasceu em Cachoeira, na Bahia, e morreu em Funchal, Ilha da Madeira, Portugal. Foi engenheiro militar, monarquista e abolicionista, escritor e jornalista. Exilou-se junto com a família imperial com a proclamação da República. Passou seus últimos seis anos trabalhando pelo desenvolvimento de alguns países africanos.

André Rebouças era filho de Antônio Pereira Rebouças e de Carolina Pinto Rebouças. Seu pai, filho de uma escravizada, logo liberta, e de um alfaiate português. Dois dos seus seis irmãos também eram engenheiros. André ganhou fama, no Rio de Janeiro, ao solucionar o problema de abastecimento de água, trazendo-a de mananciais fora da cidade. Incentivou a carreira de Carlos Gomes, autor da ópera "O Guarani". Ao participar do último baile do Império, na Ilha Fiscal, em novembro de 1889, quase às vésperas da proclamação da República, viu recusado por uma dama o seu convite para dançar. Observando o ocorrido, o Imperador D. Pedro II imediatamente solicitou à Princesa Isabel para ser seu par. Com a abolição, veio também a queda do império, e, assim, em 1889, André Rebouças embarcou, juntamente com a família imperial, com destino à Europa. Por dois anos, ele permaneceu exilado em Lisboa, como correspondente do *The Times* de Londres. Posteriormente, transferiu-se para Cannes, onde ficou até a morte do monarca. Em 1892, Rebouças aceitou um emprego em Luanda, onde permaneceu por 15 meses. A partir de meados de 1893, foi residir em Funchal, até sua morte no dia 9 de maio de 1898.

Donga (1890-1974)

Ernesto Joaquim Maria dos Santos, conhecido como Donga, nasceu no Rio de Janeiro, onde também faleceu. Filho de Pedro Joaquim Maria e Amélia Silvana de Araújo, Donga teve oito irmãos. O pai era pedreiro e tocava bombardino nas horas vagas; a mãe era a famosa Tia Amélia do grupo das baianas Cidade Nova e gostava de cantar modinhas e promovia inúmeras festas. Participava das rodas de música na casa da lendária Tia Ciata, ao lado de João da Baiana, Pixinguinha, Hilário Jovino e outros. Em 1916, Donga consagrou a gravação de "Pelo Telefone", considerado o primeiro samba gravado na história. Doente e quase cego, viveu seus últimos dias no Retiro dos Artistas, falecendo em 1974.

Joyce Ribeiro (1979)

A paulista Joyce Ribeiro é jornalista, começando sua carreira na televisão em 1998, na Boa Vontade TV, da LBV, em que atuou como produtora e repórter. Na RIT, teve sua primeira experiência como apresentadora de telejornal. Foi contratada pela TV Cultura em 2018, onde esteve na apresentação do *Jornal da Cultura* até junho de 2019. Tornou-se a apresentadora do *JC1*, eventualmente apresenta o *Jornal da Cultura*.

Marquês de Pombal (1699-1782)

Sebastião José de Carvalho e Melo, o Marquês de Pombal e Conde de Oeiras, nasceu em Lisboa, foi um nobre, diplomata e estadista. Foi secretário de Estado do Reino durante o reinado de D. José I (1750-1777), sendo considerado, ainda hoje, uma das figuras mais controversas e carismáticas da História Portuguesa. Implementou várias reformas administrativas, econômicas e sociais, conhecidas como pombalinas. Acabou com a escravatura em Portugal Continental em 12 de fevereiro de 1761 e, na prática, com os autos de fé em Portugal e com a discriminação dos cristãos-novos. Durante o reinado de D. João V, o Marquês de Pombal foi embaixador nas cortes do Reino da Grã-Bretanha, em Londres, Inglaterra, e do Sacro Império Romano-Germânico, em Viena, Arquiducado da Áustria. Sua administração ficou marcada pelo Terremoto de Lisboa em 1755. Segundo o abalizado estudioso Nei Lopes, Pombal tinha "origem africana".

Simão Pires Sardinha (1751-1808)

Simão Pires Sardinha nasceu em Serro, Minas Gerais, e faleceu em Portugal. Foi militar e naturalista. Era filho de Chica da Silva com o sargento-mor Manuel Pires Sardinha, médico e proprietário de terras. Ele foi educado na Europa, e mais tarde ocupou cargos na Corte Portuguesa.

Zezé Motta (1944)

Maria José Motta de Oliveira nasceu em Campos dos Goytacazes, estado do Rio de Janeiro, em uma família humilde. Hoje é uma consagrada atriz e cantora, considerada uma das maiores artistas do país, expoente da chamada cultura afro-brasileira. Na infância, já morando no Rio, ficou amiga de Marieta Severo, que era moradora do prédio onde sua tia trabalhava, no Leblon. Ainda na adolescência, para ajudar nas despesas do lar, e sem ter conseguido oportunidades como artista, Zezé trabalhou como operária em uma indústria farmacêutica, e à noite estudava o curso normal de formação de professoras. Sua carreira de cantora teve início em 1971, em casas noturnas paulistanas. De 1975 a 1979, lançou três LPs. Nos anos 1980, lançou mais três discos. E não parou mais. Sua carreira como atriz ficou nacionalmente conhecida com o filme *Xica da Silva*. É uma das mais importantes artistas da cena televisiva brasileira.

Francisco Nascimento (1839-1914)

Francisco José do Nascimento nasceu em Canoa Quebrada e faleceu em Fortaleza. Era também conhecido como "Dragão do Mar" ou "Chico da Matilde", nome da sua mãe. Foi líder jangadeiro, prático mor e abolicionista, com participação ativa no Movimento Abolicionista no Ceará, estado pioneiro na Abolição da Escravidão, em 1884, doravante conhecido como "Terra da Luz". Em 18 de julho de 2017, o nome de Francisco José do Nascimento foi inscrito no Livro dos Heróis da Pátria, que se encontra no Panteão da Pátria e da Liberdade, em Brasília, em virtude da Lei Nº 13.468/2017.

Zumbi dos Palmares (1655-1695)

Zumbi, também conhecido como Zumbi dos Palmares, nasceu provavelmente na Serra da Barriga e morreu na Serra Dois Irmãos. Líder quilombola, o último dos líderes do Quilombo dos Palmares, o maior dos quilombos do período colonial. Zumbi nasceu na então Capitania de Pernambuco, em uma região hoje pertencente ao município de União dos Palmares, no estado de Alagoas. Palmares era uma comunidade, um reino formado por escravizados que haviam fugido das fazendas, prisões e senzalas, ocupando uma área próxima ao tamanho de Portugal. Sua população alcançava por volta de 30 mil pessoas. Zumbi nasceu livre, mas foi capturado e entregue ao padre missionário português Antônio Melo quando tinha aproximadamente seis anos. Batizado Francisco, Zumbi recebeu os sacramentos, aprendeu português e latim, e chegou a ajudar na celebração de missas.

José Jorge Siqueira (1948)

José Jorge Siqueira é Doutor em História. E, nessa condição, tem mergulhado fundo no conhecimento da saga de nossos ancestrais africanos, afro-americanos e afro-brasileiros; e voltou dele com o "cofo" (no Maranhão, espécie de cesto; termo originário da língua fongbé ou jeje, no antigo Daomé, atual Benin) cheinho de pérolas. Voltou também ciente de que em qualquer chão que se pise, deve-se primeiro saudar os donos dele; por isso, mergulhou também na mata florida da tradição nativa brasileira; e dela nos trouxe, e continua trazendo, tesouros. É autor, entre outros, de *Sarapuí*.

José Carlos Limeira (1951-2016)

José Carlos Limeira Marinho Santos nasceu em Salvador, Bahia. O autor concluiu o curso de Engenharia Operacional Mecânica, em 1976, na Universidade de Santa Úrsula no Rio de Janeiro. E cursou Letras na Universidade Católica de Salvador. Coordenou no Brasil um Programa de Intercâmbio com a Universidade de Maryland, proporcionando a imersão na cultura e realidade brasileiras de estudantes de graduação e pós-graduação. Militante do Movimento Negro, José Carlos Limeira integrou a direção de entidades como o IPCN – Instituto de Pesquisa das Culturas Negras, do qual foi vice-presidente cultural, sendo também fundador do primeiro Bloco Afro Cultural do Rio de Janeiro, o Afro Axé Terê Babá. Vinculado ao candomblé, participou intensamente de atividades comunitárias e religiosas do povo negro, atuando em diversas organizações, desde blocos afro, como Ilê Aiyê e Arca do Axé, e afoxés, até as comunidades religiosas da cidade de Salvador e recôncavo baiano. É autor de diversas obras poéticas, destacando-se: *Intenções negras* e *Encantadas*. Publicou *Atabaques*, parceria com Éle Semog. José Carlos Limeira faleceu em 2016. Além de traduzidos em vários idiomas, seus textos em prosa e poesia são objeto de teses e dissertações no Brasil e no exterior.

Mercedes Baptista (1921-2014)

Mercedes Baptista nasceu em Campos dos Goytacazes, estado do Rio de Janeiro, terra da atriz Zezé Motta e de José do Patrocínio. Bailarina e coreógrafa, é considerada a primeira negra a integrar o corpo de baile do Theatro Municipal do Rio de Janeiro. Baptista foi a responsável pela criação do balé afro-brasileiro, inspirado nos terreiros de candomblé, elaborando uma codificação e vocabulário próprio para essas danças. O seu Ballet Folclórico Mercedes Baptista foi responsável pela consolidação da dança moderna no Brasil.

Haroldo Costa (1930)

Haroldo Costa se iniciou na vida artística no Teatro Experimental do Negro, de Abdias Nascimento, na peça *O filho pródigo*. De volta ao Brasil, depois da viagem de cinco anos por diversos países com a companhia de danças Brasiliana, da qual foi um dos fundadores, diretor artístico e um dos bailarinos, foi convidado por Vinicius de Moraes, de quem se tornou amigo em Paris, para protagonizar a peça *Orfeu da Conceição*. Além de grande ator, escreveu diversos livros, dentre os quais: *Fala, crioulo; 100 anos de carnaval no Rio de Janeiro*, e *Ernesto Nazareth: pianista do Brasil*.

Grande Otelo (1915-1993)

Grande Otelo, pseudônimo de Sebastião Bernardes de Souza Prata, nasceu em Uberlândia, Minas Gerais, e morreu em Paris, França. Foi ator, comediante, cantor, compositor, escritor e poeta. Grande artista dos cassinos cariocas e do chamado teatro de revistas, ele participou de diversos filmes de sucesso, entre os quais as famosas comédias nas décadas de 1940 e 1950, que estrelou em parceria com o cômico Oscarito, e a versão cinematográfica de

Macunaíma, de 1969, pela qual conquistou inúmeros prêmios, um dos quais o Air France, na categoria de melhor ator. Grande Otelo é frequentemente citado como um dos maiores atores da história do Brasil. Publicou também um livro de poemas.

Léa Garcia (1933)

Léa Lucas Garcia de Aguiar é natural do Rio de Janeiro, nascida na Praça Mauá. Tornou-se atriz em um momento da história em que esse não era um trabalho comum para mulheres negras. Filha de Stela Lucas Garcia e José dos Santos Garcia, passou a morar com sua avó aos 11 anos, quando sua mãe morreu. Desde jovem, Léa demonstrou o desejo de se envolver com o universo artístico, mas em outro campo; queria cursar Letras para ser escritora. Seu destino mudou ao conhecer Abdias Nascimento. O dramaturgo e ativista apresentou a ela a sua estante de livros e sugeriu a leitura das tragédias gregas. Depois, a convenceu a subir no palco pela primeira vez, na peça *Rapsódia Negra*, encenada pelo Teatro Experimental do Negro. A partir de então, a paixão pelas artes cênicas se impôs. Trabalhando em teatro, TV e cinema, Léa Garcia consolidou uma carreira de papéis marcantes, como a Rosa, de *Escrava Isaura*, novela que a tornou conhecida do público, e venceu a barreira dos personagens tradicionalmente destinados a atrizes negras. Ela foi indicada ao prêmio de melhor interpretação feminina no Festival de Cannes, em 1957, por sua atuação no filme *Orfeu Negro*, de Marcel Camus, que foi vencedor do Oscar de melhor filme estrangeiro.

Ruth de Souza (1921-2019)

Ruth Pinto de Souza nasceu no subúrbio carioca, no bairro do Engenho de Dentro. Até os nove anos de idade, viveu numa fazenda em Minas Gerais. Com a morte do pai, ela e a mãe voltaram a morar no Rio, em uma vila no bairro de Copacabana. Foi a primeira atriz negra a protagonizar uma telenovela. Primeira dama negra do teatro, do cinema e da televisão do Brasil, Ruth de Souza foi a primeira artista nascida no país a ser indicada ao prêmio de melhor atriz num festival internacional de cinema, por seu trabalho em *Sinhá*

Moça, no Festival de Veneza, em 1954. Interessou-se pelo teatro e, em 1945, ingressou no Teatro Experimental do Negro. Ela abriu caminho para o artista negro no Brasil. Viveu grandes papéis na TV, cinema e teatro, em que viveu, em 1961, a personagem Carolina Maria de Jesus, na peça *Quarto de despejo*, baseado na célebre obra da escritora mineira.

Norberto da Conceição Sousa

Nascido em 1864, em Nossa Senhora do Desterro, atual Florianópolis, Santa Catarina, Norberto da Conceição Sousa é irmão do poeta Cruz e Sousa, pai da escola simbolista brasileira.

Carolina Eva da Conceição

Carolina Eva da Conceição, mãe do poeta Cruz e Sousa, dela só se sabe que morreu em 1891, na cidade natal, Nossa Senhora do Desterro, e era casada, desde 1871, com Guilherme de Sousa, pai do poeta negro.

Gavita Rosa Gonçalves (1874-1901)

Gavita Rosa Gonçalves foi a esposa do poeta Cruz e Sousa, com quem teve quatro filhos, Raul, Guilherme, Reinaldo e João, mortos como a mãe e o pai, de tuberculose pulmonar. Em 1896, ela passou seis meses louca, sendo cuidada pelo marido. Era natural do Rio de Janeiro, filha de Luiza Rosa da Conceição e Thomé Gonçalves. Morava, quando morreu, na Rua Argentina, 18.

Araújo Figueiredo (1865-1927)

Juvêncio de Araújo Figueiredo nasceu em Nossa Senhora do Desterro, atual Florianópolis, Santa Catarina. Foi jornalista e poeta simbolista, grande amigo de Cruz e Sousa. Seus trabalhos são numerosos, entre os quais *Ascetério*. Iniciou sua vida como tipógrafo, passando posteriormente a colaborar em vários jornais. Fez parte de um grupo seleto de poetas e escritores, entre os quais Cruz e Sousa, Santos Lostada, Oscar Rosas, Virgílio Várzea e Horácio de Carvalho. Araújo Figueiredo se dizia "mulato".

B. Lopes (1859-1916)

Bernardino da Costa Lopes nasceu em Rio Bonito e morreu na cidade do Rio de Janeiro. Filho de Antônio da Costa Lopes, escrivão de cartórios de registro civil, e Mariana, costureira, B. Lopes foi servidor dos Correios. Negro, sofreu com o racismo de sua época. Foi um dos fundadores da Folha Popular, órgão do Simbolismo no Brasil. Chegou a gozar de certo prestígio e teve imitadores, influenciados principalmente por meio do seu livro *Cromos*. B. Lopes era amigo de Olavo Bilac e se encontravam na casa da Princesa Isabel, em Laranjeiras, onde conheceu Cleta. Casou-se jovem com Cleta Vitória de Macedo, tendo cinco filhos, todos homens. Em 1905, depois de publicar *Plumário*, deixou de produzir versos. Onze anos depois, morreu de tuberculose, agravada pelo alcoolismo.

Padre José Maurício (1767-1830)

José Maurício Nunes Garcia nasceu no Rio de Janeiro, onde também faleceu. Foi padre, professor de música, maestro, multi-instrumentista e compositor. Mulato, descendente de escravizados, nasceu pobre, mas recebeu uma educação sólida tanto em música como em letras e humanidades. Suas elevadas qualificações artísticas e intelectuais se revelaram cedo e, de certo modo, fizeram a sociedade escravocrata de sua época atenuar as fortes restrições de acesso a posições de prestígio que colocava contra negros como ele, mas não o livraram completamente do preconceito.

Sua obra musical refletiria mudanças estéticas em uma síntese híbrida e multifacetada, traindo a herança da música colonial brasileira, mas absorvendo fortes influências da escola classicista germânica, que viria a dominar sua produção madura. José Maurício caiu nas graças do Príncipe-regente Dom João VI, que foi um grande admirador de seu talento, indicando-o diretor da Capela Real e fazendo-o cavaleiro da Ordem de Cristo. Suas obras mais importantes, entre as mais de 250, são o *Réquiem* e o *Ofício de Finados*, além das missas de "Nossa Senhora do Carmo" e de "Santa Cecília". Faleceu quase na miséria com pouco mais de 60 anos, deixando, apesar de ser padre, cinco filhos, que teve com Severiana Rosa de Castro. Um deles foi o Dr. José Maurício Nunes

Garcia Filho, um grande médico, professor da Faculdade Imperial de Medicina do Rio de Janeiro. Em 1821, José Maurício publicou o seu *Compêndio de Música e Método de Pianoforte*, ao que parece o primeiro tratado teórico-prático sobre o teclado escrito no Brasil por um brasileiro, e que permite obter um bom vislumbre de suas técnicas pedagógicas. A obra foi escrita principalmente para a educação musical de dois de seus filhos, que viriam a desenvolver um apreciável talento, mas também foi usado para treinar outros alunos.

Coelho Neto (1864-1934)

Henrique Maximiano Coelho Neto nasceu em Caxias, Maranhão, foi escritor, cronista, folclorista, romancista, crítico e teatrólogo, membro da Academia Brasileira de Letras, fundador da Cadeira número 2. Foi considerado o "Príncipe dos Prosadores Brasileiros", numa votação realizada em 1928 pela revista *O Malho*. Filho do português António da Fonseca Coelho com a indígena Ana Silvestre Coelho. Nei Lopes, estudioso da negritude brasileira, garante que Coelho Neto é reconhecido como "mulato de destaque", na "vida carioca do seu tempo". Publicou muitas obras de cunho negro, como os romances *Banzo* e *Rei negro*, além de ter sido exímio capoeirista, prática a qual defendia que fosse ensinada nas escolas públicas. Em 1888, a *Gazeta de Notícias* anunciou que Coelho Neto publicaria *O quilombo*. Ele foi amigo pessoal de José do Patrocínio, com quem trabalhou na campanha abolicionista.

Tia Ciata (1854-1924)

Hilária Batista de Almeida, mais conhecida como Tia Ciata, nasceu na Bahia, foi cozinheira e mãe de santo, considerada por muitos como uma das figuras mais influentes para o surgimento do samba carioca. Foi iniciada no candomblé em Salvador e era filha de Oxum. No Rio de Janeiro, era Iyakekerê na casa de João Alabá. Também ficou marcada como uma das principais animadoras da cultura negra nas nascentes favelas cariocas. Em sua casa na Praça Onze, onde os sambistas se reuniam, foi criado o primeiro samba gravado em disco, "Pelo Telefone", uma composição de Donga e Mauro de Almeida.

Dom Obá (1845-1890)

Cândido da Fonseca Galvão, também conhecido como Dom Obá II D'África, nasceu em Lençóis, na Bahia, filho de africanos. Seu pai, Bemvindo da Fonseca Galvão, era filho do obá (rei) Abiodun, governante do Império de Oyo. Cândido intitulava-se "príncipe dom Obá II", referindo-se a seu pai como "príncipe dom Obá I". Alistou-se voluntariamente para lutar na guerra contra o Paraguai e, devido à grande bravura que demonstrou, foi condecorado como oficial honorário do Exército brasileiro. Depois da Guerra, Cândido fixou-se no Rio de Janeiro, tornando-se uma figura muito conhecida da sociedade carioca. Foi amigo pessoal de D. Pedro II. Entre os negros e mulatos do Rio de Janeiro, era reverenciado especialmente por sua representatividade, como neto do obá Abiodun. Tinha brasão real e escreveu para os jornais da época, defendendo a sociedade de negros que o mantinha como rei, mas foi duramente perseguido pela República.

Carlos Moore (1942)

Nascido Charles Moore Wedderburn, em Cuba, é escritor, pesquisador, professor e cientista social dedicado ao registro da história e da cultura negra. É conhecido internacionalmente pela luta contra o racismo, pelo pan-africanismo e por ter escrito a biografia autorizada do cantor, saxofonista e ativista nigeriano Fela Kuti, intitulada *Fela, esta vida puta*.

Cheikh Anta Diop (1923-1986)

Nascido em Diourbel, Senegal e falecido em Dacar, Cheikh Anta Diop foi um historiador, antropólogo, físico e político senegalês que estudou as origens da raça humana e cultura africana pré-colonial. Embora às vezes Diop seja referido como afrocêntrico, ele antecede o conceito e, portanto, não era um intelectual afrocêntrico. No entanto, o pensamento diopiano, como é chamado, é paradigmático para a afrocentricidade. Seu trabalho foi bastante polêmico - algumas obras de Diop foram criticadas como revisionistas e pseudo-históricas - e, ao longo da sua carreira, Diop defendeu que havia uma continuidade cultural partilhada entre os povos africanos que era mais importante do que o desenvolvimento variado de diferentes grupos étnicos demonstrado pelas diferenças entre línguas e culturas ao longo do tempo. O trabalho de Diop apresentou questões importantes sobre o viés cultural inerente à pesquisa científica. A Universidade Cheikh Anta Diop (antigamente conhecida como Universidade de Dakar), em Dacar, Senegal, leva o seu nome. Foi dos pensadores mais profícuos do século 20 no mundo.

Léopold Senghor (1906-2001)

Léopold Sédar Senghor nasceu na cidade costeira de Joal, no Senegal, e faleceu na França. Foi escritor e político, e ocupou a presidência do Senegal, entre 1960 a 1980. Entre as duas grandes guerras, juntamente ao poeta antilhano Aimé Césaire, foi ideólogo do conceito de negritude. Seu pai, Basile Diogoye Senghor, era um comerciante católico da etnia serer, minoritária no Senegal. Já sua mãe, Gnilane Ndiémé Bakhou, era muçulmana de etnia peul. O sobrenome de seu pai, Senghor, deriva da palavra portuguesa "senhor". Em Paris, Léopold entrou para a Sorbonne, tornando-se o primeiro africano a completar uma licenciatura nessa universidade parisiense. Como escritor, desenvolveu a "Negritude" (movimento literário que exaltava a identidade negra, lamentando o impacto negativo que a cultura europeia teve junto das tradições africanas). Das suas obras, as mais engrandecidas são *Chants d'ombre, Hosties noires, Ethiopiques, Nocturnes e Elegies majeures*. Durante a Segunda Guerra Mundial, Léopold esteve preso por dois anos num campo de concentração nazista. Esteve no Brasil, em 1964, quando foi recebido na Academia Brasileira de Letras pelo presidente Austregésilo de Athayde.

Wole Soyinka (1934)

Soyinka nasceu em uma família humilde de origem ioruba, em Abeokuta, na Nigéria. Em 1986, foi agraciado com o prêmio Nobel de Literatura, sendo considerado o dramaturgo mais notável da África. Fez o primário escolar na cidade natal e o secundário no Government College, em Ibadan. Sua faculdade foi feita na University College e na University of Leeds, na Inglaterra, onde se formou com menção honrosa em Literatura

Inglesa. Ele trabalhou no Teatro da corte real, Royal Court Theater, em Londres, antes de retornar à Nigéria para se dedicar ao estudo da dramaturgia africana. Soyinka lecionou nas universidades de Lagos e Ife, dando aula de Literatura Comparada. Sempre esteve ligado à história política da Nigéria. Durante a Guerra Civil Nigeriana, ele foi preso pelo Governo federal e mantido em confinamento solitário na prisão por suas tentativas de mediar a paz entre os partidos em guerra. Na prisão Soyinka escreveu poemas que mais tarde viriam a ser publicados em uma coleção sob o título *Poems From Prison*. Posteriormente ele recontou a sua experiência no confinamento no livro *The Man Died: Prison Notes*.

Benjamin de Oliveira (1870-1954)

Benjamin Chaves, mais conhecido como Benjamin de Oliveira, nasceu em Pará de Minas, Minas Gerais, e faleceu na cidade do Rio de Janeiro. Era filho de Malaquias Chaves e Leandra de Jesus. A alforria de seus pais veio com seu nascimento, já sua mãe era considerada "negra de estimação". O pai de Benjamin, segundo a história, trabalhava caçando escravizados fugidos das fazendas, sendo ele próprio um escravizado. Benjamin foi um artista completo: compositor, cantor, ator e palhaço. Renovador da cena circense brasileira, ele é mais conhecido por ser o primeiro palhaço negro do Brasil, além de ser o idealizador e criador do primeiro circo-teatro. O sobrenome "Oliveira" veio após se inspirar no nome de seu instrutor, Severino de Oliveira. Escreveu diversas peças de sucesso, entre as quais: *O Diabo e o Chico*; *Vingança operária*; *Matutos na cidade*, e *A noiva do sargento*. Atuou também como cantor, nos entreatos, executando ao violão lundus, chulas e modinhas, principalmente as de seu amigo Catulo da Paixão Cearense. Em 1908, Benjamin protagonizou o papel de Peri na peça *O Guarani*, em que foi filmado no Circo Spinelli e lançado sob o nome *Os Guaranis*, inspirado na obra de José de Alencar. Essa foi a primeira realização de um filme de romance na época e foi lançado pela Photo-Cinematographica Brasileira. Em 1921, criou a revista *Sai Despacho!*. A partir de 1947, devido a sua precária situação financeira, a Câmara dos Deputados autorizou o governo a lhe pagar uma pensão.

Carlos Gomes (1836-1896)

Antônio Carlos Gomes nasceu em Campinas e faleceu em Belém. Considerado o mais importante compositor de ópera brasileiro. Destacou-se pelo estilo romântico, com o qual obteve carreira de destaque na Europa. Apresentou-se no renomado Teatro Scala, de Milão, na Itália. É o autor, entre outras, da ópera "O Guarani" e vem a ser patrono da cadeira de número 15 da Academia Brasileira de Música. O grande Verdi, amplamente famoso e consagrado, teria dito de Carlos Gomes, durante a apresentação na Itália da ópera "Il Guarany": *"Questo giovane comincia dove finisco io!"* ("Este jovem começa onde eu termino!"). Sua afrodescendência é destacada por Nei Lopes, que atesta ser ele neto da negra liberta Antônia Maria, mãe de seu pai Manuel José Gomes (1792-1868), que também era músico. Teve o nome inscrito no Livro dos Heróis e Heroínas da Pátria, em 2017. É dele o "Hino Acadêmico", ainda hoje cantado pelos alunos da Faculdade de Direito de São Paulo.

Chiquinha Gonzaga (1847-1935)

Francisca Edwiges Neves Gonzaga, mais conhecida como Chiquinha Gonzaga, nasceu no Rio de Janeiro, onde também faleceu. Foi compositora e maestrina. É considerada a primeira pianista chorona (musicista de choro), autora da primeira marcha carnavalesca com letra (a famosa "Ô Abre Alas", de 1899) e também a primeira mulher a reger uma orquestra no Brasil. Era filha da união de José Basileu Gonzaga, um marechal de campo, e Rosa Maria Neves de Lima, filha de alforriada. Contrariando a família, José Basileu casou-se com Rosa Maria após o nascimento de Francisca. Chiquinha Gonzaga cresceu em uma família de pretensões aristocráticas (afilhada de Luís Alves de Lima e Silva, Duque de Caxias, que também tinha sangue negro). Teve uma vida bastante tumultuada, que foi de um casamento abandonado à luta pela Abolição da Escravatura, ao lado de José do Patrocínio, Ator Vasques e André Rebouças, entre outros.

Antonieta de Barros (1901-1952)

Antonieta de Barros, nascida em Florianópolis, Santa Catarina, é uma jornalista, escritora, professora e política catarinense. Foi a primeira negra brasileira a assumir um mandato popular legislativo, tendo sido pioneira e inspiração para o movimento negro, apesar de um grande apagamento de sua história, que vem sendo retomada aos poucos. Seus pais eram Catarina de Barros, uma lavadeira, que tinha sido escravizada - a Abolição tinha acontecido apenas 13 anos antes –, e Rodolfo, um jardineiro. Tinha uma irmã, Leonor de Barros. Seu pai morreu cedo, e sua mãe trabalhava na casa do político Vidal Ramos, pai de Nereu Ramos, que viria a ser vice-presidente do Senado e foi o único catarinense a assumir a Presidência da República. A intermediação dos Ramos ajudaria na futura carreira política. Além disso, Catarina transformou sua casa em uma pensão para estudantes. A convivência com eles ajudou a incentivar Antonieta e sua irmã a se alfabetizarem. Durante a vida, foi uma mulher séria, comprometida, assertiva, mas também enérgica e humana. Era respeitada e admirada por seu espírito de justiça. Ela nunca se casou e era bastante religiosa, sendo devota de Nosso Senhor dos Passos. Apesar da religiosidade, Antonieta pregava a emancipação feminina, principalmente através da educação. Também sofreu com o racismo: em um episódio em 1951, o historiador Oswaldo Rodrigues Cabral qualificou suas ideias políticas e educacionais como "intriga barata de senzala". Ela reagiu, assumindo sua condição de mulher e educadora negra, tendo respondido em uma crônica no jornal. Antonieta faleceu precocemente em 1952, aos 50 anos de idade, devido a complicações diabéticas. O curso Particular Antonieta de Barros continuou suas atividades até 1964.

Melânia Luz (1928)

Melânia Luz foi a primeira negra na história a representar o Brasil em uma Olimpíada. Nascida no dia 1º de junho, Melânia fez parte da equipe de atletismo de São Paulo, praticando corrida e salto em distância. A atleta escreveu seu nome de vez na história do esporte nacional quando disputou a Olimpíada de Londres, em 1948, onde competiu nas provas de 200 metros rasos e revezamento 4 x 100 metros rasos, batendo o recorde sul-americano, ao lado das companheiras de disputa, que formavam a primeira equipe feminina de atletismo do Brasil.

Matilde Ribeiro (1960)

Matilde Ribeiro nasceu na Flórida Paulista, é assistente social e ativista política, atuando no movimento negro, das mulheres negras e feminista. Foi ministra-chefe da Secretaria Especial de Políticas de promoção da Igualdade Racial no Governo Lula. Atualmente, é professora adjunta da Universidade da Integração Internacional da Lusofonia Afro-Brasileira. Trabalhou no campus dos Malês em São Francisco do Conde, na Bahia, e hoje está lotada na sede da instituição em Redenção, no Ceará.

Benedita da Silva (1942)

Benedita Sousa da Silva Sampaio é natural do Rio de Janeiro, filha da lavadeira Maria da Conceição Sousa da Silva, e do pedreiro e lavador de carro José Tobias da Silva. A família era extremamente humilde, vivia na favela da Praia do Pinto, no Leblon. Esta comunidade não existe mais, pois foi completamente destruída nos anos 1960 por um misterioso incêndio. Ainda recém-nascida, Benedita foi morar na favela do Chapéu-Mangueira, no Leme, onde foi criada. Com uma família numerosa de 14 irmãos, todos precisaram interromper os estudos para ajudar nas despesas do lar. Benedita, apelidada de Bené, passou a trabalhar ainda na infância, vendendo limões e amendoins pelas ruas da cidade. Na adolescência foi trabalhar como tecelã em uma fábrica de tecidos, e em casa ajudava sua mãe a lavar, passar e entregar as roupas dos clientes. Servidora pública, professora, assistente social, foi a 59ª governadora do estado do Rio de Janeiro e atualmente é deputada federal. Primeira senadora negra, também exerceu outros cargos públicos, como o de ministra Especial do Trabalho e Assistência Social.

Maria Carmem Barbosa (1947)

Maria Carmem Barbosa, nascida no Rio de Janeiro, é filha do radialista Haroldo Barbosa. É dramaturga, escritora e roteirista. Começou a trabalhar no rádio em 1970, no *Programa Minerva*, da rádio MEC, na qual também criou o programa *Falou e disse*. Na televisão escreveu programas como *Quarta Nobre*, *Tele-Tema* e *Grandes nomes*. Escreveu, ao lado de Miguel

Falabella, as telenovelas *Salsa e Merengue* e *A lua me disse*. Participou da criação dos primeiros episódios de *Sai de baixo* e *Toma lá, dá cá*, novamente com Falabella.

Nina Rodrigues (1862-1906)

Raimundo Nina Rodrigues era de Vargem Grande, Maranhão, e morreu em Paris, na França. Filho do coronel Francisco Solano Rodrigues e de dona Luísa Rosa Nina Rodrigues, nasceu na Fazenda Primavera, onde passou a infância sob os cuidados da madrinha negra, que auxiliava sua mãe nos afazeres com a prole de sete filhos. Foi um médico legista, psiquiatra, professor, escritor, antropólogo, higienista e etnólogo. Notório eugenista, Raimundo Nina foi ainda dietólogo, tropicalista, sexologista, biógrafo e epidemiologista. Considerado o fundador da antropologia criminal brasileira e pioneiro nos estudos sobre a cultura negra no país. Foi o primeiro estudioso brasileiro a abordar a temática do negro como questão social relevante para a compreensão da formação racial da população brasileira, apesar de adotar uma perspectiva racista, nacionalista e cientificista, em seu livro *Os Africanos no Brasil* (1890-1905), uma das inúmeras obras deixadas por ele. Nina Rodrigues é referido por Thomaz Skidmore como mulato maranhense, e por Nelson Freitas, entre "homens de cor ilustres".

Guerreiro Ramos (1915-1982)

Alberto Guerreiro Ramos nasceu na Bahia e foi um sociólogo e político. Negro, foi figura de grande relevo da ciência social, estudando a questão racial, e suas ideias influenciaram intelectuais e pensadores de todo o mundo na sociologia e na política. Não à toa, em 1959, Pitirim Sorokin, analisando a situação da sociologia na segunda metade do século 20, incluiu Guerreiro Ramos entre os autores que mais contribuíram para o progresso da disciplina. Guerreiro Ramos foi deputado federal e membro da delegação do Brasil junto à ONU. É autor de dez livros e de numerosos artigos, muitos dos quais têm sido publicados em inglês, francês, espanhol e japonês. Faleceu em 6 de abril de 1982, em Los Angeles, aos 66 anos, vitimado por um câncer.

Muniz Sodré (1942)

Muniz Sodré de Araújo Cabral é natural de São Gonçalo dos Campos, região de Feira de Santana, na Bahia, filho do comerciante de tecidos, poeta e vereador Antônio Leopoldo Cabral, que chegou a ser do PTB. Jornalista, sociólogo e tradutor, é professor emérito da Universidade Federal do Rio de Janeiro, onde leciona na Escola de Comunicação. Como escritor, é imortal da Academia de Letras da Bahia. Exerceu, de 2009 a 2011, o cargo de Presidente da Fundação Biblioteca Nacional. No final de abril de 2020, Muniz Sodré foi diagnosticado com Covid-19 e internado no Hospital Quinta D'Or, no Rio de Janeiro. No fim de maio, recebeu alta e foi homenageado em evento da Universidade Federal do Rio de Janeiro.

Wilson Prudente (1957-2017)

Wilson Roberto Prudente era advogado e foi Procurador do Ministério do Trabalho, militante das causas de igualdade racial e renomado jurista. Ganhou respeito e reconhecimento pelo excelente trabalho na luta contra o preconceito e a desigualdade racial. Entregou o Relatório Parcial da Verdadeira História da Escravidão Negra no Brasil e foi relator da Comissão Nacional da Verdade sobre a Escravidão Negra no Brasil. Formado pela Universidade Federal Fluminense, Doutor em Ciência Política e Relações Internacionais pelo Instituto Universitário de Pesquisas do Rio de Janeiro (IUPERJ), Wilson Prudente foi também membro da Associação Brasileira de Pesquisadores Negros (ABPN) e publicou inúmeros livros.

Edison Carneiro (1912-1972)

Edison de Souza Carneiro nasceu em Salvador, na Bahia, e morreu no Rio de Janeiro. Foi um escritor, especializado em temas afro-brasileiros. Também foi um dos maiores etnólogos nacionais. Militante do Partido Comunista Brasileiro (PCB), a partir da década de 1930. Edison Carneiro fez todos os seus estudos em Salvador, até diplomar-se em Ciências Jurídicas e Sociais pela Faculdade de Direito da Bahia. Amigo e camarada de partido do escritor baiano Jorge Amado e do pintor argentino Carybé. Publicou

Negros bantus, Candomblés na Bahia e *Antologia do Negro Brasileiro*. Era irmão do senador Nelson Carneiro (1910-1996), o autor da Lei do Divórcio e que, por dois dias, substituiu José Sarney na Presidência da República.

Clóvis Moura (1925-2003)

Clóvis Steiger de Assis Moura nasceu em Amarante, Piauí, e faleceu em São Paulo. Mais conhecido como Clóvis Moura, foi um sociólogo, historiador e escritor. No livro *Argila da Memória*, ele fala da sua infância. Iniciou grande atuação em partidos de esquerda, e destacou-se pela militância pioneira no Movimento Negro. Colaborou com artigos para jornais da Bahia e de São Paulo. Publicou inúmeras obras, entre as quais: *Rebeliões da senzala: quilombos, insurreições, guerrilhas*; *O negro: de bom escravo a mau cidadão?*; e *Brasil: as raízes do protesto negro*.

Milton Santos (1926-2001)

Milton Almeida dos Santos é natural de Brotas de Macaúbas, e falecido em São Paulo. Notabilizou-se como geógrafo, mas foi cientista, escritor, jornalista, advogado e professor universitário. Foi um dos grandes nomes da renovação da geografia no país, ocorrida na década de 1970. Também se destacou por seus trabalhos sobre a globalização. Milton Santos ganhou o Prêmio Vautrin Lud, em 1994, o de maior prestígio na área da geografia, sendo considerado "o Nobel da geografia". Ele foi o primeiro e é o único geógrafo da América Latina a ter ganhado o prêmio em questão. Postumamente, foi agraciado, em 2006, com o Prêmio Anísio Teixeira.

Dom Silvério Gomes Pimenta (1840-1922)

Silvério Gomes Pimenta nasceu em Congonhas do Campo e faleceu em Mariana, Minas Gerais. Notabilizou-se como Arcebispo de Mariana, mas foi também professor, poeta e biógrafo. Foi o primeiro prelado eleito membro da Academia Brasileira de Letras, para a cadeira 19. Sendo órfão de pai ainda cedo, Dom Silvério Gomes, quando menino, teve de empregar-se como caixeiro para sustentar a mãe e quatro irmãos menores. Demonstrando desde cedo aptidão para o estudo, seu padrinho obteve para ele uma vaga no Colégio de Congonhas, dos padres Lazaristas. Afilhado de crisma de D. Viçoso, bispo de Mariana, este concedeu-lhe matrícula no Seminário da cidade, aos 14 anos. Dois anos depois, Dom Silvério Gomes já era professor de latim, cadeira que ocupou durante 28 anos. Prelado doméstico do Palácio do Vaticano e camareiro do Papa Leão XIII. Escreveu vários livros, destacando-se: *O papa e a revolução* e uma biografia do Dom Antônio Ferreira Viçoso.

Arthur Friedenreich (1892-1969)

Arthur Friedenreich nasceu em São Paulo, onde também faleceu. Apelidado "El Tigre" ou "Fried", foi a primeira grande estrela do futebol brasileiro na época amadora, que durou até 1933. Era filho de pai alemão, Oscar Friedenreich, e mãe negra, a professora Mathilde de Moraes e Silva, formada em 1879. É considerado o maior artilheiro do futebol brasileiro. Em termos de gols feitos, superou Pelé, com 1.329 gols contra 1.284 do Rei Pelé. Na Europa, em 1925, Arthur foi cunhado de "Le roi du football" ("O rei do futebol") e de "Le danger" ("O perigo"), devido às suas façanhas em campo.

Carlos Cachaça (1902-1999)

Carlos Moreira de Castro, conhecido como Carlos Cachaça, nasceu no Rio de Janeiro, onde também faleceu. É fundador do GRES Estação Primeira de Mangueira. Seu pai, funcionário da Estrada de Ferro Central do Brasil, morava no morro da Mangueira, em uma das casas que a companhia alugava para seus funcionários e onde Carlos Cachaça viria a nascer. Cresceu participando de blocos e cordões, acompanhando o surgimento das escolas de samba. Ao lado de Cartola, seu parceiro mais constante, e Saturnino Gonçalves, pai da D. Neuma, entre outros, fundou, em 1925, o Bloco dos Arengueiros, que mais tarde deu origem à Estação Primeira de Mangueira. Foi o primeiro compositor a inserir elementos históricos nos sambas de enredo, o que é uma norma até hoje. Ganhou o apelido de Cachaça para diferenciar de outros "Carlos" da turma e por causa de sua bebida preferida.

Em dezembro de 1980, lançou, pela editora José Olympio, em coautoria com Marília T. Barbosa da Silva e Arthur L. Oliveira Filho, o livro *Fala Mangueira*. Em 1997, ao completar 95 anos, foi homenageado, na quadra Mangueira por ser o único fundador vivo da Agremiação. O único disco solo de Cachaça é de 1976 e inclui pérolas como "Quem me vê sorrindo" (com Cartola) e "Juramento falso".

Paulo Barreto (1881-1921)

João do Rio, pseudônimo de João Paulo Emílio Cristóvão dos Santos Coelho Barreto, nasceu no Rio de Janeiro, onde também faleceu. Considerado um dos maiores cronistas e jornalistas brasileiros do século 20, também foi tradutor e teatrólogo. Pertenceu à Academia Brasileira de Letras. Filho de Alfredo Coelho Barreto, professor de matemática e positivista, e da dona de casa Florência dos Santos Barreto, o escritor nasceu na rua do Hospício, 284 (atual rua Buenos Aires, no Centro do Rio). Trabalhou e fundou diversos jornais. Entre seus livros mais destacados: *As religiões do Rio*; *A alma encantadora das ruas*; *A vida vertiginosa*.

Carlos Nobre (1950-2019)

Carlos Nobre foi professor do Departamento de Comunicação da PUC-Rio, onde lecionava sobre jornalismo e racismo. Formado em Jornalismo, ele era mestre em Ciências Penais pela Universidade Cândido Mendes e pesquisador do Nirema – Núcleo Interdisciplinar de Reflexão e Memória Afrodescendente, do Departamento de História da PUC. Trabalhou em *O Dia*, *Jornal do Brasil* e *Estado de S. Paulo*. Carlos Nobre foi um profissional comprometido com a defesa dos Direitos Humanos, cidadania, igualdade, temas de suas pesquisas, que resultaram em alguns livros, como: *Guia patrimonial da Pequena África*; *O negro na Polícia Militar: cor, crime e carreira no Rio de Janeiro*; *Mães de Arari*, sobre a chacina na Favela de Arari, e uma biografia sobre Joãozinho da Gomeia. Coordenou a coleção *Personalidades negras*, publicada pela Biblioteca Nacional e em parceria com a editora Garamond, durante a presidência de Muniz Sodré.

Newton de Oliveira (1964-2020)

Newton de Oliveira foi historiador formado pela Universidade Federal Fluminense, com passagens por diversas instituições de ensino superior, entre as quais a Universidade Agostinho Neto, em Luanda, Angola. O fulcro de suas pesquisas aborda história das mentalidades, Abolição da Escravatura, políticas públicas, história do Brasil contemporânea, do Direito e do marxismo. Foi Subsecretário Geral de Segurança Pública do Rio de Janeiro, presidente da FAETEC, Diretor do ENEM-MEC e consultor líder pelo PNUD do Planejamento e Segurança dos Jogos Pan-Americanos, pelo Ministério da Justiça.

Pepetela (1941)

Artur Carlos Maurício Pestana dos Santos, conhecido pelo pseudônimo de Pepetela, nasceu em Benguela, na Angola. A sua obra reflete sobre a história contemporânea da Angola e os problemas que a sua sociedade enfrenta. Durante a longa guerra, Pepetela, angolano de ascendência portuguesa, lutou juntamente com o MPLA (Movimento Popular de Libertação de Angola) para a libertação da sua terra natal. O seu romance *Mayombe* retrata as vidas e os pensamentos de um grupo de guerrilheiros durante aquela guerra. Cronista, dramaturgo e, sobretudo romancista, muito conhecido no Brasil. Pepetela é autor de: *A gloriosa família*; *Predadores*; *O quase fim do mundo*, e *Parábola do Cágado Velho*, entre outros. Em 1997, recebeu o prestigiado Prêmio Camões, pelo conjunto da obra.

Kabengele Munanga (1942)

Kabengele Munanga nasceu na aldeia de Bakwa Kalonji, no Congo Belga, membro dos lubas. Aos dez anos, mudou-se para estudar em outras cidades, em escolas coloniais católicas. Hoje é um antropólogo e professor brasileiro-congolês. É especialista em antropologia da população afro-brasileira, atentando-se à questão do racismo no Brasil. Kabengele é graduado pela Université Oficielle du Congo (1969) e Doutor em Antropologia pela Universidade de São Paulo, desde 1977. Tem diversos trabalhos publicados, entre os quais: *Negritude: usos e sentidos*; *Racismo: perspectivas para um estudo contextualizado da sociedade brasileira*, em coautoria com Carlos Albert Hasenblag e Lilia Moritz Schwarcz, e *O negro no Brasil de hoje*, em parceria com Nilma Lino Gomes.

Hermógenes de Almeida (1954-1994)

Hermógenes Almeida Silva Filho nasceu em Salvador, na Bahia, filho de pai de mesmo nome e de Adalgisa Albino Santos, também conhecida por Dada. Mudou-se para a cidade do Rio de Janeiro, onde se licenciou em História pela Universidade Santa Úrsula. Juntamente com Éle Semog e José Carlos Limeira, atuou no grupo Negrícia – Poesia e arte de crioulo. Deixou três livros, e alguns inéditos: *Reggae-Ijêxa – poemas, canções & anunciações*; *Roteiro dos orikis*, e *Orikis – canções de rebeldia, poemas de paixão*. Hermógenes foi assessor parlamentar da então vereadora Benedita da Silva e depois de Jurema Batista. Em meados de junho de 1994, ele investigava, juntamente com o advogado Reinaldo Guedes Miranda, as chacinas da Candelária e Vigário Geral, como parte do trabalho de assessor. Ambos foram assassinados a bala, dentro do carro em que estavam, nesse mesmo mês, no bairro Abolição, à saída de um baile. O caso ficou sem solução.

João da Cruz e Sousa Filho (1898-1915)

Filho do poeta Cruz e Sousa e Gavita da Cruz e Sousa. Nasceu na cidade do Rio de Janeiro. Na infância, após a morte de todos os seus parentes, incluindo também os irmãos, João da Cruz e Sousa Filho foi tutorado por um casal simpatizante do seu pai. Foi uma criança muito sofrida, adoentada e triste. Quando cursava o segundo período do Internato do Colégio Pedro II, faleceu de tuberculose, assim como seus pais e seus irmãos.

Pedra Antioquia da Silva

Pedra foi noiva, por oito anos, do poeta Cruz e Sousa em Nossa Senhora do Desterro, atual Florianópolis. A ela o poeta negro dedicou algumas de suas poesias escritas na adolescência.

Maria Ceiça (1965)

Maria Ceiça, nome artístico de Maria da Conceição Justino de Paula, é atriz, cantora e produtora. Possui uma respeitável carreira no teatro, no cinema e na televisão. Formada pela Escola de Teatro Martins Pena, começou a sua carreira profissional em 1989, na Rede Globo, com a novela *Pacto de sangue*. Desde então, atuou em várias novelas pela Rede Globo e pela Record, interpretando personagens que ficaram no inconsciente do público brasileiro e lusófono, tais como a Tuquinha Batista de *Felicidade*, ou a Márcia de *Por amor*, ambas do autor Manoel Carlos. Ganhadora do Troféu Andorinha, Prêmio Especial do Júri, do Festival de Cinema de Países de Língua Portuguesa, em 2006 e Homenageada Especial no African Film Festival, em Nova York, em 2005, Maria Ceiça atuou em vários filmes, entre os quais importantes produções brasileiras e internacionais, como: *As Filhas do Vento* (Brasil), vencedor de 6 Kikitos no Festival de Gramado; *Cruz e Sousa, o Poeta do Desterro* (Brasil), além de *O Testamento do Sr. Napomuceno* (Cabo Verde), também vencedor do Kikito de melhor Filme no Festival de Gramado.

Kadu Carneiro (1961-2005)

Kadu Carneiro nasceu no Rio de Janeiro e faleceu na mesma cidade, em 20 de maio de 2005. Embora tenha tido uma carreira curta, Kadu atuou na televisão, cinema e teatro. Na televisão começou em 1990, na TV Manchete, quando entrou na novela *Escrava Anastácia*. Na mesma emissora, fez no mesmo ano *A história de Ana Raio e Zé Trovão*. Na Rede Globo, participou de um episódio do seriado *Você Decide*. Já no SBT, ele ganhou seu grande papel ao interpretar José do Patrocínio, na novela *Sangue do meu sangue*. Voltou para a Rede Globo para fazer *Força de um desejo*. No cinema, entre os muitos filmes, Kadu viveu o poeta catarinense em *Cruz e Sousa, o poeta do Desterro*, de Sylvio Back, tendo a atriz Maria Ceiça no papel de uma sofrida Gavita.

Dani Ornellas (1977)

Danielle Ornelas nasceu em Duque de Caxias, na Baixada Fluminense do Rio de Janeiro. Artisticamente é conhecida como Dani Ornellas. Iniciou sua carreira no Teatro Escola Tablado, atuando na *Ópera do Malandro*, sob a supervisão de Maria Clara Machado. No cinema, despontou com sua atuação em *Filhas do Vento*, de Joelzito Araújo, recebendo o Prêmio de Melhor Atriz no Festival de Cinema de Macapá/2005. Em seguida, ela recebeu prêmio por sua atuação no filme *Cruz e Sousa, o poeta do Desterro* - no qual viveu uma sensual e ousada noiva Pedra Antioquia da Silva -, no Festival Internacional do Cinema Negro de São Paulo/2005. Dani Ornellas tem grande atuação na televisão, especialmente em novelas, tendo participado de *Duas caras*, *A padroeira* e das séries *Suburbia* e *Cidade dos homens*.

Sílvio Cruz e Sousa (1914-1955)

Sílvio vem a ser filho de João da Cruz e Sousa Filho, e neto do poeta Cruz e Sousa. Nascido no Rio de Janeiro, chegou a ser marinheiro, lotado em contratorpedeiros, onde fez muitas viagens. Casou com Erci Cruz e Sousa, que depois da morte precoce do marido, passou a viver da vida de cantora, no conjunto Brasilianas, e ficou conhecida como "Erci, a voz de ouro".

Saturnino de Meireles (1878-1906)

Saturnino Soares de Meireles Filho nasceu e faleceu na cidade do Rio de Janeiro. Foi amigo e discípulo de Cruz e Sousa, a quem, mesmo depois de morto, continuou a venerar, auxiliando a viúva, Gavita da Cruz e Sousa, que morreu em 1901. Era afrodescendente e filho de pai médico. Foi o principal articulador para a construção do Mausoléu do poeta negro ainda existente no cemitério de São Francisco Xavier, no bairro do Caju e ajudou a publicar a obra póstuma *Evocações*. Sua poesia está enfeixada em *Astros mortos* e esparsa em jornais e revistas, como *Rosa-Cruz*.

Ana Paula Maia (1977)

Ana Paula Maia nasceu e cresceu num bairro da periferia em Nova Iguaçu, no estado do Rio de Janeiro, filha de uma professora de língua portuguesa e literatura e um comerciante, dono de bar. Sua infância foi marcada tanto pela violência presente no bairro em que morava como pelo contato com os livros, devido à influência de sua mãe. Interessou-se pelo cinema desde muito cedo, sendo parte da sua formação cultural e influenciando o seu estilo de escrita. Maia graduou-se em Ciência da Computação e em Comunicação Social, mas não chegou a exercer nenhuma atividade relacionada a elas. Premiadíssima no mundo literário, e editada no exterior, publicou: *Enterre seus mortos*; *Assim na terra como embaixo da terra*, e *De gados e homens*. Seu primeiro livro foi *O habitante das falhas subterrâneas*. Maia foi duas vezes ganhadora do Prêmio São Paulo de Literatura. É também roteirista, tendo adaptado obras para o cinema.

Este livro foi composto em Arno Pro e Conto Narrow, sobre papel pólen soft 80g, impresso na Trio Gráfica para a Editora Malê em agosto de 2024.